שפּיאָן ליאָשקע וואָלקאָוו

1

סע טרעפֿט זיך אַמאָל אין לעבן, אַז מע זאָגט דיר עפּעס און דו פֿאַרשטייסט, דו דאַרפֿסט גאָרנישט ניט פֿרעגן, נאָר טאָן, ווי ס'איז געזאָגט געוואָרן, אָדער נעמען עס אין באַטראַכט.

גראָד דאָס האָט דערפֿילט ליאָשקע וואָלקאָוו, ווען דער לערער פֿון עבֿרית, אַ קליינוווקסיקער באַיאָרטער מענטש (מיר וועלן ניט דערמאָנען זײַן נאָמען: ס'איז קלאָר, אַז געטאָן האָט ער עס בעל־כּרחו, פֿאָלגנדיק די אינסטרוקציעס פֿון אויבן), איז צוגעגאַנגען צו אים אין אַ קאָרידאָר פֿונעם אינסטיטוט, אַ קוק געטאָן אים גלײַך אין די אויגן און ערנסט געזאָגט: „איך וואָלט אײַך ניט געראָטן באַזוכן דעם קורס. הערט זיך צו צו מײַן עצה..."

ניט בלויז האָט ליאָשקע פֿאַרשטאַנען, אַז ער דאַרף גאָרנישט ניט פֿרעגן בײַם אַלטן פּראָפֿעסאָר, נאָר ער האָט זיך תּיכּף אָנגעשטויסן, הלמאַי יענער האָט עס „געראָטן" דווקא אים, ליאָשקען, כאָטש פֿריִער האָט ער אויף עפּעס אַזוינס נאָך ניט געהאַט אָנגעטראָפֿן. באַגלייטנדיק מיט די אויגן דעם לערערס סוטולעוואַטן רוקן, האָט ליאָשקע גיך איבערגעקליבן אין זכרון אַלע זײַנע חבֿרים, וואָס האָבן אויך אָנגעהויבן באַזוכן דעם קורס פֿון עבֿרית: וואַסקאַ אַרבוזאָוו, קאַלקאַ פּיאַדאָראָוו, מאַשקאַ קלושינאַ... ניין, צו קיינעם פֿון זיי קאָן מען זיך ניט טשעפּען. נאָר אים, ליאָשקען, האָט מען פֿאָרט „אויסגערעכנט"...

אייגנטלעך, איז דאָס געווען דאָס ערשטע מאָל, אַז ליאָשקע האָט ניט אָפּגע־ענטפֿערט, ווען מע האָט אים געהייסן אָן שום דערקלערונגען, עפּעס טאָן (אָדער ניט טאָן). ווען מיט אַ יאָר פֿריִער האָט ער באַקומען דעם פּאַספּאָרט און דער טאַטע האָט אים געהייסן פֿאַרשרײַבן, אַז ער איז לויט דער נאַציאָנאַליטעט אַ רוס, האָט עס דער טאַטע, ווי ס'האָט זיך געדוכט, גאָר איבערצײַגעוודיק באַגרינדעט: „צי קענסטו ייִדיש? צי קענסטו עבֿרית? ביסטו געמלט? וואָס איז דײַן מוטערשפּראַך?" – און אַזוי ווײַטער.

דער טאַטע אַליין האָט אויך ניט געקענט קיין איין וואָרט ניט אויף עבֿרית, ניט אויף ייִדיש, און איז ניט געווען געמלט: ליאָשקעס זיידע, עקיבֿה וואָלקאָוו, איז געווען אַ פֿאַרברענטער קאָמוניסט און האָט אַפֿילו געגעבן זײַן זון דעם נאָמען מאַראַט, לכּבֿוד דעם פֿראַנצויזישן רעוואָלוציאָנער. דעם זיידנס איבערצײַגונגען און איבערגעגעבנקייט די אידעאַלן פֿון קאָמוניזם האָבן אים ניט געראַטעוועט: אין 1938 איז ער דערשאָסן געוואָרן, און דער קליינער מאַראַט איז אַרײַנגעפֿאַלן אין אַ קינדער־הויז. פֿון דעמאָלט אָן און אויף זײַן גאַנץ לעבן האָט זיך בײַ אים אַנטוויקלט אַ נאַטירלעכע נטיה צוצופּאַסן זיך צו די אומשטאַנדן; וועגן אַזעלכע, ווי ער, פֿלעגט מען זאָגן אינעם סאָוועטן־פֿאַרבאַנד, אַז זיי „וואַקלען זיך צוזאַמען מיט דער פּאַרטיי־ליניע".

אַלע פֿלעגן אים רופֿן „מאַראַט קיריליאָוויטש", און חתונה האָט ער געהאַט מיט אַ רוסישער פֿרוי. ליאָשקעס מאַמע איז געווען עטוואָס מער פּרינציפּיעל, ווי דער טאַטע (אַניט איז עס אַ גרויסער ספֿק, צי זי וואָלט אין יענער צײַט חתונה געהאַט מיט אַ ייִדן), הגם, ווי ס'רובֿ מענטשן אינעם לאַנד, האָט זי זיך אויפֿגעפֿירט גענוג פֿאָרזיכטיק. אין אונטערשייד פֿון פֿיל אַנדערע, האָט ליאָשקע ניט געדאַרפֿט נעמען דער מאַמעס פֿאַמיליע־נאָמען, ווײַל „וואָלקאָוו" האָט געקלונגען גאַנץ כּשר און זיכער. אויסערלעך האָט ער אויסגעזען, ווי די מאַמע מיט די ביינער, סײַדן די האָר און די אויגן זײַנען געווען בײַ אים אַ ביסל טינקעלער... ס'האָט אָבער ווייניק געהאָלפֿן. מ'האָט אים סײַ־ווי דערקענט.

געווען איז ליאָשקע אַ פֿעיִק ייִנגל, האָט זיך גוט געלערנט אויף אַלע קעגנ־שטאַנדן און דעריבער ביזן לעצטן מאָמענט ניט געוווסט, אין וועלכער הויכשול צו פּרווון אָנצוקומען. פֿון קינדווײַז אָן אָבער האָבן אים צוגעצויגן ווײַטע, עקזאָטישע מקומות. דערצו נאָך, ווען ער איז געוואָרן אַ דערוואַקסלינג און האָט אָנגעהויבן פֿילן אין זיך מאַנצבילשע אינסטינקטן, האָט אים פֿון די אַלע איבערגעלייענטע ביכער באַזונדערס פֿאַרכאַפּט איין בוך – „טויזנט און איין נאַכט". „זי האָט געסמאַטשקעט מײַן צונג, און איך האָב געטאָן דאָס זעלבע..." – אַזוינס האָט ער ניט געטראָפֿן ניט בײַ באָקאַטשאָ, ניט בײַ מאָפּאַסאַנען, ניט אין טעאָדאָר דרײַזערס „דער זשעני"! אין לעצטן סך־הכּל, האָט ער דערלאַנגט די דאָקומענטן אינעם באַרימטן אינסטיטוט פֿון מיזרחדיקע שפּראַכן בײַם מאָסקווער אוניווערסיטעט. גרינג אָפּגעגעבן אַלע עקזאַמענס, האָט ער זיך מיט התלהבֿות פֿאַרטיפֿט אינעם אַראַבישן אַלפֿאַבעט און גראַמאַטיק, טרוימענדיק וועגן שפּיאָנישע אַוואַנטורעס און גלוסטנדיקע מיזרחישע פֿרויען.

באַלד נאָכן אָנהייב פֿונעם לערן־יאָר האָט ליאָשקע און זײַנע נײַע חבֿרים זיך דערוווסט, אַז מע קאָן באַזוכן אַ פֿאַקולטאַטיוון קורס פֿון עבֿרית. אים האָט עס פֿאַראינטערעסירט – ניט ווײַל ער האָט געפֿילט אַ וואָסער־ניט־איז שײַכות מיט די דאָזיקע זאַכן, נאָר פּשוט מחמת ער האָט זיך תּמיד אינטערעסירט מיט אַלצדינג. די לעקציעס פֿונעם אַלטן פּראָפֿעסאָר האָבן ליאָשקען ממש פֿאַרכאַפּט: ער האָט ניט בלויז געלערנט די שפּראַך, נאָר אויך דערציילט זײַנע סטודענטן וועגן מדינת־ישׂראל, וועגן דער ייִדישער געשיכטע, טראַדיציעס און מינהגים... אַוודאי, האָט זיך עס

געטאָן „אין די ראַמען", און דאָך האָט מען אין קיין צײַטונג וועגן אַזעלכע זאַכן ניט געשריבן. ליאָשקען האָט זיך שוין געדוכט, אַז אַלץ איז אים דערלויבט און אַלע וועגן זײַנען פֿאַר אים אָפֿן – און פּלוצעם אַזאַ מעשׂה... ניט באַזוכן דעם קורס...

פֿון דעסטוועגן, איז ליאָשקע ניט אַזאַ מענטש, מע זאָל בײַ אים עפּעס קאָנען אָפּנעמען קעגן זײַן ווילן. גלײַך נאָך דער לעקציע פֿון עבֿרית איז ער צוגעגאַנגען צו וואַסקאַ אַרבוזאָוון מיט אַ פֿראַגע:

– נו, וואָס איז געווען הײַנט?

– און פֿאַר וואָס ביסטו ניט געקומען?

– פֿאַרשטייסט, – ליאָשקע האָט אָנגערופֿן דעם לערערס פֿאַמיליע, – האָט מיר געזאָגט: קומט ניט, איר זאָלט ניט באַזוכן דעם קורס.

– וואָס עפּעס אַזוינס?

– כ'ווייס אַליין ניט... אפֿשר איז בײַ אים דאָ עפּעס אַ לימיט? – ליאָשקע האָט אַ צוק געטאָן מיט די פּלייצעס, – וואָס זשע איז געווען הײַנט? אינטערעסאַנט?

– נו יאָ! – און וואַסקאַ האָט אָנגעהויבן דערציילן פֿאַרכאַפּטערהייט.

פֿון דעמאָלט אָן נאָך יעדער לעקציע פֿון עבֿרית האָט ליאָשקע גענומען בײַ וואַסקאַן אויף אַ טאָג אַלע זײַנע פֿאַרצייכענונגען און לערן־מאַטעריאַלן און פֿלײַסיק זיי איבערגעשריבן אין אַ ספּעציעלער העפֿט. אפֿשר שוין נאָך יענעם פֿאַל איז אים אײַנגעפֿאַלן דער ווילדער געדאַנק, אַז שפּיאָנירן זאָל ער אין גאָר אַן אַנדער ריכטונג, הגם אין יענער צײַט האָט ער זיך גאָר ניט פֿאָרגעשטעלט, ווי פּינקטלעך ער וואָלט עס געקאָנט טאָן.

2

צי זײַנען דעמאָלט, אין די אָנהייב 1980ער, געווען צווישן די „קאַגעבע"־לײַט מענטשן מיט עקסטראַסענסאָרישע פֿעיִקייטן? מע זאָגט, אַז די דאָזיקע אָרגאַניזאַציע האָט געפּרוּווט צוציִען אייניקע פֿון אַזעלכע מענטשן צו זייער אַרבעט, נאָר ווײַט ניט תּמיד האָט זיך עס אײַנגעגעבן. מ'האָט דערציילט, למשל, ווי איין מאָל האָט מען אַן עקסטראַסענס „אײַנגעלאַדן" אין „קאַגעבע", אויסגעפֿרעגט אים וועגן דעם געזונט־צושטאַנד פֿון מאָאָ צעטאָנג און געהייסן אָנשיקן אויף אים אַ מיאוסע משונה; יענער האָט זיך אָפּגעזאָגט, דערקלערנדיק, אַז זיי, די עקסטראַסענסן, האָבן ניט קיין רעכט צו טאָן אַזעלכע זאַכן. על־כּל־פּנים, פֿלעגן אַזעלכע זאַכן פֿאָרקומען, ווען ס'האָט אָנגערירט די ענינים פֿון אַ גרויסן מלוכישן פֿאַרנעם, ניט אויפֿן ניוואָ פֿון הויכשולן.

ווי עס זאָל ניט זײַן, אויפֿן צווייטן יאָר פֿון ליאָשקעס לערנען זיך אין אוניווער־סיטעט, איז אין אַ טאָג נאָך די לעקציעס צו אים צוגעגאַנגען אַ מאַנצביל פֿון אַ יאָר פֿינף און דרײַסיק, וואָס ליאָשקע האָט אים פֿריִער קיין מאָל ניט געזען, און געבעטן גיין מיט אים צום פּראָרעקטאָר. ליאָשקע האָט תּיכּף דערפֿילט, אַז עפּעס איז דאָ ניט אַזוי און הויך געפֿרעגט, אָנשטעלנדיק אַ פּאָר אויגן:

– צום פּראָרעקטאָר?! מיט וואָס זשע האָב איך פֿאַרדינט דעם פּראָרעקטאָרס אויפֿמערק?

– מ'וועט אײַך אַלץ דערקלערן, – האָט שטיל געענטפֿערט דער אומבאַקאַנטער, – נאָר רעדט ניט אַזוי הויך, דערווײַל איז עס אַ סעקרעט. לאָמיר גיין.

פֿאַרשטאַנען, אַז זײַן חשד איז ניט קיין אומזיסטיקער, האָט ליאָשקע אָנגעהויבן טראַכטן, ווי אַזוי זיך אויסצודרייען און דערבײַ ניט ברענגען זיך קיין שאָדן. אַ שפּיאָן האָט ער טאַקע תּמיד געוואָלט ווערן, נאָר אַ מסור – חס־וחלילה! ווי מע זאָגט אויף רוסיש, „פֿאַר קיין שום לעקעבלעך ניט!" נאָכפֿאָלגנדיק דעם אומבאַקאַנטן, האָט ליאָשקע באַשלאָסן, אַז ער וועט זיך פּשוט אַרויסשטעלן פֿאַר אַ נאַרעלע.

הינטער אַ טיר, באַצויגן מיט שוואַרצן לעדער, איז אין אַ ניט־גרויסן צימער געזעסן בײַם טיש אַ שטרענגער מאַנצביל פֿון מיטעלע יאָרן, אָנגעטאָן אין אַ שוואַרצן אָנצוג. דערזען אים, האָט ליאָשקע אויסגעדריקט אויפֿן פּנים אַ גרויסע פֿאַרוווּנדערונג און געזאָגט:

– גוטהעלף! איר זײַט טאַקע אונדזער פּראָרעקטאָר?

– ניין, איך בין ניט דער פּראָרעקטאָר, – אויף דעם מאַנצבילס צורה האָט זיך באַוויזן עפּעס ענלעכס צו אַ שמייכל.

– אָבער דער חבֿר, – האָט ליאָשקע אָנגעוויזן מיטן קאָפּ אויפֿן מענטשן, וואָס האָט אים אַהער געבראַכט, און אויסגעדריקט נאָך אַ גרעסערע דערשטוינונג, – ער האָט מיר געזאָגט, אַז עס האָט מיך אַרויסגערופֿן דער פּראָרעקטאָר...

– מיר וועלן אײַך באַלד אַלץ דערקלערן, – האָט געענטפֿערט דער מאַנצביל בײַם טיש, – זעצט זיך צו, יונגער־מאַן.

בעת ער האָט געברײַעט וועגן דער קאָמפּליצירטער אינטערנאַציאָנאַלער לאַגע און אינטריגעס פֿון די אימפּעריאַליסטישע אַגענטן, האָט ליאָשקע געהאַלטן אין איין קוקן אויף אים זייער אויפֿמערקזאַם און ערנסט, צושאָקלענדיק מיטן קאָפּ פֿון מאָל צו מאָל. ווי באַלד אָבער דער מאַן האָט דערמאָנט דעם נאָמען פֿון זײַן אָרגאַניזאַציע, האָט ליאָשקע אָפּגעפּירט די אויגן און געמאַכט דעם אָנשטעל ווי ער וואָלט זיך פֿאַרטראַכט וועגן עפּעס.

– פֿון וואָס קלערט איר? – האָט דער מאַן געפֿרעגט.

– איר פֿאַרשטייט, – האָט ליאָשקע געענטפֿערט, – איך הייב ניט אָן זיך צו דערמאָנען, ווי מ'זאָגט אויף אַראַביש „דער קאָמיטעט פֿון מלוכה־זיכערהייט". געשיקט זיך, אַז מיר האָבן עס נאָך ניט געלערנט... כ'וועל מוזן פֿרעגן בײַם פּראָפֿעסאָר...

– ניין, – האָט דער מאַן אים איבערגעשלאָגן,

– דערווײַל דאַרף מען נאָך גאָרניט פֿרעגן, נאָר...

– נאָר פֿאַר וואָס זשע ניט? – האָט ליאָשקע, פֿון זײַן זײַט, איבערגעשלאָגן דעם מאַן, – ס'איז דאָך זייער וויכטיק!

– יאָ, – האָט דער מאַן באַשטעטיקט, – עס איז ווירקלעך זייער וויכטיק, און דעריבער טאַקע האָבן מיר אײַך אַרויסגערופֿן. מיר ווייסן, אַז איר זײַט אַ מוס־

טערהאַפּטער סטודענט, אַ פּאָליטיש באַהאַוונטער מענטש, דעריבער האָבן מיר באַשלאָסן אַרויסצוווײַזן אײַך צוטרוי. מיר זײַנען זיכער, אַז איר וועט אונדז העלפֿן!

– מיט וואָס זשע קאָן איך אײַך העלפֿן? – ליאָשקע האָט ווידער אויסגעדריקט אַן אויפֿריכטיקע פֿאַרוווּנדערונג אויפֿן פּנים.

– טאַקע אין קאַמף מיט די פֿײַנט, – האָט יענער דערקלערט.

– און ווי זשע קאָן איך אײַך העלפֿן אין דעם? – האָט געפֿרעגט אונדזער העלד, אויסדריקנדיק אַ געמיש פֿון גרויסער איבערראַשונג און אַ קאַפּעלע טשי־קאַוועס. אויף אַ רגע האָט ער אַ טראַכט געטאָן, צי זאָל ער ניט פֿאַרלייגן זײַנע מעשׂים־טובֿים ווי אַ שפּיאָן אין די אַראַבישע לענדער, נאָר זיך תּיכּף אָפּגעזאָגט פֿון דער אידעע – בעסער אַליין גאָרנישט ניט פֿאָרשלאָגן, ער וועט בלויז אויסהערן, וואָס זיי וועלן זאָגן.

דאָ האָט זיך אָנגעשלאָסן אינעם שמועס דער ייִנגערער טשעקיסט[1], און זיי ביידע האָבן געגומען דערקלערן ליאָשקען, אַז שׂונאים זײַנען דאָ אומעטום, אַפֿילו אינעם אוניווערסיטעט, און ער, ווי אַן ערלעכער סאָוועטישער מענטש און פּאַטריאָט, מוז זיי דעמאַסקירן. ליאָשקע האָט ברייט געעפֿנט די אויגן און דאָס מויל, און געזאָגט:

– איך האָב דאָך קיין מאָל קיין פֿײַנט ניט געטראָפֿן. ווי זשע קאָן איך זיי דעמאַסקירן?

– זאָגט ניט, – האָט פֿילבאַדײַטנדיק געענטפֿערט דער עלטערער טשעקיסט, – איר זײַט דאָך פּאָליטיש באַהאַוונט און פֿאַרשטייט אַליין: אויב אַ מענטש דערציילט אַנטיסאָוועטישע אַנעקדאָטן, שוין זשע איז ער ניט קיין פֿײַנט? אַמווייניקסטן אַ פּאָטענציעלער פֿײַנט: הײַנט דערציילט ער אַן אַנטיסאָוועטישן אַנעקדאָט, און מאָרגן וועט ער פֿאַרראַטן דאָס היימלאַנד!

– יאָ, איך פֿאַרשטיי, – האָט ליאָשקע מסכּים געווען, – נאָר פֿון אַלע מענטשן, וואָס איך קען, דערציילט קיינער ניט קיין אַנטיסאָוועטישע אַנעקדאָטן.

– טאַקע? – האָט אומצוטרוילעך געפֿרעגט דער ייִנגערער טשעקיסט, – לויט אונדזערע אָנגאַבן אָבער, האָט מען בײַ אײַך אינעם בוי־אָטריאַד יאָ דערציילט אַנטיסאָוועטישע אַנעקדאָטן!

– בײַ אונדז אינעם בוי־אָטריאַד?! קיין מאָל ניט! – האָט ליאָשקע אויסגעשרי־ען מיט ברען און זיך תּיכּף דערמאָנט, ווי איין מאָל בײַ נאַכט, ווען אין אַ גרויסן צימער האָבן מיידלעך צוגעטיילט הנאה די יונגען, האָט ער בשעת־מעשׂה דערציילט דעם אַנעקדאָט וועגן פֿרײַהייט פֿון וואָרט און אָראַלן סעקס. „וואָס מאַכט די צוויי זאַכן ענלעך? – האָט ליאָשקע אויף אַ קול געפֿרעגט, און אַליין געענטפֿערט: – איין אומ־ריכטיקע באַוועגונג פֿון דער צונג – און מע טרעפֿט באַלד אין תּחת!..” ווער זשע האָט אים געקאָנט מסרן? שוין זשע עמעצער פֿון די מיידלעך? דאָס וואָלט געווען שוין צו געמיין...

– בײַ מײַן ערנוואָרט: קיינער פֿון מײַנע חבֿרים אין אונדזער בוי־אָטריאַד האָט קיין אַנטיסאָוועטישע אַנעקדאָטן ניט דערציילט! – האָט ליאָשקע געמאָלדן,

קוקנדיק די טשעקיסטן גלײַך אין די אויגן אַרײַן. דאָס איז, אַגבֿ, געווען אמת: בלויז ער, ליאָשקע, האָט דעמאָלט דערציילט אַזאַ אַנעקדאָט. – וואָס רעדט איר אַזוינס, חבֿרים טשעקיסטן! – האָט ליאָשקע גערעדט ווײַטער, – ווען עמעצער וואָלט געוואַגט זאָגן אין מײַן אָנוועזנהייט אַפֿילו איין שמוציק וואָרט קעגן דער ראַטן־מאַכט, וואָלט איך דעם פּאַסקודניאַק גלײַך דערלאַנגט אין מאָרדע אַרײַן! – און ער האָט דעמאָנסטרירט זײַן פֿויסט און מוסקלען.

– נו גוט, – האָט געזאָגט דער עלטערער טשעקיסט, – אין מאָרדע דאַרף מען ניט דערווײַל, נאָר...

– וואָס הייסט, מע דאַרף ניט?! – האָט ליאָשקע געהאַלטן בײַ זײַניקן, – פֿאַר דער סאָוועטן־מאַכט וועל איך יעדערן ווײַזן, איר קאָנט זײַן זיכער! דאָס קען איך גוט! פֿון קינדווײַז אָן האָב איך שטענדיק זיך געשלאָגן פֿאַר גערעכטיקייט! – און ער האָט ווידער דעמאָנסטרירט זײַן פֿויסט.

– עס איז זייער גוט, וואָס איר קענט זיך אײַנשטעלן פֿאַר גערעכטיקייט, – ליאָשקע האָט דערפֿילט, אַז זײַנע מיטשפּרעכערס הייבן שוין אָן אַ ביסל פֿאַרלירן דאָס געדולה, – נאָר מיר דאַרפֿן אַן אַנדער מין הילף. איר פֿאַרשטייט, אויב איר וועט באַלד אַ שלאָג טאָן דעם פֿײַנט, ווי ס'דאַרף צו זײַן, וועט ער זיך דערשרעקן און פֿאַרמאַסקירן; ער וועט אָנהייבן מאַכן דעם אָנשטעל, אַז ער האָט זיך געענדערט, געוואָרן בעסער, כאָטש אין דער אמתן וועט ער בלײַבן אַ פֿײַנט.

– נו, פֿאַר וואָס זשע אַזוי? – האָט ליאָשקע געפֿרעגט מיט אַ נאַיִוון אויסדרוק אויפֿן פּנים, – אפֿשר, וועט ער טאַקע בעסער ווערן? אָט ווען איך פֿלעג שטיפֿן, ווי אַ קינד, פֿלעגט דער טאַטע מיך פּאַטשן – און איך האָב זיך אָנגעהויבן פֿירן בעסער, ווײַל איך האָב פֿאַרשטאַנען, אַז מע טאָר אַזוי מער ניט טאָן!

– יונגער־מאַן! – האָט דער עלטערער געזאָגט אויפֿגעבראַכטערהייט, – צי זײַט איר גרייט צו העלפֿן אונדז?

– געוויס! שטענדיק גרייט! – האָט ליאָשקע אויסגעשריגן דעם לאָזונג פֿון יונגע פּיאָנערן. ער האָט ווידער צונויפֿגעקוועטשט די פֿינגער אין אַ פֿויסט און געוואָלט ריידן ווײַטער וועגן דעם, ווי ער איז שטענדיק גרייט אַרײַנצופּאָרן אין מאָרדע אַלע שונאים, נאָר דער עלטערער טשעקיסט האָט אים איבערגעריסן און שטרענג געזאָגט:

– אויב איר זײַט גרייט צו העלפֿן אונדז, איז הערט אויס זייער אויפֿמערקזאַם, וואָס פֿאַר אַ הילף מיר דערוואַרטן פֿון אײַך, און שלאָגט אונדז ניט איבער. פֿאַר־שטאַנען?

– יאָ, – האָט ליאָשקע ערנסט באַשטעטיקט און צוגעשאָקלט מיטן קאָפּ.

– איז אָט: שלאָגן זאָלט איר קיינעם ניט, ווײַל אַזוי וועט מען דעם פֿײַנט ניט מאַכן אומשעדלעך. די פֿײַנט זײַנען כיטרע; אַ פֿײַנט איז ניט קיין קינד, וואָס דער טאַטע קאָן עס אָנפּאַטשן – און עס וועט אויפֿהערן שטיפֿן. אַ פֿײַנט – איר דאַרפֿט עס גוט פֿאַרגעדענקען! – בלײַבט שטענדיק אַ פֿײַנט. דעריבער דאַרפֿן מיר זײַן וואַכ־זאַם און זיי איבערכיטרעווען. אויב עמעצער ווײַזט אַרויס זײַן פּרצוף פֿון אַ פֿײַנט

– דערציילט, צום בײַשפּיל, אַן אַנטיסאָוועטישן אַנעקדאָט אָדער ער לויבט דעם אַמעריקאַנער אופֿן פֿון לעבן – זאָלט איר... איר הערט מיך? – האָט דער מאַן אַ פֿרעג געטאָן, זעענדיק, ווי ליאָשקעס אויגן בלאָנדזשען איצט ערגעץ ווײַט.

– איר ווייסט, איך האָב אַ טראַכט געטאָן: ווי זאָגט מען אויף אַראַביש „אַרויסוואַרפֿן זײַן פּרצוף פֿון אַ פֿײַנט”? ס'איז זייער אַ בילדערישער אידיאָם, כ'וועל מוזן פֿרעגן בײַם פּראָפֿע... יאָ־יאָ, איז וועגן וואָס זשע האָט איר גערעדט? איך הער אײַך זייער אויפֿמערקזאַם!

– איז אָט, – דער עלטערער טשעקיסט האָט מער ניט געקאָנט אײַנהאַלטן זײַן דענערווירונג, – אויב עמעצער זאָגט עפּעס אַזוינס, זאָלט איר באַלד אינפֿאָרמירן אונדז: ווער און וואָס האָט געזאָגט. און מיר וועלן זיך שוין אַליין פֿונאַנדערקלײַבן, וואָס צו טאָן מיט אים. אײַער אייגענע באַציִונג צו אים זאָלט איר ניט אַרויסווײַזן, איר זאָלט בלויז אינפֿאָרמירן אונדז. פֿאַרשטאַנען?

– הייסט עס?.. – ליאָשקע האָט אויסגעדריקט אויפֿן פּנים דעם העכסטן גראַד פֿון שטוינונג, – הייסט עס, אַז אויב עמעצער וועט זאָגן עפּעס קעגן דער סאָוועטן־מאַכט אין מײַן אָנוועזנהייט, זאָל איך, אַ סאָוועטישער מענטש, אַ קאָמיוגיסט, ניט אַרויסווײַזן מײַן באַציִונג צו דעם?!

– ניין, איר – ניט! – האָט באַשטעטיקט דער עלטערער טשעקיסט.

– אַפֿילו פֿאַרקערט, – האָט צוגעגעבן דער ייִנגערער, – מ'דאַרף מאַכן אַזוי, אַז דער פֿײַנט זאָל זיך אַנטפּלעקן; דעריבער, אויב מע זאָגט עפּעס אַזוינס, זאָלט איר מאַכן דעם אָנשטעל, אַז איר מיינט דאָס זעלבע! איר זאָלט אים בעטן זאָגן נאָך עפּעס, דערציילן נאָך איין אַנעקדאָט... ער זאָל אײַך געטרויען, פֿאַרשטייט? און דאַן וועלן מיר קאָנען אים דעמאַסקירן.

דער ייִנגערער טשעקיסט האָט, אַ פּנים, געוואָלט דערקלערן די זאַך דעם טיפּשן קאָמיוגיסט מער צוגענגלעך, אָבער דערמיט האָט ער נאָר דערלאַנגט ליאָש־קען אַ ראַטיר־שטרויעלע, אין וועלכן ער האָט זיך תּיכּף אָנגעכאַפּט – און ניט אָפּ־געלאָזט עס שוין ביזן סאַמע סוף פֿונעם שמועס.

– הייסט עס, איר ווילט, איך זאָל מאַכן דעם אָנשטעל, אַז איך בין אַליין אַ פֿײַנט? – האָט ליאָשקע געפֿרעגט מיט אַזאַ אויסדרוק, ווי מע וואָלט אים פֿאָרגעשלאָגן אויפֿעסן אַ שיסל טינוף.

– צי האָט איר געזען „זיבעצן רגעס פֿון פֿרילינג”? – האָט דער ייִנגערער טשעקיסט געמאַכט נאָך איין פּרוּוו, דערמאָנענדיק דעם פּאָפּולערן פֿילם וועגן אַ סאָוועטישן אויסשפּירער, וואָס האָט געאַרבעט אין די העכסטע עשעלאָנען פֿון „עס־עס” אונטער דער פֿאַמיליע שטירליץ.

– יאָ, געזען, – האָט ליאָשקע באַשטעטיקט. דאָ האָט ער שוין ניט געקאָנט זיך אויסדרייען: דאָס גאַנצע לאַנד האָט געזען דעם פֿילם.

– געדענקט איר אַוודאי, ווי שטירליץ האָט געמאַכט אַן אָנשטעל, אַז ער איז אַן עכטער פֿאַשיסט. ווי מיינט איר, שוין זשע וואָלטן מיר געקאָנט בלײַבן לעבן אָן

אַזעלכע שטירליצן, ווען אַרום זײַנען פֿאַראַן אַזוי פֿיל פֿײַנט? איר קאָנט זײַן זיכער: מיר האָבן ביז איצט אונדזערע שטירליצן אין אַלע לענדער. ריכטיק, וואַסילי איוואַניטש? – האָט ער זיך געוואָנדן צו זײַן עלטערן קאָלעגע, – נאָר אַזעלכע שטירליצן דאַרפֿן מיר ניט בלויז אין אַ וועלט־מאַסשטאַב, נאָר אויף אַלע ניוואָען, אויך אין הויכשולן, ווײַל די פֿײַנט זײַנען פֿאַראַן אַפֿילו דאָ, אין אײַער אוניווערסיטעט. פֿאַרשטאַנען? וואַסילי איוואַניטש האָט שוין פֿריִער דערמאָנט, וואָס פֿאַר אַ פּאָליטישע לאַגע איז איצט אין דער וועלט...

און ער האָט אָנגעהויבן גראַגערן וועגן דער קאַלטער מלחמה, דעם וואָפּנ־פֿאַרמעסט און אַזוי ווײַטער. אין איינעם אַ מאָמענט האָט ליאָשקע אויפֿגעעפֿנט זײַן פֿאָרטפֿעל, אַרויסגענומען פֿון דאָרטן אַ העפֿט און אין אים עפּעס פֿאַרשריבן, דערקלערנדיק עס, ווי אַ צייכן, אַז ער זאָל ניט פֿאַרגעסן צו פֿרעגן בײַ זײַן פּראָפֿעסאָר, ווי מ'זאָגט אויף אַראַביש „וואָפּנפֿאַרמעסט".

ווען דער ייִנגערער טשעקיסט (זײַן נאָמען האָט ליאָשקע טאַקע ניט דער־הערט) האָט פֿאַרענדיקט, האָט אונדזער העלד פֿאַרשטאַנען, אַז איצט מוז ער עפּעס ענטפֿערן.

– הייסט עס, – האָט ער געפֿרעגט, ווענדנדיק זיך צו ביידע טשעקיסטן, – איר ווילט, אַז איך זאָל זײַן... ע־ע־ע... עפּעס ווי דער שטירליץ פֿונעם פֿילם?

– נו יאָ, – האָט צופֿרידן באַשטעטיקט דער ייִנגערער, – שוין זשע ווילט איר עס ניט? שטעלט זיך נאָר פֿאָר: איר זײַט אַ קעמפֿער פֿונעם פֿאַרבאָרגענעם פֿראָנט! אָנהייבן וועט איר פֿונעם אוניווערסיטעט, און דערנאָך, אויב איר'ט באַרעכטיקן אונדזערע האָפֿענונגען, וועט איר זיך אויפֿהייבן אַלץ העכער און העכער. מיר וועלן אײַך העלפֿן! ווער ווייסט, אפֿשר וועט איר טאַקע זײַן אַ צווייטער שטירליץ! מע וועט אײַך שיקן, אַ שטייגער, קיין וואַשינגטאָן, און איר וועט דאָרטן אונטערלייגן ערגעץ־ווו אַן אַטאָמיש אָדער אַ נייטראָניש באָמבעלע, – אין זײַנע אויגן האָבן אויפֿגעברענט לוסטיקע פֿײַערלעך, – איר וועט דאָרט אַלץ אויפֿרײַסן צו אַל די שוואַרצע יאָר! – זײַן צורה האָט אויפֿגעשײַנט פֿאַר גליק, – אײַך וועט מען, פֿאַרשטייט זיך, פֿאַר פֿריִער אַרויספֿירן אויף אַן אונטערוואַסער־שיף – און איר וועט ווערן אַ העלד פֿונעם סאָוועטן־פֿאַרבאַנד! די גאַנצע וועלט וועט זיך וועגן אײַך דערוויסן, ווײַל איר וועט באַפֿרײַען די מענטשהייט פֿון קאַפּיטאַליזם!..

„טאַקע וועגן עפּעס אַזוינס האָב איך אַ מאָל געטרוימט," – האָט ליאָשקע אַ טראַכט געטאָן, – „וואָס זשע פֿאַר אַ נאַר בין איך געווען..."

– יאָ־אָ־אָ, ס'פֿאַרכאַפּט מיר אַזש דעם אָטעם... – האָט ליאָשקע צעצויגן די ווערטער פֿאַרטראַכטערהייט, – נאָר... וואָס שייך מיר, קאָן איך זיך, צום באַדויערן, ניט פֿאָרשטעלן, אַז כ'קאָן ווערן אַ צווייטער שטירליץ! אַ צווייטער אַלעקסאַנדער מאַטראָסאָוו[2] – דאָס יאָ, אַזוינס בין איך פֿעיִק צו טאָן. אַ צווייטער גאַסטעלאָ[3] – אויך: פֿאַרן היימלאַנד בין איך גרייט אָפּצוגעבן דאָס לעבן. אָבער פֿאַרשטעלן זיך פֿאַר אַ פֿײַנט... ניין, ניט פֿאַר מיר איז אַזאַ זאַך. פֿאַר דעם דאַרף מען דאָך זײַן אַן

אַקטיאָר, אַן אויסגעצייכנטער אַקטיאָר! און אַן אַקטיאָר בין איך, דעם אמת געזאָגט, – ניט קיין וואַזשנער!

– און מיר דוכט זיך, – האָט בייז געזאָגט וואַסילי איוואַניטש, צוזשמורענדיק דאָס לינקע אויג, – אַז איר זײַט טאַקע אַן אַקטיאָר, זייער אַ גוטער אַקטיאָר!

– וואָס רעדט איר אַזוינס, וואַסילי איוואַניטש! – האָט ליאָשקע אויסגעשריִען, ברייט עפֿענענדיק די אויגן, – איך?! אַן אַקטיאָר?! אַבסאָלוט ניט! איר קאָנט זיך נאָכפֿרעגן: אין שול האָט מען מיך קיין מאָל ניט גענומען צו שפּילן טעאַטער, ווײַל קיין איין ראָלע האָט זיך בײַ מיר ניט באַקומען... איך אַליין האָב עס פֿײַנט געהאַט! אָט אין ספּאָרט – יאָ, דאָרט בין איך שטענדיק געווען דער בעסטער. נאָר פֿאַרשטעלן זיך פֿאַר עמעצן... באַזונדערס פֿאַר אַ שׂונא – עס וועט בײַ מיר די צונג זיך ניט רירן אַרויסצורעדן אַזעלכע זאַכן! אָט פּרוּוו איך זיך פֿאָרשטעלן: אויב עמעצער וועט זאָגן עפּעס קעגן דער סאָוועטן־מאַכט אין מײַן אָנוועזנהייט, וועל איך פּשוט ניט קאָנען זיך אײַנהאַלטן, כ׳וועל דערלאַנגען דעם גזלן אין די ביינער אַרײַן אַזוי, אַז אויף זײַן גאַנץ לעבן וועט ער עס פֿאַרגעדענקען!

און דאָ איז ליאָשקען פּלוצעם אַרײַן אַ געדאַנק אין קאָפּ צו דערציילן די מעשׂה, וואָס וועט מסתּמא אין גאַנצן אָפּשלאָגן בײַ זיי דעם חשק צו ווערבירן אים.

– זאָג איך אײַך, – האָט ער ווײַטער גערעדט, – איך האָב שטענדיק געשלאָגן זיך פֿאַרן אמת! אָט, געדענק איך, אַז ווען איך בין נאָך געווען אַ פּיאָנער, האָט אין אונדזער הויז געוווינט איינער אַ פּעטקאַ פּאָדליטקין. איין מאָל האָט ער מיך אָנגערופֿן „אַ ייִדישע מאָרדע”, – האָב איך דעם ניט־דערשלאָגענעם פֿאַשיסט אָנגעלייגט אין די ביינער אַרײַן!

דערהערט עס, האָבן די צוויי טשעקיסטן אַ קוק געטאָן איינער אויפֿן אַנדערן מיט אַזאַ אויסדרוק, אַז ליאָשקע האָט באַלד פֿאַרשטאַנען: זײַן פֿאָרטל האָט זיך אים אײַנגעגעבן.

– אוי! – האָט ער אַ קוק געטאָן אויפֿן האַנט־זייגערל, – איך האָב דאָך אַ קאָמיוגישן אויפֿטראָג! מע וואַרט אויף מיר! – ער איז אויפֿגעשטאַנען פֿונעם בענקל, – אַנטשולדיקט, כ׳בעט אײַך, נאָר איך מוז דרינגעוודיק גיין: איך קאָן ניט אונטערפֿירן מײַנע חבֿרים. אַ שיינעם דאַנק אײַך פֿאַרן שמועס, עס איז געווען זייער אָנגענעם צו באַקענען זיך מיט אײַך, מיט עכטע טשעקיסטן!

ליאָשקע איז גיך צוגעגאַנגען צו דער טיר, זי אויפֿגעעפֿנט און, שוין פֿון דער אַנדער זײַט שוועל געזאָגט הויך, אַז אַלע אין דרויסן זאָלן הערן:

– איר קאָנט זײַן זיכער: אויב עמעצער וועט דערציילן עפּעס אַן אַנטיסאָוועטישן אַנעקדאָט אין מײַן אָנוועזנהייט, – ער האָט אַ טרייסל געטאָן מיט אַ פֿויסט, – נאָ פּאַסאַראַן![4] הינדי רוסי בהײַ בהײַ![5] – און ער האָט גיך אַוועקגעשפּאַנט איבער די לאַנגע קאָרידאָרן.

ווען אין אַ פּאָר וואָכן אַרום, בשעת אַ הפֿסקה צווישן לעקציעס, האָט ליאָשקע צופֿעליק ווידער געטראָפֿן דעם ייִנגערן טשעקיסט, האָט ער הויך אַ זאָג געטאָן:

– גוטהעלף, חבֿר טשעקיסט! ביז איצט האָב איך נאָך קיין איין שׂונא ניט געטראָפֿן!

יענער האָט אַ קוק געטאָן אויף ליאָשקען מיט אַזאַ בליק, גלײַך ווי ער איז געווען גרייט צו צערײַסן אים אויף שטיקלעך. אפֿשר איז עס טאַקע געווען אַזוי – נאָר וואָס האָט ער געקאָנט זאָגן? ליאָשקע האָט זיי אַזוי פֿאַרדרייט דעם קאָפּ, אַז זיי האָבן אַפֿילו ניט באַוויזן צו זאָגן אים, ער זאָל קיינעם וועגן זייער טרעפֿונג ניט פּלאַפּלען.

– און אויב כ'וועל איינעם יאָ טרעפֿן, וועל איך אים אומבאַדינגט אַרײַנפֿאָרן אין פּרצוף! – האָט אונדזער העלד צוגעגעבן, און פֿון דעמאָלט אָן האָט ער זיך געסטאַרעט אויסצומײַדן דעם ייִנגערן פֿאַרשטייער פֿון „קאַגעבע".

3

ליאָשקע האָט גלענצנדיק אָפּגעגעבן די עקזאַמענס און איז אָנגעקומען אין דער אַספּיראַנטור, דערנאָך איז ער דורכגעגאַנגען די מיליטער־צוזאַמענזאַמלונגען און האָט באַקומען דעם ראַנג פֿון אַ לייטענאַנט אין רעזערוו. ביזן אָנהייב פֿונעם לערן־יאָר איז געבליבן אַ חודש, און ליאָשקע איז געפֿאָרן מיט וואַסקאַ אַרבוזאָווון קיין אָדעס, ווו ס'האָט געוווינט וואַסקאַס פֿעטער מיט זײַן משפּחה. וואַסקאַן האָט זיך ניט אײַנגעגעבן אָנקומען אין דער אַספּיראַנטור, דערצו נאָך האָט ער ערשט זיך צעקריגט מיט זײַן חבֿרטע אירע. דאָס אַלץ האָט אים אַרײַנגעבראַכט אין אַ שלעכטער שטימונג. האָט ליאָשקען געפֿרייט זיך צו פֿאָרן מיט זײַן גוטן־פֿרײַנד און העלפֿן אים צעוויין דעם אומעט.

אין אָדעס איז געווען הייס און פֿריילעך. מיט וואַסקאַס קרובֿים האָבן זיי כּמעט ניט קאָנטאַקטירט, כאָטש אָפּגעשטעלט האָבן זיי זיך אין זייער דירה. יעדן אינדערפֿרי זײַנען די צוויי פֿרײַנד געגאַנגען אויפֿן ים און האָבן זיך געבאָדט שעהענווײַז. דערנאָך האָבן זיי זיך געלאָזט אינעם האַפֿן צו קויפֿן נאַרקאָטיקעס בײַ מאַטראָסן: וואַסקאַ פֿלעגט פֿאַרברענגען אין אָדעס יעדן זומער און האָט שוין געקענט דאָ אַלץ און אַלעמען. אין די ערשטע צוויי טעג האָט זיי געלונגען צו געפֿינען דאָס, וואָס זיי האָבן געזוכט, און געקאָסט האָט עס דאָרט גאַנץ ביליק, דעריבער, ווען אויפֿן דריטן טאָג האָט וואַסקאַן זיך ווידער פֿאַרגלוסט זיך לאָזן „אין גייעג", האָט ליאָשקע אים אָפּגערעדט (מיט שוועריקייט) אָפּצוּוואַרטן כאָטש עטלעכע טעג, זיי זאָלן זיך אין דעם ניט אַרײַנצײַען און ניט ווערן קיין נאַרקאָמאַנען.

דאַן האָט וואַסקאַ פֿאָרגעלייגט צו גיין צו דער פּראָסטיטוטקע נאַטאַשאַ, וואָס ער האָט זי געקענט שוין עטלעכע יאָר. יענע האָט זיך אַרויסגעוויזן זייער אַ סימפּאַטישע סײַ אויסערלעך, סײַ לויטן כאַראַקטער, און האָט זיי שיין באַדינט, מיט אַלע פּיטשעווקעס. וואַסקאַ אָבער איבער עפּעס אַ סיבה איז אַרײַנגעפֿאַלן אין אַ מרה־שחורה, און ווען זיי זײַנען אַרויס פֿון נאַטאַשאַס וווינונג, האָט ער געזאָגט

פֿאַרטראַכטערהייט: „שיינע צײַטן זײַנען געקומען: פֿאַר אַפֿזויגן דאַרף מען נאָך צאָלן געלט...". ליאַשקע האָט זיך געסטאַרעט מיט אַלע כּוחות צו דערמוטיקן זײַן חבֿרה, נאָר געווען איז עס גאָר ניט גרינג. דערצו נאָך, כאָטש וואַסקאַ האָט עס ניט אַרויסגעזאָגט אויף אַ קול, האָט ליאַשקע פֿאָרט געפֿילט, אַז יענער איז אים שטיל מקנא, וואָס ער איז אָנגעקומען אין דער אַספּיראַנטור.

אין איינעם אַ פֿאַרנאַכט, שפּאַצירנדיק איבערן פּאַרק און רייכערנדיק די סיגאַרעטן „מאַרלבאָראָ", געקויפֿט בײַ די ים־לײַט אינעם פּאָרט, האָבן אונדזערע העלדן דערזען אַ פּאָר ברוינגעזיכטיקע יונגען, וואָס האָבן זיך בולט אויסגעטיילט צווישן די אַנדערע מענטשן. „מסתמא אַראַבער", – האָט ליאַשקע שטיל אַ זאָג געטאָן וואַסקאַן. כּך־הווה: דערנענטערט זיך צו זיי, האָבן די חבֿרים דערהערט, אַז די יונגעןריידן צווישן זיך דווקא אויף דער שפּראַך, וואָס ליאַשקע און וואַסקאַ האָבן שוין פֿיר יאָר געהאַט שטודירט אין אוניווערסיטעט. מיט אַ ברייטן שמייכל אויף די פּנימער האָבן זיי הויך באַגריסט די אָנגעקומענע פֿון נאָענטן מיזרח אויף אַראַביש. דאָס לעצטע וואָרט האָבן זיי בכּיוון געזאָגט אויפֿן מאַראָקאַנישן דיאַלעקט, אויף וועלכן דאָס וואָרט „ברידער" קלינגט פּונקט אַזוי, ווי דאָס סאַמע ניבֿול־פּהיקע רוסישע וואָרט, וואָס מיינט „פּ־ץ" אויף ייִדיש, און אַפֿילו נאָך גרעבער.

אַלע אַרום האָבן אויפֿגעציטערט: די היגע – פֿונעם מיאוסן וואָרט, אַרויס־געבראַכט אַזוי הויך און דײַטלעך, און די מיזרחדיקע געסט – ווײַל זיי האָבן בפֿירוש ניט דערוואַרט צו טרעפֿן אַראַביש־ריידנדיקע רוסן אָט אַזוי, גלײַך אויף דער גאַס.

– ברוכים־הבאָים אין סאָוועטן־פֿאַרבאַנד, ברידער! – זיי האָבן געוווּסט, אַז די אַראַבער האָבן אַזאַ מינהג צו רופֿן איינער דעם אַנדערן „ברודער", און ניט דורכגעלאָזט די געלעגנהייט צו פֿאַרווײַלן זיך, – פֿון וואַנען קומט איר, ברידער?

– מין פֿילאַסטין, – האָבן יענע שטיל געענטפֿערט, נאָך אַ ביסל פֿאַרלוירן.

– פֿון פּאַלעסטינע? ברוכים־הבאָים, ברידער! זײַט איר אויף לאַנג געקומען צו אונדז? – ליאַשקע האָט זיי דערלאַנגט דאָס פּעקל סיגאַרעטן.

ס'האָט זיך אַרויסגעוויזן, אַז די יונגען זײַנען מיטגלידער פֿון דער באַפֿרײַונג־אָרגאַניזאַציע פֿון פּאַלעסטינע און לערנען זיך איצט מיט זייערע חבֿרים אין דער אָדעסער מיליטערישער אַקאַדעמיע. אָנגעקויפֿט משקה און פֿאַרבײַסעכץ, האָבן ליאַשקע און וואַסקאַ מיט זייערע נײַע באַקאַנטע זיך געלאָזט צו דער פּלאַזשע...

– נו, ברידער, – האָט וואַסקאַ אַ פֿרעג געטאָן, ווען כּמעט אַלץ איז געווען אויסגעטרונקען און אויפֿגעגעסן. די שיכּורע „באַפֿרײַערס" האָבן צו יענער צײַט אויסגעגעבן כּמעט אַלע זייערע מיליטערישע סודות, – די מיידלעך בײַ אײַך אין פּאַלעסטינע, זיי סמאָטשקען גוט אָפּ?

יענע זײַנען אויף אַ רגע צעמישט געוואָרן, און דערנאָך האָט איינער פֿון זיי, אַהמעד, שטאָלץ געגעבן אַ פּאָזיטיוון ענטפֿער. דער צווייטער, מאַהמוד, נאָך אַלץ אַ פֿאַרלוירענער, האָט געקוקט אויף אַ זײַט, אין דער ריכטונג פֿונעם ים, און

אַ זיפּץ געטאָן פֿאַרטראַכטערהייט. דער הימל איז שוין געוואָרן האַלב־טונקל, און פֿון די ים־כוואַליעס איז אַרויס אַ הויכער, שטאַלטנער מאַנצביל מיט שטאַרקע מוסקלען.

– ע־ע־ע, – האָט וואַסקאַ געזאָגט מיט אַ שעלמישן שמייכל, – איה, ברידער, קענט נאָך ניט אונדזערע רוסישע מיידלעך! אמת, ליאָשקע? פֿאַר אָט־אָ־דעם־אָ, – וואַסקאַ האָט אָנגעוויזן אויף דער קעשענע פֿון אַהמעדס הויזן, ווו עס זײַנען געלעגן די דאָלאַר־באַנקנאָטן, וואָס יענער האָט זיי פֿריִער פֿאָרגעלייגט אונדזערע העלדן צו קויפֿן, – וועט איר דאָ קריגן אַזוינס, – ער האָט כיטרע אַ ווונק געטאָן, – וואָס איר וועט אין ערגעץ ניט אין דער וועלט ניט אָפּזוכן! און כ׳וועל אײַך זאָגן אָפֿנהאַרציק, – וואַסקאַ האָט זיך אָנגעבויגן צו די „ברידער" און איז איבערגעגאַנגען אויף אַ שעפּטש, – קיין בעסערע סחורה וועט איר בײַ אונדז אויף דעם ניט קויפֿן. נו, וואָס קאָן מען דאָ נאָך קויפֿן? בראָנפֿן, קאָלבעס – דאָס וועט איר זיך אויך פֿאַר רובלען גרינג אײַנשאַפֿן. נאָר פֿאַר דעם, – ער האָט ווידער אָנגעוויזן אויף אַהמעדס קעשענע, – כ׳זאָג אײַך צו, ברידער: אַזאַ „סחורה" האָט איר נאָך קיין מאָל אין לעבן ניט פֿאַרזוכט! נו, פֿאַר דער פֿרײַנדשאַפֿט! – וואַסקאַ און נאָך אים אַלע אַנדערע האָבן אויפֿגעהויבן זייערע פֿלעשלעך ביר, אויסגעטרונקען זיי ביזן דנאָ און געלאָזט זיך וואַלגערן לעבן די צוויי ליידיקע פֿלעשלעך בראָנפֿן, – און איצט לאָמיר גיין! – אַלע האָבן זיך אויפֿגעהויבן און, וואַקלענדיק זיך, אַוועקגעשלעפּט זיך צו וואַסקאַס אַלטער באַקאַנטער.

צוגעגאַנגען צו דער טיר פֿון נאַטאַשאַס דירה, האָט וואַסקאַ געזאָגט אַהמעדן:

– גיב מיר דאָס געלט און וואַרט אַ ווײַלע דאָ, מיר וועלן אַלץ אײַנאָרדענען.

גענומען בײַ אַהמעדן די דאָלאַרן, האָט וואַסקאַ זיי אומבאַמערקטערהייט אַרײַנגעלייגט צו זיך אין קעשענע און אַ קוועטש געטאָן דאָס קנעפּל פֿונעם גלעקל. דערהערט די טריט הינטער דער טיר, האָט ער תּיכּף צוגעטראָגן אַ פֿינגער צו די ליפּן, אַרײַנקוקנדיק גלײַך אינעם „אייגל". די טיר האָט זיך צוגעעפֿנט.

– סאַלוט, – האָט וואַסקאַ שטיל געזאָגט, – ביסט פֿרײַ איצט?

די געסט האָבן זיך אַרײַנגעוואַלגערט אין דער וווינונג, ליאָשקע האָט פֿאַר־מאַכט די טיר נאָך זיך, און וואַסקאַ האָט גערעדט ווײַטער:

– הערע, מיר האָבן דאָ געבראַכט צו פֿירן אַ פּאָר אַראַבער. וועסטו זיי באַדינען, ווי געהעריק, מיט ראַבאַט? זיי וועלן דערנאָך שיקן צו דיר זייערע חבֿרים, איצט זײַנען דאָ בײַ אײַך אין אָדעס אַ כאָפּטע אַראַבער, זיי לערנען זיך דאָ... און מיר׳ן דערווײַל צוואַרטן אין קיך. גוט?

צונויפֿגערעדט זיך מיט נאַטאַשאַן וועגן דעם פּרײַז און צעצאָלט זיך מיט רובלען, זײַנען די צוויי פֿרײַנד געבליבן אין קיך. נאַטאַשאַ האָט גיך אָנגעטאָן איר סאַמע שענסטע קאָמבינאַציע און ברייט צעפּראַלט די טיר מיט אַ ברייטן שמייכל אויפֿן פּנים.

– יאָ־אָ־אָ... ברי־י־ידער... – האָט וואַסקאַ צעצויגן די ווערטער, אָנגעלענט זיך אויפֿן טיש און אונטערגעשפּאַרט דעם קאָפּ מיט די הענט.

– אַהאַ־אַ־אַ... ברי־י־ידער... – האָט ליאָשקע מסכּים געווען, – אינטערעסאַנט... אפֿשר וועט מען אונדז אַ מאָל שיקן אַהין, קיין פּאַלעסטינע?

– דיך וועט מען טאַקע שיקן, – האָט וואַסקאַ געענטפֿערט, – נאָר מיך... וווּהין וועט מען מיך איצט שיקן? – און ער האָט פֿאַרקרימט דאָס מויל.

– וואַסקאַ, הער שוין אויף זיך אַזוי ערגערן! – ליאָשקע האָט אַוועקגעלייגט זײַן האַנט אויפֿן חבֿרס אַקסל, – נו, ביסט ניט אָנגעקומען אין אַספּיראַנטור הײַיאָר, וועסטו אָנקומען אין אַ יאָר אַרום, כ'וועל דיר צוהעלפֿן! וואָס איז דאָ אַזוי איבערצולעבן? דערפֿאַר אָבער וועסטו האָבן גענוג צײַט הוליען אַ גאַנץ יאָר!

וואַסקאַ האָט געשטאַמלט עפּעס אומקלאָרס און אַנטשוויגן.

פּלוצעם האָבן זיך פֿונעם צימער דערהערט ווילדע געשרייען: „טי שאַ, בליאַ, אין גאַנצן משוגע?!" – האָט געקוויטשעט נאַטאַשאַ. „אַאַהיראַטאָן יאַהודיאַטאָן[6]!" – האָט געברומט אַהמעד. וואַסקאַ און ליאָשקע זײַנען אויפֿגעשפּרונגען, אַרײַנגעלאָפֿן אינעם צימער און דערזען אַ געשלעג.

– ווען האָט איר געבראַכט צו פֿירן?! – האָט נאַטאַשאַ געשריִען, – איינער האָט מיר אין מויל אָנגעפּישט, און דער צווייטער האָט אים געפּרוּווט טרענען! אַנו, פֿאַרנעמט זיך אַלע פֿון דאַנען!

ליאָשקע האָט געכאַפּט אַהמעדן און אים אַרײַנגעפֿאָרן אונטערן „לעפֿעלע". וואַסקאַ האָט אַוועקגעשלעפּט מאַהמודן צו דער טיר. נאַטאַשאַ האָט זיי נאָכגעוואָרפֿן די קליידער, שרײַענדיק: „מער זאָל איך אײַך דאָ ניט זען, פֿאַסקודניאַקעס!"

– חבֿרה, איר זײַט משוגע צי וואָס? – האָט וואַסקאַ שטיל געזאָגט, ווען אַלע זײַנען אַרויס פֿון דער דירה, – פֿאַר אַזעלכע זאַכן וועט מען אײַך דאָ אײַנזעצן אין טורמע!

– זאָל זיי כאַפּן דער רוח! – האָט ליאָשקע געזאָגט וואַסקאַן, – אַ מין דרררעק...

– לאָמיר גיין! – האָט פֿאָרגעלייגט ליאָשקע, און די צוויי פֿרײַנד זײַנען גיך אַוועק, איבערלאָזנדיק די נאַקעטע „ברידער" אויף די טרעפּ.

– נו, פֿון אַ חזיר אַ האָר, – האָט וואַסקאַ געזאָגט, דערלאַנגענדיק ליאָשקען איינע פֿון די צוויי דאָלאַר־באַנקנאָטן.

– אַהאַ, – האָט ליאָשקע מסכּים געווען, נאָר דערבײַ געפֿילט זיך קאַלעמוטנע...

אַהיים צו וואַסקאַס קרובֿים האָבן זיי זיך אומגעקערט שפּעט.

– נו, שוין גענוג אָנגעהוליעט זיך הײַנט? – האָט געפֿרעגט וואַסקאַס מומע, – קומט כאַטש מאָרגן פֿריִער, ס'איז דאָך מײַן געבוירן־טאָג!

– אַוודאי! – האָבן די יִינגלעך פֿאַרזיכערט די באַלעבאָסטע.

– זעצט זיך צום טיש און טרינקט אויס אַ גלאָז טיי, – האָט זי פֿאָרגעלייגט, – איר עסט דאָרט, מסתמא, דער רוח ווייסט וואָס. מאַכט זיך קאַליע די מאָגנס – און מיר זעען אײַך כּמעט ניט...

– זעצט זיך, זעצט זיך, מיר'ן כאָטש אַ ביסעלע קוקן אויף אײַך, אויף יונגע מענטשן! – האָט ליבלעך אונטערגעכאַפּט איר מאַן, – אײַך איז מיט אונדז, אַלטע לײַט, אַוודאי, סקוטשנע, נאָר פֿון די אַלטע קאָן מען זיך אויך עפּעס אויסלערנען!

מ'האָט זיך אַוועקגעזעצט אין קיך טרינקען טיי מיט זיסוואַרג. וואַסקאַס מומע, ווי געוויינטלעך, האָט אויסגעזען ווי אומצופֿרידן מיט עפּעס, נאָר דעם פֿעטערס פּנים, ווי תּמיד, איז געווען זייער גוטמוטיק און צוגעלאָזן, און די שטים זײַנע האָט געקלונגען ביז גאָר וואַרעם און האַרציק.

– און ווּ הוליען זיי גאַנצענע טעג, פֿון אין דער פֿרי ביז בײַ נאַכט? – האָט די מומע געצויגן די ווערטער פֿאַרטראַכטערהייט.

– וואָסי? – האָט דער פֿעטער געזאָגט, – זאָלן זיי הוליען. ס'איז דאָך איצט זייער צײַט צו הוליען... לעצטנס, זינט די זשידעס האָבן אָנגעהויבן אַוועקצופֿאָרן, איז דאָ די לופֿט ריינער געוואָרן...

ליאָשקע האָט זיך שטיל אויפֿגעהויבן פֿונעם בענקל און, קוקנדיק וואַסקאַס פֿעטער גלײַך אין די אויגן, פֿעסט געזאָגט:

– זײַט מיר געזונט און גליקלעך! מער וועט מײַן פֿוס אין אײַער הויז ניט זײַן!

– און, ווי ענטפֿערנדיק אויף דער שטומער פֿראַגע, וואָס האָט זיך אָנגעצייכנט בײַ אַלעמען אויף די פּנימער, צוגעגעבן: – מײַן פֿאָטער איז אַ ייִד!

אויף גיך אַרײַנגעוואָרפֿן זײַנע בעבעכעס אין טשעמאָדאַן, איז ליאָשקע אַרויס אין דרויסן. ער איז געגאַנגען איבער די בײַנאַכטיקע גאַסן אין דער ריכטונג פֿונעם וואָקזאַל. איין געדאַנק האָט זיך אים געבאָמבלט אין קאָפּ: אַוועקצופֿאָרן פֿון דער שטאָט מיט דער ערשטער באַן. וואַסקאַ איז אים נאָכגעגאַנגען און געפּאָנפּעט זיך אונטער דער נאָז, אַז ער אַליין פֿאַרשטייט ניט גאָרנישט; ער האָט קיין מאָל אַזוינס ניט געהערט פֿון זײַן פֿעטער. ער וואָלט, אַוודאי, אויך אַוועקגעפֿאָרן צוזאַמען מיט ליאָשקען, נאָר, צום באַדויערן, קאָן ער עס ניט טאָן, ווײַל מאָרגן איז זײַן מומעס געבוירן־טאָג. זי האָט אים דאָך אויסגעבאָוועט. זי איז פֿאַר אים ווי די צווייטע מאַמע...

ליאָשקע האָט געפֿילט, אַז זײַן חבֿר הייבט אָן ריידן פֿון היץ, נאָר אים איז שוין געווען אַל'ץ איינס. וואַסקאַ האָט געהאַלטן פּאָנפּען, אַז גלײַך נאָך דער מומעס געבורטסטאָג וועט ער זיך, אַוודאי, אויך אומקערן קיין מאָסקווע און אָנקלינגען ליאָשקען... און פּלוצעם האָט ער געזאָגט:

– פֿאַר וואָס האָסטו מיר קיין מאָל ניט דערציילט, אַז דײַן פֿאָטער איז אַ ייִד?

– ד'האָסט קיין מאָל ניט געפֿרעגט, – האָט ליאָשקע געענטפֿערט, – און וואָס איז די נפֿקא־מינהי?

– ניין־ניין... גלאַט אַזוי...

וואַסקאַ האָט זיך ווי פֿאַרטראַכט אויף אַ ווײַלע און געזאָגט:

– איצט פֿאַרשטיי איך, פֿאַר וואָס דו האָסט געוואָלט לערנען העברעיִש! דו קלײַבסט זיך קיין ישׂראל?

– ניין... כ'האָב זיך קיין מאָל אַהין ניט געקליבן.

וואַסקאַ האָט זיך ווידער פֿאַרטראַכט, דאָס מאָל אויף אַ לענגערער ווײַלע, און געפֿרעגט:

– פֿאַר וואָס זאָלסטו טאַקע ניט אַוועקפֿאָרן קיין ישׂראל?

– גיי קעבע־ני־מאַט, וואַסיאַ, – האָט ליאָשקע רויִק געענטפֿערט און גיך אַוועקגעשפּאַנט. וואַסקאַ האָט אים אַ רוף געטאָן אַ פּאָר מאָל, נאָר קיין פּרוּוו אים צו דעריאָגן ניט געמאַכט.

אויפֿן וואָקזאַל האָט זיך אַרויסגעוויזן, אַז די באַן קיין מאָסקווע פֿאָרט אָפּ בלויז מאָרגן אין דער פֿרי. איבערנעכטיקן דאָרטן, אַפֿילו אויף אַ באַנק, זיצנדיק, האָט מען ליאָשקען ניט דערלויבט. ער האָט זיך געשלעפּט איבער דער שטאָט, און אין קיין האָטעל האָט מען אים ניט אַריַינגעלאָזט. די איינציקע לעבעדיקע נשמה, וואָס ער האָט דאָ געקענט, איז געווען נאַטאַשאַ...

– וואָס האָסטו זיך צו מיר געיאַוועט? – האָט זי בייז אַ בורטשע געטאָן, זעענדיק ליאָשקען שטיין אויף איר שוועל, – כ'האָב דאָך קלאָר געזאָגט: מער זאָל איך אַיַך דאָ ניט זען! – און זי האָט מיט כּעס פֿאַרמאַכט די טיר פֿאַר זיַין נאָז.

ליאָשקע האָט אַוועקגעשטעלט דעם טשעמאָדאַן אויפֿן דיל ביַי דער וואַנט און זיך אויף אים אַוועקגעזעצט. כאָטש דאָ קאָן מען אָפּוואַרטן ביז אין דער פֿרי. מיט אַ צען־פֿופֿצן מינוט שפּעטער האָט די טיר זיך ווידער אויפֿגעעפֿנט.

– נו, וואָס זיצסטו דאָ? – האָט נאַטאַשאַ געפֿרעגט, שוין ווייכער און מיט חידוש.

– מיַין באַן פֿאָרט אָפּ אין דער פֿרי, און איך האָב ניט ווו איבערצונעכטיקן, – האָט ליאָשקע געענטפֿערט, – האָב איך געקלערט, אַז כ'וועל קאָנען אָפּוואַרטן ביַי אַיַך אין קיך... כ'וואָלט אַיַך ניט געשטערט, פּשוט געזעסן עטלעכע שעה און אַוועקגעגאַנגען...

נאַטאַשאַ האָט געקוקט אויף אים אַ וויַילע און שטיל געזאָגט:

– נו, קום אַריַין...

ליאָשקע איז געזעסן ביַים טיש, אַראָפּגעלאָזט דעם קאָפּ אויף די הענט, די אויגן צוגעמאַכט. ער האָט איַינגעדרעמלט און זיך אויפֿגעכאַפּט פֿון נאַטאַשאַס שטילער שטים:

– דו שלאָפֿסט?

ליאָשקע האָט אויפֿגעמאַכט די אויגן. זי איז געשטאַנען לעבן אים.

– ווילסטו אפֿשר אַ גלאָז טיי? – האָט נאַטאַשאַ פֿאָרגעלייגט, – אָדער עפּעס איבערכאַפּן?

– אַ דאַנק, כ'בין ניט הונגעריק... סיַידן אַ גלאָז טיי.

נאַטאַשאַ האָט אים דערלאַנגט טיי מיט געבעקס און אָנגעגאָסן פֿאַר זיך אויך אַ גלאָז.

– ווי הייסטו? – האָט זי אַ פֿרעג געטאָן.

– אַלעקסיי.

– און איך הייס אָקסאַנאַ. „נאַטאַשאַ" איז גלאַט אַזוי – פֿאַר די קליענטן... – זי האָט אַ שמוכץ געטאָן. – פֿאַר וואָס האָסטו ניט ווו צו נעכטיקן? – האָט זי ווידער געפֿרעגט, – און וואַסיליי?..

– וואַסילי איז איין זאַך, – האָט ליאָשקע געזאָגט, – און איך בין גאָר אַן אַנדער זאַך.

– וואָס זשע, איר האָט זיך צעקריגן?

– יאָ...

– נו, ס'מאַכט ניט אויס, איר'ט זיך איבערבעטן, – האָט זי פֿרידלעך געזאָגט, – אַלץ קאָן זיך טרעפֿן צווישן פֿרײַנד.

– ניין... – האָט ליאָשקע אַ זיפֿץ געטאָן, – מיט וואַסילין וועלן מיר זיך, זעט אויס, שוין קיין מאָל ניט איבערבעטן. נאָר ס'איז ניט וויכטיק. – און ער האָט אָפּגעזופּט אַ ביסל טיי.

אָקסאַנאַ האָט בפֿירוש דערפֿילט, אַז ס'ליגט דאָ עפּעס גאַנץ ערנסט, ווײַל איר פּנים איז געוואָרן באַזאָרגט.

– וואָס איז געשען? – האָט זי פֿאָרזיכטיק אַ פֿרעג געטאָן, – אויב ס'איז ניט קיין סוד, אַוודאי...

ליאָשקע האָט עס נאָך דערווײַל אַליין ניט געקאָנט דערקלערן. אפֿשר, האָט ער זיך ביז גאָר צעבייזערט, און אפֿשר, איז אים געוואָרן אינטערעסאַנט, ווי אָקסאַנאַ וועט רעאַגירן אויף אַזאַ מעשׂה... ער האָט איר דערציילט דעם גאַנצן אמת. ער איז אַפֿילו געווען גרייט צו דערהערן פֿון איר: „אַרויס פֿון דאַנען, שמוציקער זשיד!" – אים איז שוין געווען אַלץ איינס.

– און ער האָט דיך איבערגעלאָזט אַליין?! – אָקסאַנאַס גרויסע, בלויע אויגן האָבן זיך ברייט צעעפֿנט, – אַ גוטער חבֿר! – זי האָט ממש געברענט פֿאַר כּעס, – כ'וועל זיך מער קיין מאָל ניט לייגן מיט אים, פֿאַר קיין שום געלט ניט! אַ מין דרעק!

באַרויִקט זיך אַ ביסל, האָט אָקסאַנאַ ווײַטער גערעדט:

– דו האָסט ריכטיק געטאָן, וואָס ביסט געקומען. דו ווילסט, וועל איך דיר דאָ אויסבעטן?

– ניין־ניין, מע דאַרף ניט, – האָט ליאָשקע געענטפֿערט, – כ'וועל דאָ זיצן, איבערוואַרטן די נאַכט און אַוועקגיין. זײַ רויִק, אַלץ איז נאָרמאַל.

אָקסאַנאַ האָט זיך פֿאַרטראַכט אויף אַ פּאָר ווײַלעס און פּלוצעם געזאָגט:

– און בײַ אונדז אין כערסאָן איז געווען אין שול אַ ייִדיש ייִנגל, מישע... אַ וווּיל ייִנגעלע אַזאַ, אַ שוצלאָזס. אַלע פֿלעגן זיך איזדיעקעווען איבער אים, און מיר, מײַן חבֿרטע לעסיאַ און איך, פֿלעגן זיך פֿאַר אים אײַנשטעלן. איך פֿלעג אים פֿאַרבינדן די בענדלעך אויף די שיך. דערנאָך איז זײַן משפּחה אַוועקגעפֿאָרן קיין ישׂראל...

זי האָט אָפּגעשוויגן און צוגעגעבן:

– יאָ... און פֿון דאַנען אויך זײַנען אַ סך ייִדן אַוועקגעפֿאָרן. וועמען האָבן זיי געשטערט?

זי האָט אַ זיפֿץ געטאָן און געענטפֿערט זיך אַליין מיט אַן עקל־געפֿיל אינעם קול:

– גראָד אַזאַ דרעק, ווי וואַסקאַ, האָבן זיי געשטערט. וואַסקאַ... און אַלע אַנדערע.

– הייסט עס, איר קומט פֿון כּערסאָן? – האָט ליאָשקע געפֿרעגט.

– יאָ.

און אָקסאַנאַ האָט גענומען דערציילן, ווי נאָך דער שול איז זי אַוועקגעפֿאָרן קיין מאָסקווע, געפּרווט אָנצוקומען אינעם „גיטיס"[7], נאָר אָן שום דערפֿאָלג (איינער אַ פּראָפֿעסאָר האָט איר פֿאָרגעלייגט מיט אים איבערשלאָפֿן, כּדי מע זאָל זי אָננעמען, נאָר זי האָט זיך אָפּגעזאָגט. זי האָט באַשלאָסן זיך ניט אומקערן צוריק אַהיים, ווײַל אירע באַציִונגען מיט דער מוטער זײַנען געווען ניט קיין גוטע, לכן איז זי געקומען קיין אָדעס. זי האָט געפֿונען דאָ אַן אַרבעט אויף אַ בויונג אויסער דער שטאָט, ווו מע צאָלט גראָשנס. דעמאָלט האָט זי געדונגען אָט די־אָ וווינונג בײַ עפּעס אַן אַלטיטשקער, וואָס לעבט די גאַנצע צײַט אויף דער דאַטשע, און זיך פֿאַרנומען מיט דער אוראַלטער פּראָפֿעסיע... זי האָט דערציילט, ליאָשקע האָט געהערט און מיטגעפֿילט. דערנאָך האָט זי אָנגעהויבן אויספֿרעגן אים וועגן זײַן לעבן. פּלוצעם האָט אָקסאַנאַ אַ קוק געטאָן ליאָשקען גלײַך אין די אויגן און געזאָגט:

– ליאָשע, דו ביסט אַזאַ ווילער... ווילסט, וועל איך מיט דיר איבערשלאָפֿן אומזיסט?

4

ליאָשקע האָט זיך געלערנט אין דער אַספּיראַנטור און אָפּט צוגעאַרבעט ווי אַן איבערזעצער פֿאַר פֿאַרשיידענע אַראַבישע דעלעגאַציעס, וואָס האָבן באַזוכט מאָסקווע. ער האָט זיך תּמיד געסטאַרעט זיך דערנעענטערן צו די אַראַבישע געסט און פֿאַרברענגען מיט זיי וואָס מער פֿרײַע צײַט. ער האָט זיי אַלע מכבד געווען מיט בראָנפֿן און אויסגעפֿרעגט וועגן אַלצדינג. געווען זײַנען צווישן זיי פֿאַרשיידענע מענטשן: קלוגע און נאַרישע, גוטהאַרציקע און בייזע, פֿרײַגעביקע און קאַרגע. איין זאַך אָבער האָט זיי אַלע פֿאַראייניקט: יעדעס מאָל, ווען אינעם שמועס איז אויסגעקומען צו דערמאָנען מדינת־ישׂראל, איז תּיכּף קלאָר געוואָרן ווי שטאַרק און טיף איז זייער שׂינאה.

פֿון זיי האָט ליאָשקע געהערט אַזוינס, וואָס אַפֿילו אין די סאָוועטישע צײַטונגען האָט מען וועגן דעם ניט געשריבן: כּמעט אַלע האָבן זיי געטענהט, אַז ישׂראל דאַרף פֿאַרניכטעט ווערן; און ניט ווייניק פֿון זיי אין ברען פֿון כּעס פֿלעגן זאָגן ניט „ישׂראלים", נאָר „ייִדן". ווען ליאָשקע פֿלעגט וועגן דעם דערציילן זײַנע עלטערן, פֿלעגט דער טאַטע זאָגן: „נו, דאָס קאָן מען פֿאַרשטיין: ישׂראל איז דאָך אַזאַ פֿאַשיסטישע מלוכה, אַזוי פֿיל יסורים פֿאַרשאַפֿט זי די אַראַבער!". דעמאָלט פֿלעגט די מאַמע אַ זיפֿץ טאָן: „אָך, מאַראַט, שוין זשע מוז מען ענטפֿערן אויף אַ מלחמה מיט אַ מלחמה? און פֿאַרניכטן אַ גאַנץ לאַנד?" איין מאָל האָט זי שטיל געזאָגט ליאָשקען: „זײַ פֿאָרזיכטיק מיט זיי, זון."

וואָס מער ליאָשקע האָט פֿאַרשטאַנען, וואָס ס'קומט פֿאָר, אַלץ מער האָט זיך אים געוואָלט איבערגעבן אין ישׂראל אַ סך פֿון דעם, וואָס ער האָט געהערט פֿון זײַנע שיכּורע מיטשפּרעכערס, – נאָר ווי אַזוי? אין די געהיימע ציוניסטישע קרײַזן, וועגן וועלכע ס'איז אים אויסגעקומען צו הערן, איז ער קיין מאָל ניט געווען און האָט ניט געוווּסט, ווי אַזוי זיי צו געפֿינען. דערצו נאָך האָט ער גוט פֿאַרשטאַנען, אַז אין אַזאַ מין זאַך איז שטענדיק דאָ אַ סכּנה אָנצוטרעפֿן אויף אַ מסור.

ס'איז שוין געווען דאָס יאָר 1987, און אין מאָסקווע איז פֿאָרגעקומען אַן אינטערנאַציאָנאַלער ביכער־יריד. ליאָשקעס גוטע־פֿרײַנד פֿון דער עבֿרית־גרופּע בײַם אינסטיטוט האָבן אים דערציילט, אַז דאָרט וועלן רעפּרעזענטירט ווערן אויך ישׂראלדיקע ביכער. אינעם טאָג, ווען דער יריד האָט זיך געעפֿנט, האָבן סײַ בײַ ליאָשקען און סײַ בײַ זײַנע חבֿרים זיך די לעקציעס אָנגעהויבן מיטאָג, האָבן זיי זיך אין דער פֿרי אַלע געלאָזט אויפֿן ברייטן, רוישיקן זובאָווסקי־בולוואַר.

ס'האָט זיך אַרויסגעוויזן, אַז דווקא בײַם ישׂראלדיקן פּאַוויליאָן האָט זיך אויסגעשטעלט די סאַמע לענגסטע ריי. צום ערשטן מאָל האָט ער געזען יונגע רעליגיעזע ייִדן אין יאַרמלקעס אין איין עלטער מיט אים, ניט קיין זקנים! געווען זײַנען דאָרט אויך מענטשן מיט קינדער, לויט די מלבושים בפֿירוש אָרטיקע, סאָוועטישע, אָבער גערעדט האָבן זיי (אויך מיט די קינדער) עבֿרית! אינעם פֿולגעפּאַקטן פּאַוויליאָן האָט מען געקאָנט ניט בלויז באַטראַכטן די ביכער אויף די סטענדן, נאָר אויך זען פֿילמען וועגן ישׂראל, הערן ווי עס זינגען עפֿרא חזה און ירדנה ארזין... אַלע זײַנען געווען פֿאַרכאַפּט, בתוכם ליאָשקעס גוטע־פֿרײַנד.

פּלוצעם איז אַרײַן אינעם פּאַוויליאָן אַ מיטלוווּקסיקער באַיאָרטער מענטש, אָנגעטאָן אין אַ מיליטערישער אוניפֿאָרם מיט גענעראַל־פּאָגאָנעס, און מיט אַ קאַשקעטל אויפֿן קאָפּ. עטלעכע באַזוכערס האָבן גענומען שרײַען צו אים: „פֿאַר־רעטער! שׂונא־ישׂראל! די ערד וועט דיך אַרויסוואַרפֿן!" ליאָשקע האָט זיך גוט צוגעקוקט – ס'איז דאָך דוד דראַגונסקי, וועמען ער האָט געזען אויפֿן טעלעוויזאָר מיט עטלעכע יאָר צוריק: יענער האָט דעמאָלט קלאָר און דײַטלעך געמאָלדן, אַז „סאָוועטישע ייִדן זײַנען פֿולבאַרעכטיקטע בירגער פֿון דער סאָוועטישער מלוכה". ליאָשקעס טאַטע האָט דעמאָלט געזאָגט: „ער איז אַ מאָלאָדיעץ!", – די מאַמע, ווי איר שטייגער איז, האָט געטאָן אַ זיפֿץ, און ליאָשקען איז געוואָרן דערווידערט. איצט האָט ער געקוקט אויף די בערדיקע בחורים, וואָס האָבן געהאָגלט אויפֿן גענעראַל מיט קללות, און ווי אַ בליץ איז אַדורך אין זײַן מוח: אָט וועמען דו דאַרפֿסט!

פֿון יענער מינוט אָן האָט ליאָשקע זיי ניט אַרויסגעלאָזט פֿון אויג, און יענע האָבן, דאַכט זיך, ניט געהאַט בדעה אַוועקצוגיין ביזן סאַמע סוף. האַלב איינס אַ זייגער האָבן ליאָשקעס חבֿרים זיך געכאַפּט, אַז ס'איז שוין די צײַט צו גיין אין אינסטיטוט. ליאָשקע האָט זיך געזעגנט מיט זיי, זאָגנדיק, אַז ער וויל כאָטש אַ קוק טאָן אויפֿן אַראַבישן פּאַוויליאָן אויך, און געמאַכט דעם אָנשטעל, אַז ער גייט

אַהין, נאָר האָט זיך תּיכּף אומגעקערט צום ישׂראל־פּאַוויליאָן און זיך אָפּגעשטעלט דערנעבן. ער האָט שוין קוים געקאָנט זיך איַינהאַלטן, וויַיל ער האָט געדאַרפֿט גיין אין טואַלעט. ער האָט פֿאָרט אָנגעשטרענגט זיַין גאַנצן ווילן און געוואַרט. סוף־כּל־סוף, איז די גאַנצע גרופּע היציקע יונגען אַרויס פֿונעם פּאַוויליאָן, און ליאָשקע האָט דערזען מיט פֿאַרגרינגערונג, אַז זיי גייען דווקא אינעם אָפּטרעט. נאָכן באַזוכן דעם געגאַרטן מקום האָט ער זיי נאָכגעפֿאָלגט אויף אַ היפּשער דיסטאַנץ אַרויס פֿונעם בנין, לענג־אויס דעם בולוואַר, אינעם מעטראָ... אינעם וואַגאָן האָבן זיי אים באַמערקט, און ווען נאָכן אַריבערגיין אויף אַן אַנדער ליניע האָבן זיך אַלע ווידער דערזען אינעם זעלבן וואַגאָן, איז איינער פֿון די בחורים צוגעקומען צו ליאָשקען און האָט געזאָגט הויך און אַרויסרופֿעריש:

– וואָס גייסטו אונדז נאָך? וואָס דאַרפֿסטו פֿון אונדז?

– איך דאַרף איַיך עפּעס דערציילן, – האָט ליאָשקע שטיל געענטפֿערט, – אָבער ניט דאָ – אויג אויף אויג. ווו איר ווילט. זעסט דאָך, – האָט ער צוגעגעבן, – איך בין דאָ אַליין, און איר זיַיט זאַלבע־פֿיר. לאָמיר זיך אָוועקזעצן צוזאַמען ערגעץ־ווו אין אַן אָפּגעזונדערט אָרט, ווו איר ווילט.

יענער האָט אויף אַ רגע געקוקט אויף ליאָשקען און זיך אומגעקערט צו זיַינע פֿריַינד. זיי זיַינען אַרויס פֿונעם וואַגאָן אויף דער לעצטער סטאַנציע, ווו ס'איז געווען כּמעט ליידיק, און האָבן זיך געלאָזט צום אַרויסגאַנג. ליאָשקע האָט זיי דעריאָגט און געזאָגט:

– חבֿרה, איך מוז איַיך דערציילן עפּעס וויכטיקס. לאָמיר זיך צוזעצן דאָ, – ער האָט אַ וויַיז געטאָן אויף דער דערביַיִקער באַנק.

גערעדט האָט ליאָשקע לאַנג, אפֿשר אַ גאַנצע שעה, אפֿשר נאָך לענגער. ער האָט זיך געסטאַרעט דערציילן אַלץ, וואָס ער האָט געוווּסט, ניט דורכלאָזן קיין איין פּרט. אַ סך זאַכן האָט ער איבערגעחזרט עטלעכע מאָל און כּסדר פֿאָרגעלייגט זיַינע אומצוטרויליכע צוהערערס, זיי זאָלן פֿאַרשריַיבן כּאָטשבי אייניקע איינצלהייטן, כּדי גאָרנישט ניט איבערפּלאָנטערן. יענע האָבן בפֿירוש ניט געוווּסט, ווי אַזוי זיך צו באַציִען צום מאָדנעם אומבאַקאַנטן און זיַינע מעשׂיות, און פּשוט געהערט אים שוויַיגנדיק. פֿאַרענדיקט צו דערציילן, האָט ליאָשקע געזאָגט:

– איך האָף זייער, אַז איר האָט וועמען איבערצוגעבן דאָס אַלץ, – און דאָרטן וועט מען קאָנען דורכקאָנטראָלירן און זיך איבערצײַגן, צי ס'איז אמת, צי ניט.

מיט אָט די ווערטער איז ער אַריַינגעשפּרונגען אינעם צוגעפֿאָרענעם צוג און איז אַוועקגעפֿאָרן, טרייסטנדיק זיך דערמיט, אַז ער האָט געטאָן אַלץ, וואָס ער האָט געקאָנט טאָן.

ליאָשקע האָט נאָך פֿאַרכאַפּט די לעצטע פּאָר לעקציעס און געזאָגט אַלע־מען, אַז ער האָט געהאַט אַ שרעקלעכן קאָפּ־ווייטיק. נאָך די לעקציעס איז ער אַרויס פֿונעם אינסטיטוט און האָט דערזען זיַינע חבֿרים פֿונעם עבֿרית־קלאַס זיצן אויף דער אונטערשטער פּליטע פֿון הערצענס דענקמאָל.

דערנענטערט זיך, האָט ער דערהערט, אַז זיי פֿירן אַ הייסן וויכוח.

– אויב פֿאָרט ניט אידעאַליזירן, – האָט געזאָגט פֿילבאַדײַטיק פעטקאַ טופּיקין, – איז דאָך ציוניזם אַ ראַסיסטישע אידעאָלאָגיע.

– אַ ראַסיסטישע? – האָט איבערגעפֿרעגט מיט אַ קוים פֿאַרבאַהאַלטענער איראָניע אירא סידאָראָווא, נאָך ווענען פעטקאַ האָט געפּרוווט אוכאַזשעווען, – און פֿאַר וואָס זשע האָט דער סאָוועטן־פֿאַרבאַנד דער ערשטער אָנערקענט מדינת־ישׂראל, אויב ציוניזם איז אַ ראַסיסטישע אידעאָלאָגיע?

– שטיי נאָר, – האָט פעטקאַ געטענהט זײַנס, – די „אונאָ" האָט דאָך דערקלערט ציוניזם פֿאַר אַ פֿאָרם פֿון ראַסיזם!

אירא האָט אַ קוק געטאָן אויף ליאָשקען און, דערזעענדיק דעם אויסדרוק אויף זײַן פּנים, האָט זי שפּילעוודיק געזאָגט:

– הער, ליאָשקע, פֿאַרבעט מיך אין קינאָ!

דער פֿילם איז געווען אין גאַנצן אַ נאַרישער. זיצנדיק אין חשכות אינעם האַלב ליידיקן זאַל, האָט ליאָשקע אין איינעם אַ מאָמענט זיך צוגערירט צו איראַס האַנט, און יענע האָט זי ניט אָפּגעפֿירט. צום סוף פֿונעם סעאַנס האָבן זיי זיך שוין געקושט, ניט אָפּרײַסנדיק זיך איינער פֿונעם אַנדערן.

אין דער אמתן איז אירא תּמיד געפֿעלן געווען ליאָשקען, נאָר אין יענער צײַט האָט ער געפֿירט ליבעס מיט אַנדערע מיידלעך, געזען פעטקאַס פּרוּוון צו געווינען איראַס האַרץ און אַליין אויף איר ניט פּרעטענדירט. איצט אָבער האָט ער געקראָגן חרטה אויף דעם, וואָס ער האָט געהאַט געפּטרט אַזוי פֿיל צײַט.

– ווי שיין האָט זי געזונגען... – האָט אירא טרוימעריש געזאָגט, בעת זיי האָבן שפּאַצירט, האַלטנדיק זיך פֿאַר די הענט, – „חי, חי, חי, עם ישׂראל חי!"...

ליאָשקען האָט זיך געדוכט, אַז איראַס שטים קלינגט ניט ווייניק שיין פֿון עפֿרא חזהס. פּלוצעם איז אים אײַנגעפֿאַלן אַ געדאַנק.

– זאָג מיר, אירא, פֿלעגסטו אַ מאָל זיך באַגעגענען מיט אַרבוזאָוון?

– פֿון וואַנען ווייסטו דאָס? – איראַס פּנים איז געוואָרן פֿאַרטונקלט.

– ער האָט מיר אַליין דערציילט. מיר האָבן זיך אַ מאָל געחבֿרט... שפּעטער, אמת, האָבן מיר זיך צעקריגט, – האָט ליאָשקע אײַליק צוגעגעבן, ווי פֿאַרענטפֿערט זיך.

– ס'איז גוט, וואָס איר האָט זיך צעקריגט, – האָט אירא געזאָגט.

– יאָ, דאָס איז אמת, – האָט ליאָשקע מסכּים געווען מיט אַ זיפֿץ, – אַנטשולדיק, אירא, כ'האָב ניט געוואָלט דיך באַליידיקן.

– ס'מאַכט ניט אויס, – אירא האָט שטאַרקער אַ דריק געטאָן זײַן האַנט.

זיי זײַנען אַרײַן אין אַ טונקעלן אַרײַנגאַנג פֿון עפּעס אַ הויז און האָבן זיך דאָרטן געקושט זייער לאַנג.

– און פעטקאַ, נעבעך, – האָט ליאָשקע געזאָגט, – טאָמער וועט ער צוטראָגן עפּעס ניט־גוטס?

– וואָסי? – האָט איראַ געענטפֿערט, – בײַ אונדז איז דאָך גלאַסנאָסט!
פּלוצעם האָט זי זיך אַראָפּגעלאָזט אויף די קאָרטעטשקעס און, צורירנדיק זיך צו ליאָשקעס קראָק, געפֿרעגט מיט אַ פֿאַרשײַטן שמייכל:
– צי ווייסטו, וואָס איז געמיינזאַמס צווישן גלאַסנאָסט און אָראַלן סעקס?

5

– זאָגסט, די מיליציע?! און ווען אין באַקו[8] האָט מען געקוילעט די אַרמענער, ווו איז געווען די מיליציע?! מאַראַט, גענוג זיך מאַכן נאַריש! ווילסט, כ'זאָל קריגן אַ האַרץ־אַטאַקע, צי וואָס? יעדעס מאָל, ווען דו גייסט אַרויס פֿון דער שטוב, קאָן איך קריגן אַן אינפֿאַרקט – ווײַל „פּאַמיאַט"[9] איז אומעטום!
פֿון דעם חתן־כּלהס צימער האָט זיך דערהערט איראַס סמאָטשקען און ליאָשקעס קרעכצן, און אין קיך האָט דער טאַטע געפּרוווט, אָן דערפֿאָלג, זיך אָפּטשעפּען פֿון די צוויי רוסישע פֿרויען:
– נו, וואָס וועל איך דאָרט טאָן, אין ישׂראל?
– וועסט האָבן וואָס צו טאָן! אַלע געפֿינען דאָרט וואָס צו טאָן – און דו וועסט אויך געפֿינען. דערצו וועסטו אין עטלעכע יאָר אַרום אַרויסגיין אויף פּענסיע. וועסט באַקומען אַ בעסערע פּענסיע, ווי דאָ! דײַן גאַנץ לעבן האָסטו דאָ אָפּגעהאָרעוועט אויף אונדזער שיינער מלוכה, און איצט קאָן אַיעדער פּאַסקודניאַק אויף דער גאַס דיר דערלאַנגען איבערן קאָפּ, מע קאָן דיך אַפֿילו דערהרגען, גאָט זאָל אָפּהיטן, און קיינער וועט זיך פֿאַר דיר ניט אײַנשטעלן!
– נו, טאַקע, מאַראַט קירילאָוויטש, – האָט שטיל געזאָגט איראַס מאַמע, וועראַ איוואַנאָוונאַ, – איראַ קען די שפּראַך און וועט אונדז העלפֿן אויסלערנען זי, כאָטש ווי־ניט־איז. איר זעט דען ניט, וואָס עס טוט זיך דאָ איצט: אַן עכטער באַנדיטיזם! אַלע, וואָס קאָנען עס טאָן, פֿאָרן אַוועק...
– שוין אַלע דײַנע פֿרײַנד זײַנען אַרויסגעפֿאָרן! – האָט אונטערגעכאַפּט די מאַמע, – אַפֿילו פֿימע, אַזאַ פֿאַרברענטער קאָמוניסט געווען – און אויך אַוועק! ביסט דער איינציקער, הייסט עס, אַזאַ קלוגער פֿון אַלע אַנדערע, יאָ?

* * *

– אײַער נאָמען און פֿאַמיליע־נאָמען? – האָט געפֿרעגט שוין צום טויזנטן מאָל דער סוטולעוואַטער און פּליכעוואַטער מיטל־יאָריקער מענטש, וואָס איז געזעסן בײַם טיש אין דער קליינער קאַבינע אינעם בן־גוריון אַעראָפּאָרט. ס'איז שוין געווען נאָך האַלבער נאַכט, ווען ער האָט דערהערט:
– אתה יכול מדבר עברית איתי.
דער מענטש האָט אָפּגעריסן די אויגן פֿון דער אַנקעטע.

– איר קענט עבֿרית? – האָט ער געפֿרעגט אויף רוסיש, קוקנדיק מיט חידוש אויף דער יונגער פֿרוי מיט טיפּיש סלאַווישע געזיכט־שטריכן, וואָס איז געשטאַנען פֿאַר אים.

– כן, – האָט אירא באַשטעטיקט.

– און פֿון וואַנען קענט איר עבֿרית? – ער האָט נאָך אַלץ גערעדט אויף רוסיש.

– איך האָב עס געלערנט אינעם מאָסקווער אוניווערסיטעט.

– גם אני מכיר קצת עברית, – האָט ליאָשקע געזאָגט, – נאָר געלערנט האָב איך אין אוניווערסיטעט אַראַביש, און דאָס איז מײַן פֿאַך.

– אַראַביש איז אײַער פֿאַך? – די מידקייט איז נעלם געוואָרן פֿון דעם טשינאָווניקס פּנים.

– יאָ, איך בין אַ פּראָפֿעסיאָנעלער אַראַביסט און האָב אַ סך געאַרבעט ווי אַן איבערזעצער מיט אַראַבישע דעלעגאַציעס אינעם סאָוועטן־פֿאַרבאַנד.

דער טשינאָווניק איז שיִער ניט אונטערגעשפּרונגען פֿונעם בענקל.

עפּילאָג

ליאָשקע, ווי געוויינטלעך, איז ניט געווען אין דער היים: אומגעקערט זיך פֿונעם שמועס, אויף וועלכן מ׳האָט אים אײַנגעלאַדן שוין אויפֿן אַנדערן טאָג נאָך זייער אָנקומען, האָט ער דערקלערט זײַנע בני־בית, אַז זיי זאָלן ניט פֿרעגן, ווו ער אַרבעט, ווײַל ער וועט עס זיי סײַ־ווי ניט זאָגן. פֿון דעמאָלט אָן איז ער יעדן טאָג געבליבן אויף דער אַרבעט ביז שפּעט אין אָוונט. וואָס שייך איראַן, האָבן דאָ קיין שום סודות ניט געקאָנט זײַן: זי האָט זיך גלײַך אײַנגעאָרדנט ווי אַ לערערקע אינעם אולפּן, וואָס איר מאַמע און ליאָשקעס עלטערן האָבן אָנגעהויבן באַזוכן. יעדן אָוונט האָט זי מיט זיי ווײַטער געקנעלט עבֿרית אין דער היים.

– מה שמך? – האָט זי איבערגעחזרט ווידער און אָבער.

– שמי ווערא.

– ומה שמך?

– שמי גאַלינאַ.

– ומה שמך?

– שמימכאַ, שמיכאַ... – האָט דער טאַטע אַ בורטשע געטאָן און איז שווער אויפֿגעשטאַנען פֿונעם בענקל, – כ׳וועל גיין רייכערן אַ ביסל...

– גאַלינאַ וואַסיליעוונאַ, את אהבת ישׂראל? – האָט איראַ ממשיך געווען.

– כן, אני אהבת ישׂראל.

– ואת, אימא, את אהבת ישׂראל?

– כן, אני אהבת מעוד ישׂראל.

– כּן־כּן, – האָט אונטערגעכאַפּט ליאָשקעס מאַמע, – גם אני אהבת מעוד ישׂראל!

אויפֿן גאַניק האָט מאַראַט וואָלקאָוו גערייכערט זײַן סיגאַרעט, אָנשפּאַרנדיק זיך מיט די עלנבויגנס אין דער אָפּגעריבענער פּאָרענטש. ער האָט אומעטיק געקוקט ערגעץ אין דער ווײַט און געזיפֿצט:

– עך, אומזיסט זײַנען מיר אַוועקגעפֿאָרן...

---

[1] טשעקיסט (רוס.) – מיטאַרבעטער פֿון דער זיכערהייט־דינסט

[2], [3] אַלעקסאַנדער מאַטראָסאָוו און ניקאָלאַי גאַסטעלאָ – העלדן פֿון סאָוועטן־פֿאַרבאַנד בעת דער צווייטער וועלט־מלחמה

[4] נאָ פּאַסאַראַן! – ניט דורכגיין! אַ פּאָליטישער לאָזונג, פֿאַרשפּרייט אין דער צײַט פֿון בירגערקריג אין שפּאַניע (1936־1939)

[5] הינדי רוסי בהײַ בהײַ! – אינדיער און רוסן – ברידער. אַ לאָזונג פֿון סאָוועטיש־אינדישער פֿרײַנדשאַפֿט אין די 1950־1989ער יאָרן

[6] „אַאַהיראַטאָן יאַהודיאַטאָן“ (אַראַב.) – ייִדישע קורווע

[7] „גיטיס“ (אַברעוויאַטור) – מלוכישער טעאַטראַלער אינסטיטוט

[8] – געמיינט דאָ די בלוטיקע געשעענישן פֿון יאַנואַר 1990

[9] „פּאַמיאַט“ (память) – רוסישע נאַציאָנאַליסטישע אַנטיסעמיטישע אָרגאַניזאַציע פֿון די 1980־1990ער יאָרן.

און בײַ אונדז איז פֿאָרט בעסער

– פּעטערקע, צי האָט איר אַן אינטערעס אין „דאָקטער זשיוואַגאָ"?

דערזען אַן איבעראַשונג און צעמישונג אויף מאָיִסיי יאָסיפֿאָוויטשס פּנים, האָט דער יונגער־מאַן צוגעגעבן נאָך שטילער:

– אויב יאָ, וועל איך אײַך אָפּוואַרטן אַט דאָרטן, אונטער דער אַרקע, – און איז תּיכּף פֿאַרשוווּנדן געוואָרן צווישן די מענטשן אין דער פֿינצטערניש פֿונעם סוף נאָוועמבער־אָוונט.

עטלעכע רגעס איז מאָיִסיי יאָסיפֿאָוויטש געשטאַנען אַ פֿאַרלוירענער. דער־פֿילט, אַז ס'איז מאָדנע צו שטיין גלאַט אַזוי אין מיטן דער גאַס, דערצו נאָך אין סאַמע צענטער פֿון מאָסקווע, צווישן דעם שטראָם מענטשן, האָט ער געמאַכט עטלעכע לאַנגזאַמע טריט פֿאָרויס, דערנאָך פֿאַרקערעוועט אויף אַ זײַט; צוגעגאַנגען צו אַ מגושמדיקן בנין און צוגעטוליעט זיך צו אַ ברודנער רינווע, האָט ער זיך פֿאַרטראַכט, ניט לייגנדיק קיין אַכט ניט אויף די פֿאַרבײַגייערס, ניט אויפֿן נאַסן שניי, וואָס איז געפֿאַלן אַלץ שטאַרקער און שטאַרקער...

קיין איין מאָל פֿריִער במשך פֿון שוין כּמעט פֿופֿציק יאָר פֿון זײַן לעבן האָט מאָיִסיי יאָסיפֿאָוויטש ניט מסכּים געווען אויף עפּעס, וואָס זאָל געווען זײַן כּאָטש אין אַ מינדסטער מאָס אומגעזעצלעך. אַפֿילו אינעם לאַגער, ווען מע האָט אים אַ מאָל פֿאָרגעלייגט אַן איבעריקע פּאָרציע קאַשע, האָט ער געענטפֿערט אָן שום פֿאַרדאַכט: „דאָס, וואָס מיר קומט, האָב איך שוין אויפֿגעגעסן, און מער דאַרף איך ניט" – וואָס האָט אַלעמען ביז גאָר פֿאַרחידושט. איצט אָבער איז געווען אַזאַ מין סיטואַציע, וואָס פֿריִער איז אים נאָך ניט אויסגעקומען אָנצוטרעפֿן אין זײַן לעבן, רײַך אויף געשעענישן און פֿורעניותן.

אינעם פֿאַרלאַג „סאָוועטסקי פּיסאַטעל", ווו מאָיִסיי יאָסיפֿאָוויטש האָט געאַר־בעט ווי אַ קאָנסולטאַנט וועגן דער ייִדישער ליטעראַטור, האָט דעם קומעדיקן דינסטיק געזאָלט פֿאָרקומען אַ פּאַרטיי־פֿאַרזאַמלונג, אויף וועלכער מע האָט פּלאַנירט צו פֿאַראורטיילן באָריס פּאַסטערנאַקן פֿאַר זײַן „רכילותדיקן, אַנטיסאָוועטישן" ראָמאַן

„דאָקטער זשיוואַגאָ“, וואָס ער האָט אים געהאַט פֿאַרעפֿנטלעכט אין אויסלאַנד, אין איטאַליע. היות מאָיִסיי יאָסיפֿאָוויטש איז געווען גאָר אַן אַקטיווער מיטגליד פֿון דער פּאַרטיי־אָרגאַניזאַציע (פֿאַרבליבן, ניט געקוקט אויף אַלצדינג, אַן איבערצײַגטער קאָמוניסט, האָט ער זיך תּיכּף נאָך זײַן באַפֿרײַונג און רעהאַביליטאַציע דערשלאָגן, מע זאָל אים אויפֿשטעלן אין דער פּאַרטיי), האָט מען אים „געבעטן“ אויפֿצוטרעטן אויף דער פֿאַרזאַמלונג. פֿריִער פֿלעגט ער אַ סך מאָל און מיט חשק נעמען אַ וואָרט אויף פֿאַרשיידענע אַסיפֿות, נאָר דאָ איז געווען איין פּראָבלעם, מיט וועלכער ער האָט זיך צונויפֿגעשטויסן דאָס ערשטע מאָל אין לעבן: ער האָט ניט געלייענט דעם „חומר“, וואָס ער האָט געדאַרפֿט „שטעמפּלען“. אין דער תּפֿיסה, למשל, בעת אַ פֿאַרהער האָט דער אויספֿאָרשער באַהויפּט, אַז די צײַטונג „אייניקײַט“, ווו מאָיִסיי יאָסיפֿאָוויטש האָט געאַרבעט ביז מ׳האָט זי געשלאָסן, איז געווען אַ נאַציאָנאַליסטישע צײַטונג, האָט אים דער אַרעסטירטער מאָיִסיי יאָסיפֿאָוויטש דערווידערט מיט זיכערקייט: „ס׳איז ניט אמת: איך האָב געלייענט יעדן נומער און קיין שום נאַציאָנאַליזם איז דאָרטן קיין מאָל ניט געווען!“.

אַוודאי, ווי אַ סאָוועטישער פּאַטריאָט, איז מאָיִסיי יאָסיפֿאָוויטש געווען גרייט צו פֿאַראורטיילן פּאַסטערנאַקן פֿאַרן פֿאַרעפֿנטלעכן זײַן ראָמאַן אין אויסלאַנד, און ער האָט קיין ספֿקות ניט געהאַט, אַז אויב דאָס בוך איז פּובליקירט געוואָרן אין אויסלאַנד, איז עס באמת אַן אַנטיסאָוועטישע אַקציע. ווי עס זאָל ניט זײַן, געבן עפֿנטלעך אַ נעגאַטיווע אָפּשאַצונג דעם ווערק, וואָס ער האָט אַליין ניט געלייענט, האָט זיך אים פֿאָרט אויסגעוויזן ניט־ריכטיק. און אָט – נאַט אײַך: אין צענטער פֿון מאָסקווע לייגט מען אים פּלוצעם פֿאָר צו קויפֿן „דאָקטער זשיוואַגאָ“! וואָס זאָל עס געווען זײַן: אַ פּראָוואָקאַציע? זײַנען איצט פֿאָרט ניט „יענע צײַטן“... עמעצער נעמט אים אויפֿן צימבל? צוליב וואָס? סתּם אַ צונויפֿפֿאַל?.. ווי עס זאָל ניט זײַן, איז עס בפֿירוש אומגעזעצלעך, נאָר אין זײַן איצטיקער סיטואַציע, דוכט זיך, איז עס נייטיק פֿאַר דער זאַך, כּדי אויסצופֿירן זײַן פּאַרטייִישן חובֿ. בפֿרט, אַז געלט האָט ער: מאָיִסיי יאָסיפֿאָוויטש האָט אַקאָרשט באַקומען אַ פּרעמיע אין פֿאַרלאַג און איז געגאַנגען אינעם יעליסעיעווסקי מאַגאַזין אײַנצוקויפֿן כּלערליי געשמאַקע פּאָטראַוועס, מאַכן אַ סורפּריז זײַן פֿרוי...

אומגעקערט זיך אַהיים, האָט מאָיִסיי יאָסיפֿאָוויטש זיך אָפּגעזאָגט פֿונעם עסן, דערקלערט עס, אַז ער מוז נאָך אַרבעטן אַ געוויסע צײַט. ער האָט זיך אַוועקגעזעצט צום שרײַב־טיש, פֿאַרשטעלט מיט ביכער און פּאַפּירן, און אַרויסגענומען פֿונעם פּאָרטפֿעל דאָס דיקע בוך אין אַ ווייכן אײַנבונד.

דער סאַמע אָנהייב האָט אויסגעזען מאָיִסיי יאָסיפֿאָוויטשן ניט קלאָר, וואָס שייך דעם מחברס אידעאָלאָגיע, הגם ווי אַ מענטש, וועלכער האָט אַ סך געלייענט און געשריבן, האָט ער נישט געקאָנט ניט אָפּמערקן בײַ זיך, אַז דער טעקסט איז אָנגעשריבן זייער שיין. פֿון דעסטוועגן, שוין אינעם פֿערטן קאַפּיטל, אַפֿילו זײַענדיק גרייט צו דעם, אַז ער וועט זיך אָנשטויסן אויף עפּעס אַנטיסאָוועטישס, האָט ער

ניט געגלייבט זײַנע אייגענע אויגן און איבערגעלייענט עטלעכע מאָל די ווערטער: „דאָס אַדעליקע געפּיל פּאַר גלײַכקייט מיט אַלע לעבעדיקע באַשעפֿענישן...". מאָיִסיי יאָסיפּאָוויטש האָט ניט געקאָנט זיך אײַנהאַלטן און הויך אויסגערופֿן אויף רוסיש: „טשטאָ־אָ־אָ?!" – לויט זײַנע פֿאַרשטעלונגען, איז דאָס געווען ניט פּשוט אַנטיסאָוועטיש, נאָר ממש עפּעס אַ פֿולשטענדיקער אַבסורדה, ווי „צוויי מאָל צוויי איז פֿינף" (אָדער אַפֿילו זעקס). אַרויסגעלאָזט אַזאַ מין „כם", האָט ער אַרײַנגעשריבן דעם גאַנצן זאַץ אין אַ דינער העפֿט און געלייענט ווײַטער.

אינעם פֿאָלגנדיקן קאַפּיטל האָט דער פּערסאָנאַזש, וואָס, לויט פֿאַסטערנאַקן, האָט געהאַט „דאָס אַדעליקע געפּיל...", תּחילת געמאָלדן, אַז „יעדער מין סטאַדע־מעסיקייט איז אַ מקום־מיקלט פֿאַר טאַלאַנטלאָזיקייט, אַלץ איינס צי זיי זײַנען אָנהענגער פֿון סאָלאָוויאָוון, קאַנטן, צי מאַרקסן..." מאָיִסיי יאָסיפּאָוויטש האָט אַזש אויפֿגעצוקט פֿאַר גרימצאָרן. דערנאָך האָט דער געוועזענער גלח גענומען ריידן עפּעס איבערגעשפּיצט־רעליגיעז טיפּשות וועגן קריסטוסן און דער עוואַנגעליע, אויף וועלכן זײַן מיטשפּרעכער האָט געענטפֿערט: „מעטאַפֿיזיק – פֿאָטערל מײַנס! די דאָקטוירים האָבן מיר עס פֿאַרבאָטן. מײַן מאָגן פֿאַרדייעט נישט אַזעלכעס." אָט דער ענטפֿער איז מאָיִסיי יאָסיפּאָוויטשן גראָד געפֿעלן געוואָרן (ער האָט זײַן גאַנץ באַוווסטזיניק לעבן פֿײַנט געהאַט מעטאַפֿיזיק, און אין זײַן יוגנט פֿלעגט ער שרײַבן אַ סך אַנטירעליגיעזע פֿעליעטאָנען) – נאָר ער האָט דערפֿילט, אַז פֿאַסטערנאַקס סימפּאַטיעס זײַנען געווען דווקא אויף דער זײַט פֿונעם ערשטן פּערסאָנאַזש, פֿון ניקאָלײַ ניקאָלאַיעוויטשן.

מאָיִסיי יאָסיפּאָוויטש האָט געהאַלטן אין איין לייענען, ניט צורירנדיק זיך צום טעלער מיט שפּײַז, וואָס זײַן פֿרוי האָט געבראַכט פֿון דער קיך און זאָרגעוודיק אַוועקגעשטעלט עס אויפֿן טיש דערנעבן אים. פֿילנדיק נאָך אַלץ די שיינקייט און די שפּראַך־רײַכקייט פֿון פֿאַסטערנאַקס פּראָזע, איז ער בהדרגה געקומען צום אויספֿיר, אַז פֿונעם אידעיִשן שטאַנדפּונקט איז דער מחבר אַ „פּוטאַניק", אַ פּלאָנטער־קאָפּ, ווי מע פֿלעגט עס אָנרופֿן אינעם סאָוועטן־פֿאַרבאַנד. פֿון איין זײַט, דערמאָנט און שילדערט דער מחבר איניקע „פּלאָגן פֿון דער פֿאַרשאָלטענער פֿאַרגאַנגענהייט", שרײַבט וועגן דער „וועלט פֿון געמיינקייט און פֿאַלשקייט, ווו אַן אָנגעפּרעסענע פֿאַרשוינטע וואַגט צו קוקן אויף די אַרבעטער ווי אויף גאָרנישט", – און דערמיט סימפּאַטיזירט ער יענע לײַדנדיקע און שטרײַקנדיקע אַרבעטער. פֿון דער אַנדערער זײַט אָבער, באַשרײַבט פֿאַסטערנאַק, ווי די אַרבעטאָרינס פֿון אַ קליידער־וואַרשטאַט האָבן פֿאַרשטרײַקט, מחמת די אַנדערע אַרבעטערס האָבן זיי געצוווּנגען עס צו טאָן קעגן זייער ווילן... הייסט עס, אַז די באַלעבאָסטע פֿונעם וואַרשטאַט, איז פֿאַרט געווען אַ ווילע און זיך גוט באַצויגן צו אירע אַרבעטאָרינס!.. און נאָך: אויף שריט און טריט טרעפֿט מען אָן אויף די רעליגיעזע זאַכן... קריסטוס – און בפֿירוש להיפּוך צו גאָרקין: „דער מענטש, וואָס אין זײַן קלאַנג איז נישטאָ קיין שמץ פֿון גאווה". כמנע... בכלל איז דער גײַסט פֿון אָט דעם ראָמאַן ניט קיין סאָוועטישער... אָט אין

„משפחה מאַשבער“, למשל, האָט דער נסתּר אויך געשילדערט די פֿאַרגאַנגענהייט, אַפֿילו באַשריבן שילן און חסידים, נאָר דאָרטן איז פֿון סאַמע אָנהייב אָן געווען קלאָר, אַז ס'איז אַ פֿאָלקישע ליטעראַטור. אָבער פֿאַסטערנאַקס ווערק איז דאָך גאָרניט קיין פֿאָלקישס, נאָר אין תּוך אַן אַריסטאָקראַטישס... מאָיִסיי יאָסיפֿאָוויטש איז צופֿרידן געבליבן מיט זײַן אויספֿיר און עס באַשטעטיקט מיט די ווערטער פֿון איציק פֿעפֿערס אַ ליד: „ניט אונדזערס. ניט אונדזערס!“.

אַזוי האָט מאָיִסיי יאָסיפֿאָוויטש געלייענט, מאַכנדיק פֿון מאָל צו מאָל פֿאַרציי־כענונגען אין זײַן העפֿט, כּדי זאָרגזאַם, ווי זײַן שטייגער איז געווען, זיך צוגרייטן צו זײַן רעדע אויף דער פּאַרטיי־פֿאַרזאַמלונג. דערגאַנגען ביז צו דער סצענע, אין וועלכער דער הויפּט־העלד יורי זשיוואַגאָ לויבט דעם צאַר, וועלכער איז געווען פֿאַר מאָיִסיי יאָסיפֿאָוויטשן, ווי זיכער אויך פֿאַר אַ סך אַנדערע סאָוועטישע בירגער, „ניקאָלײַ דער בלוטיקער“, האָט ער באַלד געמאַכט נאָך איין קריטישע באַמערקונג און אַ טראַכט געטאָן מיט טשיקאַוועס, וואָס פֿאַר אַ מין קוואַטש וועט ער זיך נאָך אָנלייענען אין אָט דעם, מישטיינס געזאָגט ראָמאַן, אַרויסגעלאָזט אויפֿן קאַפּיטאַליסטישן מערבֿ...

מאָיִסיי יאָסיפֿאָוויטש איז צוגעקומען צום אָרט, וווּ יורי זשיוואַגאָס ייִדישער חבֿר, מיכאַיִל גאָרדאָן ענטפֿערט אים מכּוח די ייִדן:

„... דאָס ייִדנטום. דער נאַציאָנאַלער געדאַנק האָט אַרויפֿגעלייגט אויף אים די טויטנדיקע נויטווענדיקייט צו זײַן און צו בלײַבן אַ פֿאָלק, און נאָר אַ פֿאָלק, במשך דרײַ־דורות, בעת מיט זײַן כּוח, וואָס איז אַ מאָל אַרויס פֿון זײַנע רייען, איז די גאַנצע וועלט געוואָרן אויסגעלייזט פֿון דער דאָזיקער דערנידערנדיקער אויפֿגאַבע. ווי דערשטוינענדיק דאָס איז! ווי אַזוי האָט אַזעלכעס געקאָנט פֿאַסירן? דער דאָזיקער יום־טובֿ, דאָס אויסלייזן פֿון דער טײַוולאָנישקייט, פֿון דורכשניטלעכקייט, דעם דאָזיקן שוווּנגפֿלי איבער דער קליין־השׂגהדיקער טאָג־טעגלעכקייט, דאָס אַלץ איז געבוירן געוואָרן אויף זייער ערד, האָט גערעדט אויף זייער לשון און געהערט צו זייער שבֿט. און זיי האָבן דאָס געזען און געהערט און דאָס דורכגעלאָזן? ווי אַזוי האָבן זיי געקאָנט לאָזן אַוועקגיין פֿון זיך אַזאַ נשמה פֿון אַזאַ אומגעהויערער שיינקייט און קראַפֿט? ווי אַזוי האָבן זיי געקאָנט טראַכטן, אַז מיטן אויפֿגיין פֿון איר טריומף און הערשאַפֿט, וועלן זיי בלײַבן און עקזיסטירן אין דער פֿאָרם פֿון אַ ליידיק הײַטל פֿון דאָזיקן נס, דורך זיי אַ מאָל אַוועקגעוואָרפֿענעם? לטובֿת וועמען איז די דאָזיקע פֿרײַוויליקע מאַרטירערשאַפֿט? וועמען איז דאָס נייטיק אַז זיי זאָלן דורך יאָרהונדערטער זײַן באַדעקט מיט שפּאָט און זאָלן אָפּגיין אין בלוט פֿון אַזוי פֿיל אין גאָרנישט שולדיקע זקנים, פֿרויען און קינדער, אַזעלכע איידעלע און פֿעיִקע צו גוטע מעשׂים און האַרציקע באַציִונגען! נאָך וואָס אַזוי פֿיל פֿויל־שלימזלדיקע שרײַבערישע פֿאָלקסליבהאָבער פֿון אַלע נאַציאָנאַליטעטן?..“

עטלעכע ווײַלעס איז מאָיִסיי יאָסיפֿאָוויטש געזעסן ווי צוגעשמידט צום אָרט מיט אַ פֿאַרשטאַרטן בליק אין די אויסגעגלאָצטע אויגן. ער האָט תּיכּף פֿאַרשטאַנען, אַז דאָס זײַנען פּאַסטערנאַקס אייגענע אָנשויונגען. ניין, ס'איז ניט געווען ווי בײַ

מאַיאַקאָווסקין: „אַז אויף דער וועלט אָן רוסלאַנדס און אָן לעטלאַנדס זאָל מען לעבן אַלע אין אַ מענטשלעכער צוזאַמענוווינונג" – ניין, און ווידער, ניין! אונטערן אויסרייד פֿון אַלמענטשלעכער ברידערשאַפֿט האָט דער ייִד פֿאַסטערנאַק אין נאָמען פֿון זײַן ייִדישן פּערסאָנאַזש אויפֿגערופֿן די ייִדן, זיי זאָלן זיך שמדן...

מאָיִסיי יאָסיפֿאָוויטשס פֿרוי, וואָס האָט שטילערהייט אויפֿגעראַמט אינעם צימער, האָט געזען, אין וואָס פֿאַר אַ צושטאַנד געפֿינט זיך איר מאַן. זי איז געוואָרן אַ ביסל באַאומרויִקט, נאָר פֿאָרט דערפֿילט, אַז בעסער אים איצט ניט שטערן. בינו־לבינו איז אין מאָיִסיי יאָסיפֿאָוויטשס נשמה פֿאָרגעקומען עפּעס אַזוינס, וואָס איז געווען אין אַ געוויסן זין אַפֿילו מער וויכטיק און פֿלעפֿנדיק, ווי ווען מ'האָט אים באַפֿרײַט פֿונעם לאַגער, רעהאַביליטירט און אויפֿגעשטעלט אין דער פּאַרטיי...

במשך פֿון זײַן גאַנץ באַוווסטזיניק לעבן, ביז זײַן סאַמע אַרעסט (אָדער פּינקטלעכער געזאָגט: ביז דעם, ווען מע האָט פֿאַרמאַכט די צײַטונג און דעם פֿאַרלאַג „עמעס"), האָט אין מאָיִסיי יאָסיפֿאָוויטשס נשמה געהערשט אַ פֿולשטענדיקע, אומשטערבלעכע האַרמאָניע: מיט אַלע כּוחות און איבערגעגעבנקייט האָט ער געדינט זײַן סאָוועטישן לאַנד און זײַן ייִדישן פֿאָלק – און קיין מאָל קיין שום ספֿק ניט געהאַט, אַז ס'איז איינס און דאָס זעלבע. סײַ ווען ער האָט געשריבן פֿאַר דער ייִדישער פּרעסע און איז אַרויסגעטראָטן מיט לעקציעס אין ייִדישע קאָלווירטן און קלובן, סײַ ווען ער האָט זיך דרייסט געשלאָגן מיט די נאַציסטן אויף דער מלחמה, האָט זיך אים תּמיד געדאַכט, פּונקט ווי צוויי מאָל צוויי איז פֿיר, אַז די אינטערעסן פֿונעם סאָוועטן־פֿאַרבאַנד פֿאַלן צונויף מיט די אינטערעסן פֿונעם ייִדישן פֿאָלק. ווי מיר ווייסן שוין, האָבן קיין עוולות, בתוכם די, וואָס ער אַליין איז געוואָרן זייער קרבן, ניט צעשטערט זײַן גלויבן אין קאָמוניזם: ער האָט געדענקט די בלוטיקע „יעזשאָוושטשינע"; געהאַלטן, אַז אין אַזאַ גרויסער זאַך (דער סאַמע גרעסטער אין דער מענטשהייטס געשיכטע!), ווי דאָס בויען קאָמוניזם, זײַנען טעותן און אַפֿילו אומגערעכטיקייטן אומפֿאַרמײַדלעך; און ער איז געווען זיכער, אַז אין די קאַפּיטאַליסטישע לענדער קומען פֿאָר אָן אַ צאָל אומפֿאַרגלײַכלעך גרעסערע אַכזריותן.

נאָך זײַן באַפֿרײַונג, ווען מאָיִסיי יאָסיפֿאָוויטש האָט געזען, אַז קיין אויסגאַבעס אויף ייִדיש קומען ניט אַרויס (אַ חוץ דער קליינער צײַטונג אינעם העט־ווײַטן ביראָבידזשאַן), אַז בלויז אין ווילנע, ווי ער האָט געהערט פֿון זײַנע פֿרײַנד, איז געגרינדעט געוואָרן אַן אַמאַטאָרישער ייִדישער פֿאָלקס־טעאַטער, האָט ער געהאַלטן אין איין זאָגן זיך אַליין, אַז ס'איז אַ פֿראַגע פֿון צײַט, אַז ס'איז אוממעגלעך צו פֿאַרריכטן אַלע פֿעלערן מיט איין מאָל, אַז ניט בלויז די ייִדן, נאָר אויך אַ סך אַנדערע פֿעלקער האָבן געהאַט געליטן פֿון דעם „פּערזאָנען־קולט" און אַזוי ווײַטער. פֿון דעסטוועגן, אין אַזאַ סיטואַציע איז די פֿריִערדיקע האַרמאָניע אין זײַן נשמה געבליבן צעשטערט. און דאָ פּלוצעם, דורכגעלייענט דעם אויבנדערמאָנטן פּאַסאַזש אינעם בוך, פֿון וועלכן מע פֿלעגט מאַכן צו נישט אין אַלע צײַטונגען, האָט מאָיִסיי

יאָסיפּאָוויטשן דערפּילט, גלײַך ווי עפּעס האָט אין אים אויפֿגעלויכטן: ס'איז ניט בלויז אַן אַנטיסאָוועטיש בוך, ס'איז אויך אַן אַנטי־ייִדן בוך! אָט, הייסט עס, וואָס מע דרוקט בײַם פֿאַרשאָלטענעם קאַפּיטאַליזם, אינעם לאַנד פֿון מוסאָלינין, די פּויפּסטן – באַשעפֿערס פֿון דער אינקוויזיציע, און די אוראַלטע רוימער – פֿאַרשקלאַפֿערס פֿון יהודה! ווי אין די פֿינצטערע צײַטן פֿונעם מיטלאַלטער, רופֿט מען דאָרטן אויף, אַז די ייִדן זאָלן זיך שמדן; און ווי ס'איז שוין ניט איין מאָל געשען אין דער ייִדישער געשיכטע, ציט מען צו דער פֿאַסקודנער זאַך צו אַ ייִד... און איצט – אַ פֿאַררעטער פֿון אונדזער סאָוועטישן לאַנד!

ווי אַזוי האָט ער דאָרט אָנגעשריבן, דער מנוול? מאָיִסיי יאָסיפּאָוויטש האָט גיך אויפֿגעבלעטערט דאָס זײַטל אינעם בוך אויף צוריק און שוין אויף אַ קול ווידער געלייענט: „פֿאַרוואָס־דאָס זענען די אָנפּירנדיקע מוחות פֿון דאָזיקן פֿאָלק נישט אַוועק ווײַטער פֿון דער דאָזיקער שוין צו פֿיל זיך־לײַכט־גיביקער פֿאָרם פֿון וועלטשמערץ און איראָניזירנדיקער קלוגשאַפֿט? פֿאַרוואָס־דאָס, ריזיקירנדיק צו ווערן אויפֿגעריסן פֿון דער אומפֿאַרמײַדלעכקייט פֿון דערפּילן זײַן חובֿ, פּונקט ווי עס רײַסן זיך דאַמף־קעסלען פֿון אונטערן דרוק, האָבן זיי נישט פֿונאַנדערגעלאָזט אָט דעם באַטאַליאָן, וועלכער ווייסט נישט פֿאַר וואָס ער ווערט געשלאָגן? פֿאַרוואָס־דאָס האָבן זיי נישט געזאָגט: 'באַזינט אײַך. גענוג. מע דאַרף נישט מער. איר הייסט נישט מער ווי איר האָט פֿריִער געהייסן. דרענגט זיך נישט צונויף אין אַ קופּע, גייט זיך פֿונאַנדער. זײַט מיט אַלעמען. איר זענט עס די ערשטע און די בעסטע קריסטן אין דער וועלט. איר זענט טאַקע אָט יעניקע, וואָס עס האָבן אײַך אַקעגנגעשטעלט זיך די סאַמע ערגסטע און שוואַכסטע פֿון אײַך'...״

דאָס אַמאָליקע געפֿיל האָט צום ערשטן מאָל אין צען יאָר אויפֿגעפֿלאַקערט אין אים מיט אַ נײַער קראַפֿט און איז געווען נאָך הייסער, פֿריידיקער, רירנדיקער, ווי פֿריִער: ער וועט ווידער פֿאַרטיידיקן סײַ אונדזער סאָוועטיש לאַנד, סײַ אונדזער ייִדיש פֿאָלק! אַוודאי, וועט ער ניט בלויז אַרויסטרעטן אויף דער פּאַרטיי־פֿאַרזאַמלונג – ער וועט אויך אָנשרײַבן אַ גרויסן צײַטונג־אַרטיקל! ער וועט באַווײַזן דעם אויסוואורף פֿאַסטערנאַק און זײַנע באַלעבאַטים – די אימפּעריאַליסטן־אַנטיסעמיטן! „ניין, – האָט ער אויף אַ קול, ווי אַ פּסק־דין אַרויסגעבראַכט: „ניין, זײַן נאָמען איז ניט פֿאַסטערנאַק, נאָר פֿאַסקודניאַק!״

מאָיִסיי יאָסיפּאָוויטש האָט אַפֿילו ניט באַמערקט, ווי זײַן זון האָט זיך אומגעקערט אַהיים. צוויי אַ זייגער בײַ נאַכט איז די פֿרוי צוגעגאַנגען צו אים און, צורירנדיק זיך צו זײַן אַקסל, געזאָגט שטיל און צוגעלאָזט:

– משהלע, לייג זיך שלאָפֿן, כאָטש אַ ביסעלע. מאָרגן... שוין הײַנט וועסטו דאָך דאַרפֿן ווידער גיין אויף דער אַרבעט.

ער האָט זיך אַרײַנגעלייגט אין בעט, נאָר סײַ־ווי ניט געקאָנט אײַנשלאָפֿן.

די פֿאָלגנדיקע צוויי אָוונטן האָט מאָיִסיי יאָסיפּאָוויטש אויך פֿאַרבראַכט בײַם שרײַבטיש, געלייענט און אַרויסגעשריבן די קראַמאָלנע ערטער ביז שפּעט אין דער

נאַכט אַרײַן. וואָס מער ער האָט געלייענט, אַלץ מער האָט ער זיך איבערצײַגט אין דעם, אַז דאָס ווערק איז „ניט אונדזערס" און דערצו נאָך איז עס אַ קריסטלעכע פּראָפּאַגאַנדע: די לעצטע עטלעכע לידער אינעם סוף פֿונעם ראָמאַן האָבן קיין שום ספֿקות מכּוח דעם ניט געלאָזט.

דער אַרטיקל איז אָנגעשריבן געוואָרן לײַכט, מיט שוווּנג. מאָיִסיי יאָסיפֿאָוויטש האָט געמאַכט פֿיר קאָפּיעס און זיך קוים דערוואַרט ביז מאָנטיק. ער האָט געוואָלט אַליין אָפּטראָגן זײַן אַרטיקל אין די רעדאַקציעס פֿון די צײַטונגען „פּראַוודאַ", „איזוועסטיִאַ", „סאָוועטסקאַיאַ קולטוראַ" און „ליטעראַטורנאַיאַ גאַזעטאַ". אויפֿן אַנדערן טאָג האָט ער אָנגעטאָן זײַן בעסטן אָנצוג מיט אַ האַלדזטוך, אַרײַנגעלייגט די העפֿט מיט די פֿאַרצייכענונגען אין זײַן פּאָרטפֿעל און זיך געלאָזט צו דער אַרבעט אין אַ געהויבענער שטימונג, פֿילנדיק פֿון פֿריִער דעם טעם פֿון דער פּאַרטיי־פֿאַרזאַמלונג.

רויִק און פֿאָרמעל, ווי מע וואָלט עס געטאָן יעדן טאָג, האָט דער פֿאָרזיצער פֿון דער פֿאַרזאַמלונג דערקלערט וועגן וואָס עס גייט די רייד און וואָס דאַרף מען באַשטימען. גלײַך נאָך זײַנע ווערטער איז מאָיִסיי יאָסיפֿאָוויטש האַסטיק אויפֿגע־שטאַנען פֿונעם בענקל, אויפֿגעהויבן די האַנט און געמאָלדן מיט אַן אויפֿגערעגטן און אַנטשיידענעם קול:

– איך בעט דאָס וואָרט!

דער עולם האָט עס בפֿירוש ניט דערוואַרט: הגם, ווי מיר ווייסן שוין, איז אונדזער העלד געווען גאָר אַן אַקטיווער מיטגליד פֿון דער פּאַרטיי־אָרגאַניזאַציע, האָבן די מענטשן ניט פֿאַרשטאַנען, פֿאַר וואָס דווקא מאָיִסיי יאָסיפֿאָוויטש אײַלט זיך אַזוי זיך אַרויסזאָגן מכּוח אָט דעם ענין?

– גוט, ביטע... – האָט באַוויליקט דער פֿאָרזיצער, – דאָס וואָרט האָט חבֿר מילמאַן.

מאָיִסיי יאָסיפֿאָוויטש האָט געוואָלט אַרויפֿגיין אויף דער בינע, נאָר דערפֿילט פּלוצעם אַ שווערקייט אין די פֿיס. מחמת דער מלוכישער וויכטיקייט פֿונעם ענין, האָבן אַלע מיטאַרבעטער פֿונעם פֿאַרלאַג געמוזט בײַזײַן אויף דער פֿאַרזאַמלונג, לכן איז די אודיטאָריע געווען פֿול געפּאַקט. ער האָט אַוועקגעשטעלט זײַן פּאָרטפֿעל אויפֿן בענקל, אַרויסגענומען פֿון אים די העפֿט און אָנגעהויבן איבערדערציילן כּמעט וואָרט בײַ וואָרט זײַן אַרטיקל, וואָס ער האָט געהאַט אָנגעשריבן מיט אַ פּאָר טעג צוריק.

– חבֿרים! איך וויל אויסדריקן מײַן כּעס און גרימצאָרן פֿון פּאַסטערנאַקס בוך – ווי אַ קאָמוניסט, אַ סאָוועטישער פּאַטריאָט און אַ ייִד!

אַזאַ אַרײַנפֿיר האָט שטאַרק פֿאַרחידושט אַלעמען, פֿונעם סעקרעטאַר פֿון דער פּאַרטיי־אָרגאַניזאַציע, וואָס איז געזעסן אינעם פּרעזידיום ביז דער אויפֿראַמערין מומע גלאַשע, וואָס האָט זיך אַרײַנגעקוועטשט אין דער הינטערשטער ריי. גאָרנישט ניט באַמערקט, האָט מאָיִסיי יאָסיפֿאָוויטש גערעדט ווײַטער, אַרויסלייענענדיק פֿון

מאָל צו מאָל די נאָטיצן פֿון זײַן העפֿט און דרייענדיק זיך אין אַלע זײַטן, כּדי צו ווענדן זיך צו יעדן איינעם אינעם זאַל.

היות קיינער פֿון די אָנוועזנדיקע האָט ניט געהאַט געלייענט פּאַסטערנאַקס ראָמאַן, איז אַלעמען געווען נײַגעריק צו הערן אַזוי פֿיל ציטאַטעס פֿון אים. נאָך דעם, ווי מאָיִסיי יאָסיפֿאָוויטש האָט אַנטפּלעקט די „ייִדישע פֿראַגע" אינעם ראָמאַן, איז דער עולם אויך באַקאַנט געוואָרן מיט אייניקע טשיקאַווע פּרטים פֿון דער ייִדישער געשיכטע, פֿאַרשטייט זיך, אין מאָיִסיי יאָסיפֿאָוויטשס אינטערפּרעטאַציע, בתוכם זײַן אייגענער ביאָגראַפֿיע.

– ווען אינעם מיטלאַלטער האָט מען געהייסן די ייִדן פֿון שפּאַניע און פּאָרטוגאַל אָדער זיך שמדן אָדער פֿאַרלאָזן דאָס לאַנד, – האָט מאָיִסיי יאָסיפֿאָוויטש אויפֿגעקלערט די דערשטוינטע צוהערערס, – האָבן די ייִדישע קאַפּיטאַליסטן און סוחרים זיך געשמדט, כּדי ניט צו פֿאַרלירן זייערע קאַפּיטאַלן, זייער וואַרעם ערטעלע, נאָר די ייִדישע האַרעפּאַשניקעס, די פֿאָלקסמאַסן האָבן זיך ניט אונטערגעוואָרפֿן די פֿינצטערע אינקוויזיטאָרן! – ער האָט זיך אויסגעקערעוועט צו דער בינע, ווו ס'האָט זיך געפֿונען דער פּרעזידיום, – ווי אַ קאָרעספּאָנדענט פֿון דער צײַטונג „איינִיקײַט" בין איך בײַגעווען אויף דער פֿאָרלעזונג אינעם מלוכישן ייִדישן טעאַטער פֿון דער פּיעסע „פּרינץ ראובני", אָנגעשריבן פֿונעם קלאַסיקער פֿון דער סאָוועטישער ייִדישער ליטעראַטור דוד בערגעלסאָן. איז אָט, דער גרויסער אַקטיאָר און רעזשיסאָר, דער פֿאָלקס־אַרטיסט פֿון פּססר סאָלאָמאָן מיכאָעלס האָט דעמאָלט געזאָגט וועגן איינעם אַ פּערסאָנאַזש פֿון דער פּיעסע, אַ געשמדטן ייִד, וואָס איז געוואָרן אַ ראַטגעבער בײַם פּויפּסט: „אַזעלכע פֿאַרדאָרבענע מענטשן זײַנען פֿאַראַן אין יעדער נאַציע, די ייִדן זײַנען ניט קיין אויסנאַם!"

מאָיִסיי יאָסיפֿאָוויטש האָט אַ וואַרף געטאָן אַ ווײַטן בליק צו די הינטערשטע רייען, ווו עס זײַנען געזעסן פּראָסטע צוהערערס. „יאָ, אין דעם ראָמאַן געפֿינען מיר אויך אַזעלכע העלדן און פּאַסטערנאַק, צום גרויסן באַדויערן, סימפּאַטיזירט זיי... – ער האָט זיך ווידער אויסגעקערעוועט צום פּרעזידיום, – בעת די יאָרן פֿונעם „פּערזאָנען־קולט" בין איך אומגעזעצלעך רעפּרעסירט געוואָרן און אָפּגעווען אין לאַגער... דאָרט פֿלעגן אַפֿילו די קרימינעלע פֿאַרברעכערס פֿאַראַכטן געשמדטע ייִדן, ווײַל מ'האָט געהאַלטן, אַז אויב אַ מענטש קאָן איין מאָל פֿאַרראַטן, קאָן ער אַוודאי פֿאַרראַטן אַ צווייט מאָל!" יאָ, אַ פֿאַררעטער בלײַבט תּמיד אַ פֿאַררעטער... – מאָיִסיי יאָסיפֿאָוויטש האָט אַ רגע אָפּגעאָטעמט און הייזעריקלעך אויסגעשריִען איבער די קעפּ: „פּאַסטערנאַק האָט פֿאַרראַטן סײַ אונדזער סאָוועטיש היימלאַנד און סײַ זײַן... מײַן... אונדזער ייִדיש פֿאָלק!"

ווען די פֿאַרזאַמלונג האָט זיך פֿאַרענדיקט און אַלע האָבן אָנגעהויבן זיך פֿונאַנדערגיין, איז צו מאָיִסיי יאָסיפֿאָוויטשן צוגעגאַנגען אַן אומבאַקאַנטער פּאַרשוין, לויטן אויסזען, בערך פֿונעם זעלבן עלטער ווי ער, און געזאָגט שטיל און העפֿלעך:

– חבֿר מילמאַן... אויף אַ מינוטקעלע? – און מיטן קאָפּ אָנגעוויזן, ער זאָל גיין נאָך אים.

די טיר, באַצויגן מיט שוואַרצן לעדער, אַקוראַט לעם קאַבינעט פֿונעם פֿאַרלאַגס דירעקטאָר האָט מאָיִסיי יאָסיפֿאָוויטש געהאַט געזען טעלעבע מאָל פֿריִער, נאָר קיין מאָל באַזונדערס ניט געלייגט קיין אַכט אויף איר. אַרײַנגייענדיק דער ערשטער אין אַ קליינעם צימער, האָט דער אומבאַקאַנטער פֿאַרשוין העפֿלעך פֿאָרגעלייגט מאָיִסיי יאָסיפֿאָוויטשן זיך צוזעצן צום טיש. אַליין האָט ער זיך אַוועקגעזעצט אַנטקעגן און געוויזן זײַן צײַגעניש.

– איר האָט גערעדט זייער אינטערעסאַנט, – האָט זיך אָנגערופֿן מאָיִסיי יאָסיפֿאָוויטשס וויזאַווי, קאַפּיטאַן יאַראָסלאַוו איוואַנאָוויטש, – זאָגט מיר, ביטע, פֿון וואַנען ווייסט איר אַזוי גוט דעם אינהאַלט פֿון „דאָקטער זשיוואַגאָ“?

מאָיִסיי יאָסיפֿאָוויטש האָט פּרטימדיק און גערן דערציילט וועגן אַלצדינג: ווו, ווען און בײַ וועלכע אומשטאַנדן האָט אַן אומבאַקאַנטער יונגער־מאַן אים פֿאָר־געלייגט צו קויפֿן דאָס בוך, און פֿאַר וואָס ער האָט עס באַשלאָסן צו קויפֿן. פֿאַר וואָס האָט יענער גראָד אים עס פֿאָרגעלייגט, האָט מאָיִסיי יאָסיפֿאָוויטש קיין אַנונג ניט געהאַט...

– כ׳פֿאַרשטיי אײַך, חבֿר מילמאַן. וואָס זשע האָט איר געטאָן מיטן בוך שפּע־טער, נאָך דעם, וואָס איר האָט עס איבערגעלייענט?

די פֿראַגע האָט מאָיִסיי יאָסיפֿאָוויטשן אַ ביסל פֿאַרחידושט.

– גאָרניט...

– הייסט עס, אַז דאָס בוך געפֿינט זיך איצט בײַ אײַך אין שטוב?

– נו יאָ...

– אויב אַזוי, קאָן מען עס קוואַליפֿיצירן, אַז איר האַלט בײַ זיך אין דער היים אַנטיסאָוועטישע ליטעראַטור?

מאָיִסיי יאָסיפֿאָוויטש איז מבֿולבל געוואָרן.

– נו... איך האָב עס דאָך גענדאַרפֿט פֿאַר מײַן רעדע אויף דער פּאַרטיי־פֿאַרזאַמלונג, און אַ חוץ דעם, ווי כ׳האָב אײַך שוין געזאָגט, האָב איך אָנגעשריבן אַן אַרטיקל וועגן דעם, נאָר איצט, אַוודאי, דאַרף איך דאָס בוך ניט מער, און ווי נאָר איך וועל זיך הײַנט אומקערן אַהיים, וועל איך עס, זײַט זיכער, תּיכּף אַרויסוואַרפֿן...

– ניין, – האָט יאַראָסלאַוו איוואַנאָוויטש געענטפֿערט, – אַרויסוואַרפֿן דאַרף מען עס ניט; אָבער מאָרגן אין דער פֿרי זאָלט איר דאָס בוך ברענגען אַהער, צו מיר פּערזענלעך.

– אומבאַדינגט! – האָט מאָיִסיי יאָסיפֿאָוויטש באַשטעטיקט זייער ערנסט און מיט פֿולן פֿאַרשטאַנד.

– און איצט, ביטע, שרײַבט אָן אַלץ, וואָס איר האָט מיר דערציילט... וועגן דעם יונגן־מאַן אויך...

במשך פֿון די פֿאָלגנדיקע טעג האָט מאָיִסיי יאָסיפּאָוויטש זאָרגזאַם דורכגעקוקט די צײַטונגען, אין וועלכע ער האָט געהאַט אָפּגעטראָגן זײַן אַרטיקל, און פּלוצעם אין „פּראַוודאַ", צווישן די בריוו פֿון לייענערס, וואָס האָבן געטאַדלט פּאַסטערנאַקן, האָט ער דערזען אַזאַ טעקסט:

„ווי אַ קאָמוניסט און אַ סאָוועטישער פּאַטריאָט, דריק איך אויס מײַן כּעס און גרימצאָרן פֿון פּאַסטערנאַקס אַנטיסאָוועטישן בוך, וואָס ער האָט פֿאַרעפֿנטלעכט אין אויסלאַנד. אַ שאַנד דעם פֿאַררעטער פֿון אונדזער לאַנד און פֿאָלק!

מ. מילמאַן, מאָסקווע."

מאָיִסיי יאָסיפּאָוויטש האָט גענומען די קאָפּיע פֿון זײַן אַרטיקל, וואָס ער האָט געהאַט געלאָזט פֿאַר זיך און איז געפֿאָרן אין רעדאַקציע פֿון „פּראַוודאַ". דאָרטן האָט ער אָפּגעזוכט די פֿרוי, וואָס ער האָט איר געהאַט פֿאַרטרויט זײַן אַרטיקל, און געזאָגט מיט אויפֿרעגונג און חידוש:

– סטײַטש?! איך האָב דאָך אָנגעשריבן אַ גאַנץ לאַנגן אַרטיקל – און איר האָט פֿון אים געמאַכט פּשוט אַ בריוו פֿון עטלעכע שורות!

די פֿרוי האָט אַ קוק געטאָן אויף דער קאָפּיע, וואָס מאָיִסיי יאָסיפּאָוויטש האָט איר געוויזן, דערנאָך אויף אים און געענטפֿערט:

– איר פֿאַרשטייט דען ניט אַליין, אַז מיר באַקומען אַצינד טויזנטער אַרטיקלען און בריוו וועגן אָט דעם ענין. דעריבער מוזן מיר זיי קירצן: זייער פֿיל מענטשן פֿון גאָר דעם לאַנד ווילן זיך אַרויסזאָגן, אויסדריקן זייער פּראָטעסט...

דעם זעלבן ענטפֿער האָט מאָיִסיי יאָסיפּאָוויטש באַקומען אויך אין די אַנדערע צײַטונגען, ווו מע האָט פֿאַרעפֿנטלעכט כּמעט דעם זעלבן „וואַריאַנט" פֿון זײַן אַרטיקל, אין וועלכן ער האָט אַרײַנגעלייגט זײַן גאַנצע נשמה.

ער איז געווען אַנטוישט, נאָר האָט זיך באַצויגן צו דער זאַך מיט פֿאַרשטאַנד: אַוודאי, איז ער בלויז איינער פֿון די העכער צוויי הונדערט מיליאָן סאָוועטישע מענטשן; ער האָט עס פֿעסט פֿאַראייגנט פֿון די יונגע יאָרן אָן. זײַן חובֿ פֿון אַ קאָמוניסט האָט ער אויסגעפֿירט אויף דער פּאַרטיי־פֿאַרזאַמלונג – אַרײַנגעזאָגט דעם אויסוואָרף פּאַסטערנאַק־פּאַסקודניאַק! און נאָך האָט מאָיִסיי יאָסיפּאָוויטש אַ טראַכט געטאָן, אַז בכלל, ניט געקוקט אויף די אַלע טעותים און פֿעלערן, אַפֿילו אומגערעכטיקייטן בײַ אונדז אין לאַנד, דרוקט מען ניט אַזעלכע מיאוסע זאַכן, ווי אויפֿרופֿן די ייִדן צו שמד. שוין אָפּגערעדט, אַז קיין אַרבעטלאָזיקייט, קיין עקספּלואַטאַציע איז בײַ אונדז אויך ניטאָ, אַזוי אַז אַלץ איז, דאַנקען גאָט, גוט... בעסער ווי בײַ זיי...

דער שני האָט מחיהדיק געבראָמטשעט אונטער די פֿעסטע טריט... אין דער לופֿטן האָט געשמעקט מיט נײַ־יאָריקע מאַנדאַרינקעס. וועגן אַזאַ פֿאַרנאַכט, ווען דער פּאָעט משה טייף, מאָיִסיי יאָסיפּאָוויטשס גוטער חבֿר, אָנשרײַבן אין זײַנעם אַ ליד: „שיין איז מאָסקווע אָוונט־צײַט!.."

בלויז עטלעכע מינוט גאַנג...

דער בייזער האַרבסטיקער ווינט האָט אַראָפּגעריסן סײַ די בלעטער פֿון דיביימער, סײַ די צײַטונגען מיט ברעזשנעווס פֿאָטאָגראַפֿיעס צוגעשפּיליעט צו די סטענדן. די גאַנצע פֿאַבריקע נאַכט ביז אין דער פֿרי האָט גערעגנט, און די כמאַרעס האָבן נאָך באַדעקט דעם גרעסטן טייל הימל; נאָר די זון האָט זיך דורך זיי ווי דורכגעריסן, אַ מאָל פֿאַרשווינדנדיק, אַ מאָל באַווײַזנדיק זיך ווידער.

סעריאָזשע לוואָוו האָט געשפּרײַזט איבער יד פֿײַכטע ליקלעך אינעם צענטער פֿון מאָסקווע, קײַענדיק אַ בוטערבראָד מיט קאָלבעס. דער שפּאַציר זײַנער האָט געדויערט בלויז עטלעכע מינוט, נאָר ער האָט געפֿילט, אַז פֿאַר די געציילטע מינוטן האָט ער ווי אויף ס'נײַ איבערגעלעבט זײַן גאַנץ לעבן, כאָטש אין דער אמתן, זײַנען בײַ אים אין קאָפּ ווידער אַ מאָל און אָבער אַ מאָל דורכגעפֿלויגן בלויז די געשעעענישן פֿון די לעצטע וואָכן.

יאָ, אין די לעצטע עטלעכע וואָכן האָט ער אַ סך איבערגעטראַכט, מער, דאַכט זיך, ווי פֿאַר אַלע זײַנע זיבעצן יאָר. אַלץ האָט זיך אויף אים אַרויפֿגעוואַלגערט אומדערוואַרט און גיך, איינס נאָכן אַנדערן...

אויף דער אַנדערער זײַט ליקל האָט ער באַמערקט גיין אַ הויכע, שלאַנקע בלאָנדינקע, אָנגעטאָן אין אַ מאָדישן רעגנמאַנטל, דורך וועלכן ס'האָבן זיך דערזען די רייצנדיקע קאָנטורן פֿון איראַס בריסט. איז עס טאַקע די זעלבע פֿרוי, וואָס ער האָט באַגעגנט אינעם גאָרקי־פּאַרק דעם לעצטן טאָג פֿון די זומער־קאַניקולן? אין דעם איז ער דווקא ניט געווען זיכער, ווײַל אויף יענער פֿרוי האָט ער געקוקט נאָר איין רגע – און איז באַלד אַראָפּגעפֿאַלן פֿונעם ראָווער. גראָד איבער דעם פֿאַלן האָט זיך אַלץ גענומען, ווײַל ער האָט זיך דאַן צעבראָכן די רעכטע האַנט.

ניט געקוקט אויפֿן ווייטיק, וואָס איז אויפֿן אַנדערן טאָג געוואָרן שטאַרקער, האָט סעריאָזשע זיך צו קיין דאָקטער ניט געוואָנדן און איז געגאַנגען אין אינסטיטוט. פֿון דעסטוועגן, שוין בײַם אָנהייב פֿון דער ערשטער לעקציע האָט ער פֿאַרשטאַנען, אַז ער קאָן ניט שרײַבן. גלײַך נאָך די לעקציעס האָט סעריאָזשע

זיך געלאָזט אינעם שפּיטאָל אויף סקליפֿאָסאָווסקיס נאָמען. געדאַרפֿט האָט ער גיין אין טראַוומעדפּונקט בײַם אינסטיטוט – און אַלץ וואָלט, מעלגעך, געווען אין אָרדענונג .ווער האָט אָבער געקאָנט וויסן אָדער אַפֿילו זיך פֿאָרשטעלן, אַז אַלץ וועט זיך אַזוי מיאוס אויסדרייען?! פֿון דאָרט איז ער שוין אַרויס מיט דער רעכטער האַנט אין גיפּס.

געקומען אין אינסטיטוט אויפֿן צווייטן טאָג, האָט סעריאָזשעז יך אַוועקגעזעצט אין דער ערשטער ריי אין סאַמע צענטער, כּדי ניט דורכצולאָזן קיין איין וואָרט דעם לעקטאָרס, ווי באַלד פֿאַרשרײַבן וועט ער עס ניט קאָנען.

דער ערשטער לעקטאָר, פֿיאָדאָר סטעפּאַנאָוויטש, האָט אויף אים געקוקט עפּעס מאָדנע און געשמאָכט אין זײַנע וואָנצעס, נאָר גאָרנישט ניט זעזאָגט .דער צווייטער לעקטאָר, סעמיאָן איסאַאַקאָוויטש ,האָט געקוקט אויף אים מיט אומעטיקע אויגן, אַ לײַכטן זיפֿץ געטאָן און אויך קיין וואָרט ניט אַרויסגערעדט. ווען ס׳איז אָבער געקומען צו דער לעקציע פֿון געשיכטע וועגן דער קאָמוניסטישער פּאַרטיי, האָט סעריאָזשע דערהערט אין זײַן זײַט ווי דער פּראָפֿעסאָר, פּיאָטר איוואַנאָוויטש קלושקאָוו, האָט בייז אויסגעצויגן די ווערטער:

– אַהאַ־אַ־אַ, ס׳הייבט זיך שוין ווידער אָן...

אַ שווערלײַביקער מיטלוווּקסיקער מאַנצביל פֿון מיטעלע יאָרן, אָנגעטאָן אין אַ שטרענג־פּראָסטן שוואַרצן אָנצוג מיט אַ האַלדזטוך, האָט ער געברומט ווײַטער:

– איז אָט, יונגער־מאַן, אָדער איר הערט גלײַך אויף די דאָזיקע זאַך, אָדער אַרויס פֿון מײַן לעקציע!

דעמאָלט האָט סעריאָזשע צום ערשטן מאָל אין לעבן אויסגעפּרוווט אויף זיך, וואָס עס מיינט דער רוסישער אויסדרוק: „דערוויַז, אַז דו ביסט ניט קיין קעמל!״ – וואָס פּלוצעם האָט דער פּראָפֿעסאָר זיך צו אים צוגעטשעפּעט?

דאָס אַלץ איז געשען שבת. מאָנטיק, קומענדיק אין אינסטיטוט, האָט אים אין הויף באַגעגנט זײַן חבֿר מישע רויזמאַן. יענער האָט אָנגעוויזן מיטן בליק אויפֿן גיפּס און אַ פֿרעג געטאָן:

– האָסטו, זע איך, טאַקע באמת צעבראָכן די האַנט?

– נו יאָ! – האָט אונדזער העלד געענטפֿערט, ניט אָנהייבנדיק צו פֿאַרשטיין, וואָס מיינט מישע מיט זײַן פֿרעגן.

ווי סעריאָזשע זאָל אָבער ניט געוווען בעטן מישען, אַז יענער זאָל אים פֿאָרט דערקלערן זײַנע ווערטער, האָט מישע נאָר צוגעשמייכלט אונטער דער נאָז און געמאַכט אַ שווײַג. שוין שפּעטער, ווען די גאַנצע מעשׂה האָט זיך פֿאַרדרייט, האָט סעריאָזשע זיך פּלוצעם דערמאָנט, אַז יענעם שבת, ווען ער האָט זיך צום ערשטן מאָל געהאַט געיאָוועט אין אינסטיטוט מיט דער פֿאַרגיפּסעוועטער האַנט און דערזען מישען, איז יענעמס רעכטע האַנט אויך געווען פֿאַרבאַנדאַזשירט. דערבײַ האָט אים מישע כיטרע אַ ווונק געטאָן. ווי אַן ענטפֿער, האָט אים סעריאָזשע צוריק אַ ווונק געטאָן, ווי געמיינט צו זאָגן: „צוויי שלימזלניקעס!״

...די זון האָט זיך ווידער באַהאַלטן הינטער דער גרויסער כמאַרע, און עס האָט זיך געדוכט, אַז אָט־אָט וועט אָנהייבן רעגענען. סעריאָזשע האָט אָבער נאָך פֿון קינדווײַז אָן געוווּסט, אַז כמאַרעס און רעגנס זײַנען צײַטווײַליק, נאָר די זון אין הימל באַלעבאַטעוועט אייביק, אַפֿילו דעמאָלט, ווען ס'איז נאַכט. איצט האָט ער געטראַכט: וואָס ס'זאָל ניט געשען אין זײַן לעבן ווײַטער, זאָל ער אַפֿילו מוזן פֿאַרלאָזן זײַן אייגענע שטאָט, וועט מען בײַ אים סײַ ווי ניט קאָנען אָפּנעמען די זון, דעם הימל, די לופֿט – פּונקט אַזוי, ווי מע וועט ניט מסוגל זײַן לאָזן אים אָן זײַנע באַליבטע ביכער־העלדן, זײַן ערשטן קוש, זײַנע אייגענע און פֿרײַנד. כאָטש וואָס שייך די פֿרײַנד, קאָן מען, פֿאַרשטייט זיך, ניט זײַן אַזוי זיכער, באַזונדערס אין דער איצטיקער סיטואַציע. בלויז די צײַט און די אויספּרוּוון וועלן ווײַזן, ווער זײַנען זײַנע עכטע פֿרײַנד און ווער – ניט. צוריק געדערט, האָט ער מצד זײַנע פֿרײַנד – סײַ ייִדן און סײַ ניט־ייִדן קיין שום ענדערונגען אין זייערע צווישנבאַציִונג דערווײַל ניט באַמערקט.

סעריאָזשע האָט געקײַט זײַן בוטערבראָד און זיך דערמאָנט: בלויז עטלעכע טעג זײַנען פֿאַרבײַ, וואָס מע האָט אים אַראָפּגענומען דעם גיפּס, ווען שורקאַ נאָסאָוו, דער קאָמיוג־סעקרעטאַר פֿונעם קורס, האָט נאָך דער לעצטער לעקציע געמאָלדן: „מיר האָבן הײַנט אַ קאָמיוג־פֿאַרזאַמלונג!" פֿאַרבײַגייענדיק סעריאָזשען, האָט ער אַ וואַרף געטאָן:

– וואָס שמייכלסטו? גראָד דיך וועט מען הײַנט באַהאַנדלען!

– וואָס איז דאָ מיך צו באַהאַנדלען? – האָט סעריאָזשע געפֿרעגט, ביז גאָר פֿאַרחידוש.

– ווייסט אַליין, וואָס! אָט גייסטו אַרום מיטן גיפּס אויף דער האַנט, און אָט זעט מען דיך זיך דרייען לעבן דער סינאַגאָגע...

סעריאָזשע האָט אַפֿילו ניט געדענקט, ווען האָט אַזוינס געקאָנט זײַן און ווען האָט ער בכלל געהערט דאָס וואָרט, „סינאַגאָגע".

איצט, אויף דער פֿאַרזאַמלונג, ווען ער האָט אָן דערפֿאָלג געפּרוּווט איבער־צײַגן אַלעמען, אַז אין קיין סינאַגאָגע איז ער קיין מאָל אין לעבן ניט געווען, האָט זיך אַרויסגעוויזן גאָר אַזוינס, וועגן וואָס ער האָט שוין קיין מינדסטע אַנונג ניט געהאַט: דהײַנו, זײַן גאַנץ לעבן האָט ער געוווינט בלויז עטלעכע מינוט גאַנג פֿון דער כאָרשול.

אומגעקערט זיך אַהיים, האָט סעריאָזשע געפֿרעגט בײַ די עלטערן, צי זיי האָבן עס געוווּסט. יאָ, געוווּסט, נאָר אַליין פֿלעגן זיי אַהין ניט גיין, און עס איז זיי קיין מאָל ניט אײַנגעפֿאַלן צו דערציילן דאָס זייער זון. פֿון דעסטוועגן, האָט עמעצער מיט עטלעכע טעג פֿריִער דערזען סעריאָזשען ערגעץ אויף אַ דערבײַיִקער גאַס...

מסירות קומען שטענדיק אָן צו דער צײַט, ווײַל מע דערוואַרט זיי. אינעם אינסטיטוט, ווו סעריאָזשע לוואָוו האָט זיך געלערנט, האָט מען, אַ פּנים, זייער

אַרויסגעקוקט אויף אַזאַ מין מסירה, און דווקא סעריאָזשע איז געפֿאַלן פֿון איר אַן אומזיסטיקער קרבן.

צום ערשטן מאָל אין לעבן האָט סעריאָזשע זיך אָנגעטראָפֿן אויף אַזאַ אומ־רעכט. ער איז אויפֿגעבראַכט געוואָרן, אָנגערופֿן זײַנע באַשולדיקער „ליגנערס" און „אַנטיסעמיטן", – דערמיט האָט ער נאָך מער צעבייזערט און אויפֿגעהעצט זיי קעגן זיך...

גלײַך נאָך דער פֿאַרזאַמלונג האָט ער זיך געוואַלגערט אינעם שפּיטאָל, האָפֿנדיק צו באַקומען אַ ספּראַווקע, אַז ער האָט זיך געהאַט אויף אַן אמתן צעבראָכן אַ האַנט. ס׳האָט זיך אָבער אַרויסגעוויזן, אַז די דאָקטערין, וואָס האָט אים געלייגט און אַראָפּגענומען דעם גיפּס, איז מיט אַ טאָג פֿריִער אַוועק אין אַ דעקרעט־אורלויב. ער האָט אַ פּרווו געטאָן איבערצײַגן די דאָקטערין, וואָס האָט זי פֿאַרביטן, אים צו העלפֿן; ווי נאָר ער האָט אָבער דערמאָנט, צוליב וואָס ער דאַרף די דאָזיקע ספּראַווקע, האָט יענע זיך דערשראָקן און זיך אָפּגעזאָגט צו ריידן מיט אים ווײַטער. דער סוף איז געווען, אַז סעריאָזשע לוואָון האָט מען פֿון קאָמיוג אויסגעשלאָסן און זיך געוואָנדן אין דעקאַנאַט מע זאָל אים פֿונעם אינסטיטוט אויסשליסן אויך.

די מאַמע האָט געהאַט אַ היסטעריק: אין עטלעכע חדשים אַרום וועט סע־ריאָזשע ווערן אַכצן יאָר אַלט, און אויב מע וועט אים אויסשליסן פֿונעם אינסטיטוט, פֿאַרנעמט מען אים דאָך באַלד אין דער אַרמיי; און טראָה, ווי זי האָט געהערט, שלאָגט מען די ייִנגערע סאָלדאַטן אָן רחמנות.

– נו, פֿאַר וואָס גלײַך שלאָגן!? – האָט דער טאַטע אַ פּרווו געטאָן צו באַרויִקן די מאַמע, – איך האָב אויך געדינט אין דער אַרמיי צוויי יאָר, און קיינער האָט דאָרט קיינעם ניט געשלאָגן.

ער האָט עס געזאָגט בלויז צו באַרויִקן זײַן פֿרוי, ווײַל אַליין האָט ער גוט געוווּסט, אַז מיט עטלעכע און צוואַנציק יאָר צוריק, ווען ער איז געשטעלט געוואָרן צום פּריזיוו, זײַנען די זיטן אין דער אַרמיי געווען אַנדערע. הײַנט איז דאָס שלאָגן אַ „גרינעם סאָלדאַט" אַ פֿאַרשפּרייטע פּראַקטיק.

גאַנצענע אָוונטן נאָך דער אַרבעט האָבן די עלטערן אַרומגערעדט, צו וועמען פֿון די ווײַטע קרובֿים זייערע וואָלט מען געקאָנט סעריאָזשען אָפּשיקן אויף אַ יאָר, און ווער וואָלט נאָך דעם געקאָנט העלפֿן אים „אַרײַנדרייען" אין אַ הויכשול ער־געץ־ווו, וואָס ווײַטער פֿון מאָסקווע זאָל זײַן – אין מיטל־אַזיע אָדער אין סיביר, אויפֿן ווײַטן צפֿון – אַבי אויסמײַדן די אַרמיי.

וואָס שייך סעריאָזשען אַליין, איז ער די ערשטע עטלעכע טעג נאָך דער פֿאַרזאַמלונג אַרומגעגאַנגען ווי אין אַ הינער־פּלעט. דערנאָך האָט אים באַהערשט עפּעס אַ געמיש פֿון פֿאַרצווייפֿלונג, בייזקייט און אַ פֿאַרלאַנג צו לעבן און האָבן הנאה פֿונעם לעבן, אויף צולהכעיס אַלעמען! אים איז שוין געוואָרן אַלץ איינס, צי גיין דינען אין דער אַרמיי, צי אַנטלויפֿן קיין סיביר? ער האָט באַשלאָסן, אַז אויב אַזוי, זאָל ער כאָטש באַזוכן די סינאַגאָגע צו פֿאַרשטיין: מיט וואָס האָט ער אַזוי געזינדיקט! ער האָט זיך אויך דערוווּסט, טאַקע פֿון זײַן חבֿר מישע רויזמאַן, אַז

בײַ דער כאָרשיל איז פֿאַראַן אַ לערן־אַנשטאַלט, איז אפֿשר וועט מען אים אַהין אָננעמען? וואָס האָט ער שוין איצט צו פֿאַרלירן?

סוף־כּל־סוף, האָט זיך אויך אַנטפּלעקט מישעס סוד; יענער האָט אים דער־ציילט, אַז ער איז געוואָרן פֿרום, דאָס הייסט, אַ בעל־תּשובֿה, און אַז ער איז נישט דער איינציקער אַזאַ אינעם אינסטיטוט.

– פֿאַרשטייסט, פֿרומע ייִדן טאָרן ניט שרײַבן שבת, – מישע האָט זיך אַרומ־געקוקט און זיך נאָך מער אָנגעבויגן צו סעריאָזשעס אויער, – דערפֿאַר קומען די פֿרומע ייִדישע סטודענטן אין אינסטיטוט מיט אַ פֿאַרבינטעוועטער רעכטער האַנט...

די זון איז ווידער אַרויס פֿון די כמאַרעס, דאָס מאָל שוין אין גאַנצן. אויפֿן האַרצן איז בײַ סעריאָזשען געוואָרן ליכטיקער. נו אָט, עס זעט זיך שוין אָן די סינאַגאָגע. קאָן זײַן, אַז פֿריִער איז ער טאַקע ניט איין מאָל פֿאַרבײַגעגאַנגען דעם דאָזיקן בנין, נאָר באַזונדערס איז ניט אויסגעטיילט. עס איז אים קיין מאָל ניט געקומען אויפֿן געדאַנק, אַז אָט דאָס אַלטע, געלע הויז מיט קאָלאָנעס טיילט זיך מיט עפּעס אויס פֿון די אַנדערע אַרומיקע געבײַדעס. איצט האָט ער דערזען דערנעבן צוויי מיליציאָנערן. דאָס האַרץ האָט אַ טיאָכקע געטאָן, נאָר תּיכּף אָפּגעלאָזט. ער האָט ניט וואָס צו שרעקן זיך.

סעריאָזשע האָט אַראָפּגעשלונגען דעם לעצטן ביסן פֿון זײַן בוטערבראָד און איז אַנטשיידן צוגעגאַנגען צום אַרײַנגאַנג. ער האָט אויפֿגעפּאַסט די טיר און דערזען אינעם פּאָליש אַ קלייוווקסיקן זקן, וואָס האָט געקוקט אויף אים מיט חשד.

– אַ גוט־מאָרגן!

– אַ גוט יאָר, – האָט יענער אַ מורמל געטאָן, – וואָס דאַרפֿט איר דאָ, יונגער־מאַן?

– איז דאָס באמת אַ סינאַגאָגע? – סעריאָזשע האָט זיך געסטאַרעט צו ריידן ווי ווײַט העפֿלעך, זעענדיק דעם אַלטנס אומצוטרוי.

– יאָ...

– איך וואָלט געוואָלט סתּם אַ קוק טאָן... מעג איך? – און זײַן האַנט האָט זיך אַ צי געטאָן צום היטל.

דער אַלטער האָט אים אָבער אָפּגעשטעלט און שטיל געזאָגט:

– דאָס היטל דאַרף מען נישט אויסטאָן... קומט...

אַזיאַטישער טאָגבוך (2018)

אָקטאָבער 15־16טן

(אינעם ערּאָפּלאַן סאַן־פֿראַנציסקאָ – טײַוואַן)

נו, אָט הייבט זיך אָן מײַן אַזיאַטישע נסיעה. כ׳ווייס ניט, ווען איך וועל קאָנען ווידער פֿאָרן אַהין: די מאַמע איז שוין אַלט, און כ׳וועל זי מער ניט קאָנען איבערלאָזן מיט אַלאָטשקען און אַנע פּאַוולאָוונען אויף אַזוי לאַנג; מיט קאַרינאָטשקען ווילט זיך אויך ניט צעשיידן אויף לאַנג, און כּל־זמן אַליאָשע[1] איז מיט אונדז, וועט זי ניט קאָנען אַוועקפֿאָרן פֿון אים אויף חדשים לאַנג... און מיט מײַן שלאָפֿלאָזיקייט און „דזשעט־לעג"־פּראָבלעמען (וואָס עלטער איך ווער, אַלץ ערגער) וועל איך אַוודאי ניט מסוגל זײַן זיך לאָזן אין ווײַטע מקומות אויף קירצערע צײַטן. אויב מיר׳ן, האָפֿנטלעך, האָבן קינדער, וועל איך שוין מוזן בכלל זיך אָפּזאָגן פֿון אַזיע. דעריבער דאַרף מען אויסניצן די דאָזיקע נסיעה אין דער פֿולער מאָס! דאָס מאָל וועט מײַן רשימה קאָנצערטן זײַן ניט צו אײַנמידנדיק, וועל איך האָבן מער צײַט אַרומשפּאַצירן און אַרומפֿאָרן אַ ביסל אויך. שוין פֿיר מיט אַ האַלב יאָר בין איך דאָרט ניט געווען.

איך קוק אַרײַן אין מײַן שויס־קאָמפּיוטער. נו, וואָס הערט זיך אויף דער וועלט? דער אויסטראַלישער פּרעמיער־מיניסטער באַטראַכט די מעגלעכקייט איבערצופֿירן די אַמבאַסאַדע אין ירושלים. יאָ, פּאָליטיק איז אַ מאָדנע זאַך: סטאַלין האָט פֿאַקטיש באַשאַפֿן מדינת־ישׂראל און אַ סך געהאָלפֿן איר במשך פֿון און נאָך דער אומאָפּהענגיקייט־מלחמה; טראַמפּ האָט דער ערשטער איבערגעפֿירט די אַמבאַסאַדע אין ירושלים. עס קומען אויפֿן זינען דע גאָלס ווערטער: „אין פּאָליטיק זײַנען ניטאָ קיין פֿרײַנד און ניט קיין שׂונאים, נאָר – אינטערעסן" (הגם אין דער אמתן, וואָס שייך שׂונאים, זײַנען זיי טאַקע אין פּאָליטיק פֿאַראַן, און אַ סך. אַגבֿ, דע גאָל אַליין האָט עס זייער בולט דערוויזן בשעת דער צווייטער וועלט־מלחמה.). אַבי נאָר אונדזער פֿאָלק, נעבעך, זאָל ניט פֿאַרלירן די מאָראַלישע אָריענטירן. אין רוסלאַנד זײַנען שוין דאָ ניט ווייניק ייִדן, בפֿרט פֿרומע, וואָס האַלטן אונטער פּוטינען, מחמת ער גיט די ייִדן רעליגיעזע פֿרײַהייט; און ישׂראל האָט נאָך אַלץ ניט

אָנערקענט דעם געגאַציד פֿון די אַרמענער, ווײַל מ׳האָט מורא קאַליע צו מאַכן די באַציִונגען מיט טערקײַ (וואָס דערנענטערט זיך סײַ ווי אַלץ מער און מער צו איראַן). אַ בושה און אַ בזיון!

מ׳האָט אויסגעלאָשן די שײַן אינעם ערָאפּלאַן־סאַלאָן. אינטערעסאַנט, צי עמעצן וועט זיך פֿאַרוועלן שלאָפֿן: אין סאַן־פֿראַנציסקאָ איז נאָך 4.30 בײַ טאָג.

וואָס נאָך טוט זיך אין דער וועלט? גריכנלאַנד ווערט פֿאַרמאַכן אַפּאָן[2] פֿאַר דער מאָסקווער פּאַטריאַרכיע – אָ, דאָס איז שוין בפֿירוש אַ נײַעס! זייער גוט... שוין גענוג צײַט, אַז גריכנלאַנד, די מוטער פֿון דעמאָקראַטיע, איז געווען געשטימט פּראָ־רוסלענדיש! האָלאַנד האָט באַשולדיקט רוסלאַנד אין מיליטערישע פּראָוואָקאַציעס אין אַרקטיקע... נו, אפֿשר איצט ווערט דער מערבֿ זיך סוף־כּל־סוף דערוועקן... די פֿראַנצויזישע פּאָליציי האָט פֿאַרהאַלטן 23 טשעטשענער פֿאַר רעקעט... ווען איך האָב נאָך געהאַט בלויז אַ רוסלענדישן פּאַספּאָרט, איז מיר געווען גאָר ניט גרינג צו באַקומען וויזעס אַרײַנצופֿאָרן אין די אייראָפּעיִשע לענדער; וואָס שייך פֿראַנקרײַך, פֿלעגט מען מיך אַפֿילו מיט אַ וויזע אינעם פּאַספּאָרט ניט תּמיד וועלן אַרײַנלאָזן אינעם לאַנד, מחמת מ׳האָט מורא געהאַט פֿאַר דער „רוסישער מאַפֿיע“. ווי זשע האָט זיך די דאָזיקע טשעטשענער אײַנגעגעבן אַהין אַרײַנצודרינגען? מסתּמא, דורך אַן אַנדער שענגען־לאַנד איז עס געווען לײַכטער.

אינעם איינציקן ווײַבערשן איזאָלאַטאָר אין מאָסקווע שאַנטאַזשירט מען די אַרעסטירטע פֿרויען: „אויב ד׳וועסט ניט אָפּגעבן דײַן מאָבילקע, וועלן מיר אַלעמען אין דער קאַמער דורכלאָזן גינעקאָלאָגישן שטול...“ אינטערעסאַנט, צי פּשוטע רוסלענדער ווייסן פֿון דעם? מיר האָבן אַוודאי געלעבט דאָרטן אין נאָך ערגערע צײַטן, נאָר וועגן אַזעלכע זאַכן האָבן מיר דעמאָלט ניט געהערט. אויף וויפֿל איך ווייס, בלאָקירט מען דאָרט די וועבזײַט פֿון „דאָס אָפֿענע רוסלאַנד“, און דאָך האָט די זשורנאַליסטקע באַקומען די דאָזיקע אינפֿאָרמאַציע. אפֿשר אייניקע מענטשן טענהן (און זייערע קינדער אויך), אַז די אַרעסטאַנטן „האָבן עס כּשר פֿאַרדינט“; און די אַנדערע ווילן נישט וועגן אַזעלכע זאַכן טראַכטן, וואָרפֿן אַזעלכע געדאַנקען אַרויס פֿונעם קאָפּ? אמת, „עס זײַנען געווען ערגערע צײַטן, נאָר קיין געמיינערע צײַטן – ניט געווען“.

מ׳האָט בדעה צו באַשולדיקן נאַוואַלני[3] אין דיסקרעדיטירן די מאַכט... אין דער אַרכאַנגעלסקער געגנט און אין בעלגאָראָד פּראָטעסטירט מען – גוט! אַבי נאָר עס זאָל זיך פֿאַרברייטערן און אַנטוויקלען אין דער נייטיקער ריכטונג.

יאָ, אייניקע מענטשן שלאָפֿן. מיר האָט זיך עפּעס אויך פֿאַרוואָלט פֿאַרמאַכן די אויגן...

אָפּגעלעגן בערך דרײַ פֿערטל שעה, נאָר ניט אײַנגעשלאָפֿן. און קיין פֿאַר־בינדונג מיט דער אינטערנעץ איז נאָך אַלץ ניטאָ, הגם אי אויפֿן קאָמפּיוטער, אי אויפֿן אײַפֿאָן איז אָנגעשריבן, אַז זיי זײַנען פֿאַרבונדן מיטן „ווײַ־פֿײַ“ פֿון דער אַוויאַליניע. אַ שאָד, וואָס דער מאָטאָר איז אַזוי רוישיק, און איך קאָן ניט בשעתן פֿלוג הערן

די רעקאָרדירונג פֿון מײַן נעכטיקן קאָנצערט. אפֿשר אין אַ 10 יאָר אַרום וועט מען דערפֿינדן שטילערע מאָטאָרן סײַ פֿאַר אויטאָס, סײַ פֿאַר עראָפּלאַנען.

כ׳האָב דורכגעלייענט די פּיעסע פֿון אַניאַס טאָכטער[4] (אין וועלכער זי האָט אויסגענוצט מײַנע לידער). אַלץ וואָלט געווען מערקווירדיק! – נאָר איין לעפּעלע דזעגעכץ אין דער פֿאַס האָניק: צו וואָס דערמאָנען (אין אַזאַ צײַט, ווי איצט, אין רוסלאַנד!) וועגן דעם, אַז די נאַציסטן האָבן געדאַרפֿט שיינע ייִדישע פֿרויען פֿאַר די אוקראַיִנער, וואָס האָבן זיך געשלאָגן אויף זייער צד?! איך קאָן ניט גלייבן, אַז זי האָט עס געטאָן בכּיוון, – און די גאַנצע פּיעסע, אַ חוץ יענעם פּאַסאַזש, זאָגט עדות, אַז ניט אומיסטן. שוין זשע איז עס איר פּשוט ניט אײַנגעפֿאַלן, אַז אַזאַ פּרט, אַפֿילו אויב ס׳איז אמת, איז איצט ניט צום אָרט? כ׳וועל מוזן אָנשרײַבן אַניאַן.

כ׳האָב אויסגעלערנט אויף אויסווייניק נאָך עטלעכע פּאַראַגראַפֿן פֿון ה. ראַבי־נאָוויטשס[5] אַרטיקל וועגן הײַטינקן. אי אַ גלענצנדיקער אַרטיקל, וואָס ס׳איז אַ הנאה אים צו רעציטירן (און ער זאָגט דווקא דאָס, וואָס מיר איז תּמיד געווען אַזוי נאָענט: אַ קינסטלער זאָל פֿילן, אַז ער איז אַן אומאָפּנעמלעכער טייל פֿון דער וועלט, אין וועלכער ער און זײַן קונסט עקזיסטירן; ער זאָל פֿילן מאָראַליש דאָס אַחריות פֿון אַ קינסטלער פֿאַר אַנדערע מענטשן), אי נוצלעך פֿאַרן פֿאַרשטאַרקן דעם זכּרון. אין מײַן עלטער איז שוין צײַט אָנהייבן זאָרגן וועגן דעם, כּל־זמן ס׳איז נאָך ניט צו שפּעט. יאָ, איך עלטער זיך (שוין איבערגעלעבט שומאַנען!): אי די כּוחות זײַנען ניט יענע, וואָס זײַנען געווען, אי די ציין ווערן געלער (הגם נאָר מיט דרײַ וואָכן צוריק האָב איך געהאַט אַ רייניקונג־פּראָצעדור בײַ אַ דאַנטיסטקע).

מ׳האָט אײַנגעשלאָסן די שײַן. מײַנע שכנים אינעם סאַלאָן זײַנען גליקלעכע מענטשן – זיי זײַנען געשלאָפֿן די גאַנצע צײַט! אַ פּאָר מאַנצבילן שלאָפֿן נאָך אַלץ. אַ מין גליק, צו קענען שלאָפֿן, ווען מע וויל עס!

כ׳האָב דורכגעלייענט באָריעס[6] „ווײַס פֿערדל". שוין אויף עטלעכע מדרגות העכער פֿון „צוליב דיר"! אַזוי שיין, טיף און טרויעריק (אפֿשר ניט אין דעם דאָזיקן סדר)...

מ׳האָט אַנאָנסירט, אַז מיר לאַנדן. מ׳דאַרף פֿאַרפֿילן דאָס אָנקום־קאַרטל.

קאַרינאַטשקע האָט אָנגעשריבן צוויי „עסעמעסקעס" מיט אַ שעה און פֿערציק מינוט צוריק! הייסט עס, אַז זי האָט בשלום געלאַנדט אין מינכן.

נו, און איצט האָבן מיר אויך געלאַנדט. ברוך־הבא קיין דרום־מיזרח אַזיע!

אָקטאָבער 17 (טײַוואַן)

נעכטן האָב איך זיך געלייגט שלאָפֿן 9 אַזייגער מיט אַ ריזיקער דאָזע שלאָפֿמיט־לען, אויפֿגעוואַכט – 5.50 אין דער פֿרי און שוין מער ניט געקאָנט אײַנשלאָפֿן. מער ווי אַכט שעה איז אַוודאי ניט שלעכט, נאָר ס׳איז שוין געוואָרן אַ כּלל, אַז מיט אַזוי פֿיל שלאָפֿמיטלען שלאָף איך אַ סך לענגער. וואָס זשע וועט זײַן ווײַטער? במשך פֿון כּמעט דעם גאַנצן טאָג האָב איך זיך געפֿילט שלעפֿעריק און געטרונקען אַ סך טיי.

כ'האָב ניט באַוויזן דורכצוגיין די גאַנצע פּראָגראַם, מחמת אין איינעם אַ מאָמענט האָב איך פּשוט געמוזט זיך צולייגן בערך אויף דרײַ פֿערטל שעה (צום גליק, איז אינעם צימער, ווו כ'האָב געאַרבעט, געווען אַ דיוואַן מיט קישנס).

נאָכן אויסקלײַבן די פּיאַנע האָב איך שפּאַצירט במשך פֿון 40 מינוט אַרום דעם פּאַרק, ווו דער קאָנצערט־זאַל געפֿינט זיך (דעם טשיאַנג קײַ־שעקס מעמאָריאַל פּאַרק). בײַ טאָג, בשעת דער הפֿסקה, האָב איך אויסגעלערנט נאָך איין פּאַראַגראַף פֿון ראַבינאָוויטשס אַרטיקל.

דעם אָוונט האָב איך פֿאַרבראַכט מיט יואַן פּוען[7] און זײַנע פֿרײַנד. איינער פֿון זיי איז געווען אַ דײַטש, וואָס וווינט אין טײַוואַן שוין פֿערציק יאָר (זײַן ווײַב איז אַ טײַוואַנערין). אין איינעם אַ מאָמענט האָבן מיר אָנגעהויבן ריידן וועגן ייִדיש (ער האָט געזען מײַן אינטערוויו מיט מאַקס כּהן). איך האָב דערציילט וועגן דעם אָפּשטאַם און דער אַנטוויקלונג פֿון ייִדיש, און ער האָט געזאָגט, אַז אַ מאָל האָט ער געהאַט גערעדט אויפֿן טעלעפֿאָן מיט דער מאַמען פֿון איינעם אַ פֿרײַנד, ער – אויף דײַטש, און זי אויף ייִדיש, און זיי האָבן פֿאַרשטאַנען איינער דעם אַנדערן.

דער הויפּט־דיריגענט פֿונעם היגן אָרקעסטער איז אויך בײַגעווען, און ער האָט מיר דערציילט, אַז בלויז עפּעס־און־צוואַנציק מלוכות (נאָר קליינע, אומבאַדײַטיקע: דער וואַטיקאַן, אייניקע אַפֿריקאַנישע לענדער) אָנערקענען טײַוואַן דיפּלאָמאַטיש; אַז ביז 1979 האָבן די פֿאַראייניקטע שטאַטן אָנערקענט טײַוואַן דיפּלאָמאַטיש, און דערנאָך – אויפֿגעהערט; אַז אויף די אָלימפּיאַדעס איז ניט דערלויבט צו שפּילן דעם טײַוואַנישן הימען און אויפֿהייבן די טײַוואַנישע פֿאָן; אַז זיי קאָנען אַפֿילו ניט אָנרופֿן זייער אָרקעסטער **Taiwan National Orchestra**, מחמת מיט אַזאַ נאָמען וואָלט מען זיי ניט אײַנגעלאַדן אין אַנדערע לענדער. איך האָב וועגן דעם פֿריִער ניט געוווּסט און ניט געקאָנט זיך פֿאָרשטעלן אַזוינס. אַפֿילו די מערבֿדיקע מלוכות! און צוליב וועמען? צוליב די בייזשינגער גזלנים! פּונקט ווי דאָס ניט אָנערקענען ירושלים ווי ישׂראלס הויפּט־שטאָט. פּאַלעסטינע אָנערקענען שוין העכער אַכציק לענדער, און טײַוואַן – בלויז עפּעס־און־צוואַנציק!

און די „כאַמאַס"־ראַקעטע האָט שוין דערגרייכט אַ ווינהויז אין באר־שבֿע...

אָקטאָבער 18

נעכטן אין אָוונט האָב איך זייער געוואָלט שלאָפֿן, דעריבער האָב איך ניט אײַנגענומען קיין שלאָפֿמיטל, אַ חוץ וואַלעריאַנקע[8], און האָב אַוועקגעשטעלט אויפֿן נאַכט־טישעלע אַ באַנקעלע מעלאַטאָנין, כּדי אײַנצונעמען אים, אויב כ'וועל אויפֿוואַכן אין מיטן דער נאַכט. אײַנגעשלאָפֿן בין איך נאָך האַלב איינס, אויפֿגעשטאַנען – האַלב זיבן, ווען ס'איז שוין געווען צו שפּעט אײַננעמען מעלאַטאָנין, – און ווידער ניט געקאָנט אײַנשלאָפֿן; אַפֿילו די אָטעם־איבונג („די ערדבין") האָט ניט געהאָלפֿן.

פֿאַרן פֿאָרן אינעם זאַל האָב איך שפּאַצירט במשך פֿון 20 מינוט אינעם פּאַרק לעם האָטעל.

טײַפּיי האָט זיך, דוכט זיך, ניט געענדערט זינט מײַן לעצטן באַזוך. קיין שיינע שטאָט איז עס ניט, אַ סך בנינים זעען אויס ממש מיאוס (פֿון גראָבן גרויען מאַטעריאַל, מיט קאָנדיציאָנערן און אַפֿילו דראָטן אין דרויסן), נאָר אין אָט דער מיאוסקייט איז פֿאַראַן, כ׳וועל ניט זאָגן „שיינקייט״, אָבער אַן אייגן פּנים. פֿון דער אַנדערער זײַט, זעען, למשל, די מיסטקאַסטנס אינעם טשיאַנג קײַ־שעקס מעמאָריאַל־פּאַרק אויס ממש ווי פֿײַנע אוראַלטע וואַזעס! און אַוודאי, אַ דאַנק די היִעראָגליפֿן, וואָס כ׳פֿאַרשטיי זיי ניט, זעט אויס די שטאָט עקזאָטיש, ווי אַלע אַנדערע אַזיאַטישע שטעט. ווי אין יאַפּאַן, טראָגן דאָ ניט ווייניק מענטשן מאַסקעס אויף די פּנימער. כ׳האָב געפֿרעגט בײַ יואַן פוען, צי ס׳זײַנען דאָ פֿאַרבליבן כאָטש וואָסער־ניט־איז אַלטע בנינים (אַ חוץ די בודיסטישע טעמפּלען); ער האָט געזאָגט, אַז יאָ, אין אַנדערע ראַיאָנען פֿון דער שטאָט.

אויף דער נאַכט האָב איך זיך געטראָפֿן מיט ניו[9], זײַן פֿרוי אַנזשעלאַן, „פּעטער לי״, זײַן געהילף און צוויי מיידלעך פֿון ניוס ביוראָ. מ׳האָט דערציילט (און עס האָט מיך געחידושט), אַז די לינקע אין טײַוואַן (וואָס שטייען איצט בײַ דער מאַכט) זײַנען פֿאַר אַ גרעסערער אומאָפּהענגיקייט פֿון כינע, און די רעכטע – פֿאַרקערט. כ׳האָב געפֿרעגט, וואָס טוט זיך מיט דער היגער סיסטעם פֿון געזונט־פֿאַרהיטונג, מחמת ווען מיר האָבן זיך גענזען דאָס לעצטע מאָל, האָט לי מיר געזאָגט, אַז די געזונט־פֿאַרהיטונג וועט באַנקראָטירן. אַנזשעלאַ האָט געענטפֿערט, אַז עס גייט גוט, לי – אַז מ׳דאַרף ענדערן אַ סך און אַז פֿאַראַיאָרן, כּדי עטוואָס בעסער צו מאַכן דעם ביודזשעט, האָט די רעגירונג פֿאַרקלענערט די פּענסיעס אויף דרײַסיק פּראָצענט. ער האָט אויך דערציילט אַ סך וועגן דרום־קאָרעע, בפֿרט אַז איר גאַנצע עקאָנאָמיע איז קאָנצענטרירט אין די הענט פֿון מאָנאָפּאָליעס. דעריבער פֿעלט דאָרט פֿאַרשיידנאַרטיקייט.

אָקטאָבער 19

אײַנגענומען אַ שלאָפֿמיטל און צוגעגרייט מעלאַטאָנין אויף יעדן פֿאַלס. ווידער אויפֿגעוואַכט 6.30, אײַנגענומען מעלאַטאָנין – און ער האָט ניט געהאָלפֿן. כ׳בין געלעגן אין בעט עטלעכע שעהען און מער ניט געקאָנט אײַנשלאָפֿן.

פּוטין דראָט שוין מיט נוקלעאַרן וואָפֿן ווי אַן ענטפֿער אויף אָנווענדן קעגן רוסלאַנד און אויך קעגן זײַנע אַליִירטע (אינטערעסאַנט, ווער זאָל דאָס זײַן?) ניט בלויז נוקלעאַרע, נאָר אויך אַנדערע מינים וואָפֿנס. און טערעזע מעי האָלט שוואַך, זי קאָן ניט דראָען מיט נוקלעאַרן וואָפֿן ווי אַן ענטפֿער אויף אָנווענדן וואָפֿן פֿאַר מאַסן־פֿאַרניכטונג אויף דער בריטישער טעריטאָריע! צי פֿאַרשטייען הײַנטיקע מערבֿדיקע פּאָליטיקער בכלל, אַז „דער וואָלפֿהונט איז גערעכט, נאָר דער מענטשנפֿרעסער – ניט[10]״?

מאַשאַ האָט איבערגעשיקט פּרעכטיקע פֿאָטאָגראַפֿיעס פֿון ניקאָלינאַ גאָראַ[11]. אַ מין שיינקייט! נו, פֿאַר וואָס איז אין אַזאַ וווּנדערשיינעם לאַנד פֿאַראַן אַזוי פֿיל טינופֿ?! עכ־כ־ך...

אין אָוונט האָב איך זיך געטראָפֿן מיט יואַן פּוען, זײַן מאַמען און דער באַרימ־טער טײַוואַנישער טעלעוויזיע־לייטערין סיסי טשען. געהאַט אַן אינטערעסנאַטן שמועס מיט איר וועגן נאַציאָנאַליזם, וואָס איז געווען די טעמע פֿון איר דיסערטאַציע (איר עצה־געבער איז געווען האָבסבאַום[12]); זי האַלט עס פֿאַר כּמעט דעם גרעסטן בייז אויף דער וועלט. צווישן אַנדערע זאַכן, האָט זי געזאָגט, אַז די איצטיקע טײַוואַנישע רעגירונג איז זייער נאַציאָנאַליסטיש, און קאָן נאָר ריידן וועגן לינקע זאַכן, כּדי צוציִען אויף זייער צד באַשטימטע קרײַזן וויילערס; אויף אַן אמתן זײַנען אין טײַוואַן קיין לינקע ניטאָ. ווען איך האָב געפֿרעגט, ווי אַזוי קאָנקרעט אַנטפּלעקט זיך דער דאָזיקער נאַציאָנאַליזם, האָט זי געזאָגט, אַז די מאַכט האָט פֿײַנט אַזעלכע מענטשן ווי יואַן פּו, מחמת זײַן משפּחה שטאַמט פֿון כינע.

און אַוודאי אַלע (אי נעכטן, אי הײַנט) ריידן וועגן דזשאַמאַל כאַשאָגיס אַבזוריות־דיקן מאָרד.

הײַנט איז גאַליטשס[13] 100־יאָריקער יובֿל. כּבֿוד זײַן אָנדענק.

אָקטאָבער 20

אײַנגענומען אַ גרויסע דאָזע שלאָפֿמיטלען און סוף־כּל־סוף געשלאָפֿן נישקשה.

בכלל איז דער קאָנצערט דורכגעגאַנגען גוט, מיר האָט זיך גוט געשפּילט. שומאַנס סאָנאַטע האַלט אין איין וואַקסן אויף דער בינע. בשעתן שפּילן דעם דריטן טייל, האָב איך געטראַכט וועגן כאַשאָגין; וואָס ס'זאָלן ניט געווען זײַן אונד־זערע חילוקי־דעות בנוגע ישׂראל, ווינטשט מען ניט אַזאַ מין טויט אַפֿילו קיין שׂונא ניט (און דערצו, לויט די אַראַבישע סטאַנדאַרטן, איז ער דאָך געווען אַ פּראָגרע־סיווער). אין ראַכמאַנינאָווס רע מאַזשאָר־פּרעלודיע האָב איך זיך דערמאָנט אין די פֿאָטאָגראַפֿיעס, וואָס מאַשאַ האָט נעכטן איבערגעשיקט; און אין דער סאָל מינאָר־פּרעלודיע – ס'וואָלט זיך פֿאָרט געוואָלט, זייער געוואָלט האָפֿן, אַז ס'וועט נאָך זײַן דאָרט אַ רעוואָלוציע... יאָ, בעת מע שפּילט ראַכמאַנינאָוון, ווערט מען אײַנגעזונקען אין רוסלאַנד, אַפֿילו אויפֿן אינדזל טײַוואַן.

נאָכן קאָנצערט איז געווען אַ וועטשערע מיט די ספּאָנסאָרן, מאַן־און־ווײַב. זיי האָבן אַ געשעפֿט אין וויעטנאַם: זיי באַזאָרגן מיט אינפֿראַסטרוקטור די „פֿרײַע מיסחר־זאָנע" אין דער שטאָט האָ טשי מין, געשאַפֿן לויט דער טײַוואַנישער מאָדעל (דאָ האָבן אַזעלכע זאָנעס עקזיסטירט מיט פֿופֿציק יאָר צוריק, ווען ס'האָבן אויסגעפֿעלט אַרבעטס־ערטער). אין יענער זאָנע שטעלן די וויעטנאַמישע אַרבעטער צונויף ראָוועדס, זיימאַשינען, רערן; מע נייט דאָרט אויך חתונה־קליידער. זייערע (די ספּאָנסאָרס) קינדער האָבן זיך געלערנט אין וויעטנאַם אין אַן אַמעריקאַנער שול, און איצט לערנען זיי זיך אין די פֿאַראייניקטע שטאַטן. זיי האָבן מיר דערציילט, אַז אין טײַפּיי זײַנען פֿאַראַן עטלעכע אַמעריקאַנער שולן פֿון פֿאַרשיידענע ניוואָען, ווי אויך אַן אינטערנאַציאָנאַלע שול מיט אַ גרויסן בריטישן אָפּטייל און קלענערע פֿראַנצייזישע און דײַטשישע אָפּטיילן.

גוטע ידיעות פֿון פֿינלאַנד: מ'האָט פֿאַרמישפּט צו תּפֿיסה און גרויסן געלט־שטראָף פּראָ־רוסלענדישע פּראָפּאַגאַנדיסטן פֿאַר רודפֿן יעסיקע אַראָ, די פֿינישע זשורנאַליסטקע, וואָס האָט געשריבן וועגן די פּראָ־קרעמלישער „טראָלן־פֿאַבריק". בראַוואָ, יעסיקע! בראַוואָ, פֿינער! אַבי נאָר אַנדערע מערבֿדיקע מלוכות זאָלן נאָכפֿאָלגן דעם משל, און וואָס גיכער: צו פֿיל טינוף האָט זיך שוין פֿאַרשפּרייט און זיך צעגאַרטלט איבער דער וועלט.

און סנאָודען האָט דערקלערט, אַז ער פֿילט זיך ניט פֿאַרזיכערט אין רוסלאַנד. דער ממזר האָט עס כּשר פֿאַרדינט!

דער שעף פֿון דער שווייצאַרישער זיכערהייט־דינסט האָט באַטאָנט די אַקטי־וויזאַציע פֿונעם רוסלענדישן שפּיאָנאַזש אין לאַנד. אַ גרויסער סורפּריז... יאָ, מיט נייטראַליטעט קאָן מען זיך פֿון גזלנים ניט פֿאַרטיידיקן.

אָקטאָבער 21 (האָנג־קאָנג)

כ'האָב געמוזט איינפּאַקעווען די טשעמאָדאַנעס און צוליב דעם געלייגט זיך שלאָפֿן 2 אַזייגער בײַ נאַכט; אײַנגענומען מעלאַטאָנין און אויפֿגעוואַכט צען מינוט צו אַכט... יאָ, אין מײַנע יאָרן צו פֿאָרן אויף גאַסטראָלן אַליין (באַזונדערס אויף לאַנג) איז שוין ניט אַזוי גרינג, ווי פֿריִער. קאַרינאַטשקע האָט מיר נעכטן געזאָגט, אַז זי וועט מסתּמא קאָנען קומען דעם 13טן אָדער 14טן נאָוועמבער.

אָנגעקומען קיין האָנג־קאָנג. אין אָוונט איז פֿאָרגעקומען אַ טרעפֿונג מיט סטו־דענטן אינעם אוניווערסיטעט. אַלע, דוכט זיך, זײַנען געבליבן זייער צופֿרידן. איינע אַ סטודענטקע האָט מיר נאָך דער טרעפֿונג געזאָגט, אַז צו הערן מײַנע רעקאָרדירונגען העלפֿט איר קאָנצענטרירן זיך בעסער אויף אירע שטודיעס. איך האָב געפֿרעגט: וואָס שטודירט זי? האָט זי געענטפֿערט: קאָנסטרוקטאָר־אינזשענירונג. וועלכע רע־קאָרדירונגען מײַנע האָט זי ליב צו הערן? מאָצאַרטס סאָנאַטע מיט מאַרטע אַרגעריך. געווען דאָרט אויך אַ רוסישער בחור, וואָס שטאַמט פֿון טשוואַשיע. ער האָט זיך געלערנט אין מאָסקווע און שטודירט דאָ פּאָליטאָלאָגיע און געשיכטע, פֿאַרנעמט ער זיך דאָ מיט כינע און סאָוועטן־פֿאַרבאַנד.

האָנג־קאָנג איז, ווי תּמיד, שיין (אויף אַ מאָדערנעם אופֿן, הגם עס טרעפֿן זיך דאָ און דאָרט אַלטע אייראָפּעיִשע בנינים – סימנים פֿונעם קאָלאָניאַלן עבֿר) און דושנע. אַ סך הויכע בנינים – ניט בלויז מחמת דעם מאַנגל אין לאַנד, נאָר אויך, ווי מ'האָט מיר דערקלערט, ווײַל מע פֿאַרבאָט צו בויען אויף די טעריטאָריעס פֿון גרינע פּאַרקן. כ'האָב געפֿרעגט וועגן דער בריק, וווּ היימלאָזע מענטשן וווינען; בערך מיט אַ חודש צוריק האָב איך וועגן דעם געזען אַ ווידעאָ־רעפּאָרטאַזש. מ'האָט מיר דערציילט, אַז די באַפֿעלקערונג דאָ האַלט אין איין וואַקסן (זינט 1998 קומען אַהין 150 מענטשן פֿון כינע יעדן טאָג; אפֿשר אַפֿילו נאָך מער, מחמת ס'איז שווער צו קאָנטראָלירן), די אינפֿלאַציע איז זייער הויך, די פּרײַזן אויף וווינונגס־ערטער און סחורות – ווי אין לאָנדאָן, די דירות זײַנען זייער קליין

(אַזש 10 קוואַדראַט־מעטער דער שטח), דעריבער זײַנען אין האַנג־גאַנג דאָ אַ סך אָרעמע־לײַט און היימלאָזע.

כ'האָב באַקומען אַן עלעקטראָנישן בריוו מיט דער ידיעה, אַז יאַנסאַנס[14] וועט ניט קאָנען קומען קיין יאַפּאַן און קאָרעע, מחמת ער האָט געהאַט עפּעס אַן אינפֿעקציע אין די לונגען און וועט ניט באַוויַזן געזונט צו ווערן ביז סוף נאָוועמבער, נאָר ס'וועט אים פֿאַרבײַטן מעטאַ[15].

אָקטאָבער 22

נעכטן האָב איך לכן שלאָפֿן במשך פֿונעם גאַנצן טאָג, פֿאַרן שלאָפֿן גאָרנישט ניט אײַנגענומען, און ניט געקאָנט אײַנשלאָפֿן ביז 8 אין דער פֿרי. אַ שאָד, וואָס אַזוי פֿיל צײַט ווערט געפּטרט צוליב דעם...

געלייענט אין **The Forward** אַן אַרטיקל פֿון אַן אַמעריקאַנער ייִדישער סטודענטקע, וואָס פֿילט זיך אויפֿן קאַמפּוס פֿון איר אוניווערסיטעט ווי צווישן צוויי פֿײַערן, ווײַל זי איז סײַ קעגן **BDS**, סײַ באַציט זיך קריטיש צו דער ישׂראלדיקער פּאָליטיק. אַלץ וואָלט געווען נישקשה, נאָר אינעם סוף פֿונעם אַרטיקל לייען איך: „די אָקופּאַציע איז ניט קיין 'נייטיק בייז', נאָר אַן אַכזריותדיקע, זעלבסטרויִנירנדיקע און סכּנהדיקע פּאָליטיק און סיסטעם, וואָס זײַנען עובֿר אונדזערע עיקרדיקע ייִדישע ווערטן." ווי זשע זעט זי ניט, אַז די דערפֿאַרונג פֿונעם לעצטן פֿערטל יאָרהונדערט האָט ווידער און אָבער געוויזן (באַזונדערס בולט נאָכן אַוועקגיין פֿון עזה), אַז די טעריטאָריעלע־הנחות סטימולירן נאָר דעם פּאַלעסטינער טעראָר?! מע קאָן אַרגומענטירן (ווי דערשאָוויץ), אַז גלײַך נאָך דער זעקס־טאָגיקער מלחמה וואָלט געווען קליגער אַוועקצוגיין פֿון די ייִשובֿים אויף די פֿאַרכאַפּטע טעריטאָריעס, ווי ס'האָט דעמאָלט פֿאָרגעלייגט יגאל אלון; מע קאָן קריטיקירן די בויונג פֿון ייִדישע ייִשובֿים אויף די טעריטאָריעס; מע דאַרף קריטיקירן (און באַשטראָפֿן) די ישׂראלדיקע מיליטער־לײַט, וואָס פֿירן זיך אויף שלעכט בנוגע אַראַבער אויף די קאָנטראָל־דורכלאָז־פּונקטן; מע דאַרף קריטיקירן דעם פֿאַקט, אַז אין ישׂראל עקזיסטירט ניט קיין אינסטיטוט פֿון וועלטלעכע חתונות, און אַז רעליגיע איז ניט אין גאַנצן אָפּגעטיילט פֿון דער מלוכה, דאָס „נאַציאָנאַלע מדינה־געזעץ" און דאָס פֿאַרקויפֿן וואָפֿן צו אַזערבײַדזשאַן וכדומה; נאָר וואָס שייך דער אָקופּאַציע פֿון פּאַלעסטינער אַראַבער – מע דאַרף ניט זײַן „אומפּראָגרעסיוו", כּדי צו זען און אָנערקענען, אַז במשך פֿון די לעצטע פֿינף און צוואַנציק יאָר יעדעס מאָל, ווען ישׂראל האָט געמאַכט, אָדער מסכּים געווען צו מאַכן און פֿאָרגעלייגט טעריטאָריעלע הנחות, האָבן די אַראַבער געענטפֿערט מיט טעראָר – אי נאָכן שליסן דעם ערשטן „אָסלאָ־אָפּמאַך" (און בשעת דער גאַנצער צײַט, וואָס „עבֿודה" איז דעמאָלט געבליבן בײַ דער מאַכט), אי נאָכן אונטערשרײַבן דעם „ווײַ ריווער אָפּמאַך", אי נאָך די אונטערהאַנדלונגען אין קעמפּ־דייוויד אין 2000, אי נאָכן אַוועקגיין פֿון לבֿנון און עזה! דאָס זײַנען דאָך פֿאַקטן, וואָס, ווי יעדער פֿאַקט, דאַרפֿן זיי אָנערקענט ווערן און ניט געענדערט

ווערן דערפֿון, צי מ'איז אַ רעכטער אָדער אַ לינקער, אַ „פּראָגרעסיוויער" אָדער אַ „רעאַקציאָנער". יאָ, די טעריטאָריעלע הנחות צו עגיפּטן האָבן געבראַכט שלום, אָבער מיט די פּאַלעסטינישע אַראַבער קומט עס פּאָר פּאַרקערט. עס גייט דעריבער לחלוטין ניט אין דער „בלינדער שטיצע פֿון אַלץ, וואָס ישׂראל טוט"; עס גייט אין דעם, אַז די אָקופּאַציע, צום גרויסן באַדויערן, איז באמת אַ נייטיק בייז. אַגבֿ, איז זי – מיט אַלע אירע אומאָנגענעמלעכקייטן – אַ קלענער בייז אויך פֿאַר די פּאַלעסטינישע אַראַבער, וואָס אַ סך פֿון זיי האָבן אַליין ניט איין מאָל זיך מודה געווען, אַז דווקא אונטער דער ישׂראלדיקער אָקופּאַציע האָבן זיי געהאַט געלעבט בעסער, ווי אונטער זייער אייגענער מאַכט. לכן איז עס אַ גרויסער שאָד (און שאָדן), וואָס דעם דאָזיקן אמת זעען ניט אויך אַזעלכע מענטשן, ווי יענע סטודענטקע, וואָס איז בפֿירוש אַן ערלעכער און דענקענדיקער מענטש און האָט אויף אַן אמתן ליב ישׂראל. דעריבער טאַקע דאַרף מען האַלטן אין איין ריידן וועגן דעם עפּנטלעך, דערקלערן עס, כּל־זמן מע איז בכּוח עס צו טאָן.

אָקטאָבער 23

אײַנגענומען אַ שלאָפּמיטל און געשלאָפֿן נישקשה. כ'האָף, אַז מאָרגן וועל איך זיך סוף־כּל־סוף אויסשלאָפֿן אויף אַן ערנסטן אופֿן, מחמת כ'פֿיל זיך ניט גוט, און עס שטערט דער אַרבעט...

געפֿונען אויף דער אינטערנעץ דעם ווידעאָ־רעפּאָרטאַזש וועגן דעם „מיטינג פֿון פֿאָרשטייער פֿונעם ייִדישן פֿאָלק" אין **1942**, ווו מאַרקיש רעדט אויף ייִדיש (קאַרינאָטשקע האָט מיר דערציילט נעכטן וועגן דער דאָזיקער רעקאָרדירונג). אין אונטערשייד פֿון מיכאָעלסן און ערענבורגן, וואָס זייער אופֿן פֿון ריידן איז זייער געמאָסטן, רעדט מאַרקיש ביז גאָר שנעל און היציק, וואָס זאָגט אַוודאי אַ סך וועגן זײַן פּערזענלעכקייט. אַן אינטערעסאַנטער פּרט – מיכאָעלס זאָגט דאָרט: „ייִדן פֿון ענגלאַנד! אײַער גרויס דעמאָקראַטיש לאַנד..." – זעט אויס, בשעת דער מלחמה האָט מען געמעגט אַזוי ריידן.

אויף דער נאַכט האָב איך זיך געטראָפֿן מיט אַנאַבעלען און ענדריון. זיי האָבן צוגעזאָגט צו אָרגאַניזירן אָנהייב דעצעמבער אַ פֿולע פּראָגראַם פֿון אָנקוקן די טשיקאַווע פֿאָר מיר און קאַרינאָטשקען. כ'האָב געפֿרעגט בײַ ענדריון מכּוח זײַנע אָנשויונגען ווי אַן עקאָנאָמיסט. ער האָט געענטפֿערט, אַז זײַענדיק אַ סטודענט אין די סוף **1960**ער יאָרן (ניט בלויז בשעת דער לינקער סטודענטישער באַוועגונג אויפֿן מערבֿ, נאָר אויך דעמאָלט, ווען אין גריכנלאַנד איז די כונטע געקומען צו דער מאַכט), איז ער תּחילת געווען אַ לינקער, נאָר נאָכן באַזוכן דעם ראַטן־פֿאַרבאַנד, אין שײַכות מיטן אָנשרײַבן זײַן דיסערטאַציע, האָט ער זיך פֿאַרליבט אין יענעם לאַנד און פֿײַנט באַקומען קאָמוניזם – און דאָס האָט אים אויסגעהיילט פֿון זײַן לינקיזם; אַז דעם מאַרק מיט זײַנע געזעצן איז ניט צו פֿאַרבײַטן. ער (ענדריו) האָט פֿײַנט אַ גרויסע רעגירונג און איר אַרײַנמישונג אין עקאָנאָמיע;

זאָלן זײַן געגנוג סאָציאַלע באַדינגונגען, נאָר ניט צו פֿיל פֿילאַנטראָפּיע. ער האָט מיך געפּרעגט וועגן מײַנע פּאָליטישע אָנשויונגען, און איך האָב געזאָגט, אַז איך בין ניט קיין רעכטער און ניט קיין לינקער, כ'בין אַן איבערצײַגטער אָנהענגער פֿון פֿרײַהייט און דעמאָקראַטיע.

אָקטאָבער 24

אָך, ווי איך האָב הײַנט „געשלאָגן" פּוטינען און זײַן כּנופֿיא מיט ראַכמאַנינאָווס סאָל מינאָר־פּרעלודיע! אַ שאָד, וואָס נאָר אויף אַזאַ אופֿן קאָן איך עס טאָן... און דער מיטלסטער עפּיזאָד: „ווי לאַנג וועט זיך די מוטער זײַן מצער? ביז וואַנען וועט אַרומשוועבן דער גײַער?"[16].

נעכטן פֿאַרן לייגן זיך שלאָפֿן האָב איך אײַנגענומען מײַנע געוויינטלעכע „פֿאַרקאָנצערט"־שלאָפֿמיטלען און, סוף־כּל־סוף, זיך אויף אַן אמתן אויסגעשלאָפֿן.

כ'האָב געפֿונען אויף דער אינטערנעץ דעם באַריכט פֿון **Human Rights Watch** וועגן די ווילקירלעכע אַרעסטן און פּײַניקונגען מצד דער מאַכט פֿון דער פּאַלעסטינישער אויטאָנאָמיע און „כאַמאַס". אָוועקגעשטעלט דעם באַריכט אויף מײַן וועבזײַט. זאָל מען טראַכטן (אויב, אַוודאי, מ'איז מסוגל צו טראַכטן), צי מ'דאַרף אָנערקענען פּאַלעסטינע ווי אַ מלוכה, און צי די וועלט נייטיקט זיך אין נאָך איין מלוכה פֿון אַזאַ מין.

און לעת־עתּה איז אַנטדעקט געוואָרן, אַז אין אַן אַנדער מלוכה, וואָס איז בפֿירוש אָנערקענט פֿון דער גאַנצער וועלט און איז אַ שטענדיקער מיטגליד פֿונעם זיכערהייט־ראַט בײַ דער „יו־ען", אַז אין איינער פֿון אירע תּפֿיסות האָט מען געפּײַניקט די תּפֿיסהניקעס דורך פֿאַרגוואַלטיקן זיי מיט אַ „שוואַברע" – אַ שטעקן צו וואַשן דעם דיל, און דורך אַרײַנטרײַבן נאָדלען אונטער די נעגל. דערצו שאַנטאַזשירט מען זיי: „אָדער דו וועסט געבן די נייטיקע באַווײַזן, אָדער מיר'ן פֿאַרגוואַלטיקן דײַן מוטער און ווײַב." (דאָס איז אַנומלט געשען אין אַ קראַסנאָיאַרסקער תּפֿיסה אין רוסלאַנד). און די מאַכט־פֿאַרשטייער אין פֿאַרשיידענע שטעט פֿון רוסלאַנד אָדער לייגן פֿאָר דורכצופֿירן די יערלעכע אַקציע אין אָנדענק פֿון די קרבנות פֿון סטאַליניסטישע רעפּרעסיעס עטוואָס ווײַטער פֿונעם שטאָט־צענטער (אין מאָסקווע און טאַמבאָוו), אָדער זאָגן זיך בכלל אָפּ צו קאָאָרדינירן אָט די אַקציע מיט די אָרגאַניזאַטאָרן (אין שטאָט קאָמסאָמאָלסק). „גײַסטיקע בינדפֿעדעם"[17]... „אַ קינדס טרערעלע"[18]

עס דערמאָנען זיך מאַיאַקאָווסקיס שורות: „באַפֿט אײַך דער טײַוול – איר, קינסטלער און שרײַבער,/ וואָס זעען די מיאוסקייט מיט אויגן מיט צוויי –/ און שרײַבן וועגן שיינקייט און לירישן וויי."

אָקטאָבער 25 (סעוול)

געלייגט זיך שלאָפֿן 1.20 בײַ נאַכט, אָנגעשטעלט דעם וועקער אויף 10.30 און אײַנגענומען מעלאַטאָנין; זיך אויפֿגעוואַכט 7.15 און אײַנגענומען נאָך איין פּיל.

אין לעצטן סך־הכּל בין איך אפֿשר געשלאָפֿן 8 שעה; נאָר כ׳פֿיל זיך סײַ־ווי ניט אויסגעשלאָפֿן. געטרונקען אַ סך טיי בשעתן פֿליִען קיין סעול. איך מיין, אַז כ׳האָב זיך, סוף־כּל־סוף, אַדאַפּטירט צו דער נײַער צײַט־זאָנע.

אויסגעלערנט נאָך עטלעכע פּאַראַגראַפֿן פֿון ראַבינאָוויטשס אַרטיקל.

אָקטאָבער 26

אײַנגענומען אַליוו PM און ניט געקאָנט אײַנשלאָפֿן. מיט העכער צוויי שעה שפּעטער אײַנגענומען מעלאַטאָנין, אָבער נאָך לאַנג ניט געקאָנט אײַנשלאָפֿן. אפֿשר הערן אויף צו ווירקן די שלאָפֿמיטלען – אַזוינס איז מיר גוט באַקאַנט.

די פֿרוי, וואָס באַגלייט מיך דאָ, האָט מיר געוויזן זייער אַ בילדעריש באַרג (בפֿרט איצט, אָסיען־צײַט) און אויף אים, ניט ווײַט פֿונעם קאָנצערט־זאַל, שטייט דער פּרעכטיקער דאַעסונגסאַ־טעמפּל. לעם טעמפּל, צווישן אַנדערע זאַכן, פֿאַרקויפֿט מען אויך כּשרן קונזשוט־אייל!

פֿאַרבראַכט דעם אָוונט מיט צוויי פֿרויען פֿונעם אָרטיקן מענעדזשמענט. זיי האָבן דערציילט, אַז טשונג[19] פּרוּווט שאַפֿן אַ פֿאַראייניקטן קאָרעיִשן אָרקעסטער (פֿון מוזיקאַנטן סײַ פֿון דרום־קאָרעע, סײַ פֿון צפֿון־קאָרעע), און געפֿרעגט, צי איך וואָלט געוואָלט שפּילן מיט אַזאַ אָרקעסטער. כ׳האָב געענטפֿערט, אַז מ׳דאַרף זען, וואָס וועט זיך באַקומען פֿונעם דאָזיקן פּראָיעקט, מחמת אויב די מאַכטהאָבערס פֿון צפֿון־קאָרעע וועלן דערלויבן צו שאַפֿן אַזאַ אָרקעסטער, וועלן זיי טאָן אַל׳ץ, כּדי אויסצוניצן דעם אויפֿטו אין זייערע אינטערעסן. כ׳האָב דערקלערט, אַז אויב אַפֿילו אַזאַ אָרקעסטער וועט אויפֿטרעטן אין אַנדערע לענדער, וועלן אים דאָרט בלי־ספֿק באַגלייטן צפֿון־קאָרעיִשע אַגענטן. ס׳איז זייער צווייפֿלהאַפֿטיק, אַז ס׳וועט זײַן דערלויבט די צפֿון־קאָרעיִשע מוזיקאַנטן צו קאָנטאַקטירן מיט זייערע דרומדיקע קאָלעגעס; אַז אפֿשר וועט מען מוזן אונטערקויפֿן די דאָזיקע אַגענטן... אָבער אַפֿילו כּאַבאַר וועט גאָרנישט ניט גאַראַנטירן, מחמת ס׳רובֿ מענטשן, וועלכע אַרבעטן אין אַזעלכע אָרגאַניזאַציעס זײַנען געמיינע לײַט. ס׳האָט אויסגעזען, אַז די פֿרויען האָבן עס פֿאַרשטאַנען, הגם, ווער ווייסט? ס׳רובֿ מערבֿדיקע מענטשן זײַנען פּשוט ניט מסוגל צו פֿאַרשטיין אַזעלכע זאַכן אין דער פֿולער מאָס, ווײַל עס שטימט ניט מיטן נאָרמאַלן, ציוויליזירטן מענטאַליטעט. און דווקא צוליב דער זעלבער סיבה קאָנען אַ סך מערבֿדיקע מענטשן ניט פֿאַרשטיין און אָנערקענען דעם פֿאַקט, אַז טעריטאָריעלע הנחות מצד ישׂראל לטובֿת די פּאַלעסטינישע אַראַבער, מאַכן נאָך גרעסער די סכּנה, מחמת זיי פֿאַרקלענערן ניט, נאָר פֿאַרקערט, סטימולירן דעם טעראָריזם.

קאַראַטשענצאָוו[20] איז געשטאָרבן. כּבֿוד זײַן אָנדענק, אַ מערקווירדיקער אַקטיאָר געווען!

און אין אַמעריקע שיקט מען אַליין־געמאַכטע באָמבעס צו אָנגעזעענע דע־מאָקראַטן און טראַמפּס קריטיקער. אַזוינס, אויף וויפֿל איך געדענק, איז דאָרט נאָך ניט געווען. דערלעבט...

אָקטאָבער 27

אײַנגענומען אַנדערע שלאָפֿמיטלען, ווי אויך וואַלעריאַנקע, און געשלאָפֿן גוט.

שפּאַצירט אַ האַלבע שעה מיט דער פֿרוי, וואָס באַגלייט מיך דאָ, אַרום דעם קאָנצערט־זאַל. דאָרטן געפֿינען זיך אויך: אַן אָפּערע־טעאַטער, אַ קאָנסערוואַטאָריע, אַ בילדונג־צענטער פֿון טראַדיציאָנעלער קאָרעיִשער מוזיק, אַ ספּעציעלער קאָנ־צערט־זאַל פֿאַר טראַדיציאָנעלער קאָרעיִשער מוזיק, אַ טראַדיציאָנעלער קאָרעיִשער טעאַטער, אַ קלאַסישער דראַמאַטישער טעאַטער, אַ ספּעציעלער בנין פֿאַר רע־פּעטיציעס פֿונעם קאָרעיִשן נאַציאָנאַלן אָרקעסטער. הײַנט איז געווען אַ זוניקער טאָג (הגם אַ קאַלטער). אַ מחיה!

די אַלטע שטאָט געפֿינט זיך, צום באַדויערן, אַ האַלבע שעה פֿאָרן מיטן אויטאָ סײַ פֿון מײַן האָטעל, סײַ פֿונעם קאָנצערט־זאַל, דעריבער האָב איך נאָך ניט באַוויזן זיך אַרויסרײַסן אַהין. אפֿשר ערבֿ מײַן קאָנצערט אין סוף נאָוועמבער, ווען כ׳וועל שפּילן דאָ מיטן אָרקעסטער ליסטס קאָנצערט.

מײַן באַגלייטערין האָט דערציילט, אַז מ׳פֿירט איבער די הויפּטשטאָט אין סעדזשאָנג, מחמת סעול איז געוואָרן זייער געדיכט־באַפֿעלקערט און טײַער (הגם סינגאַפּור, ווו זי וווינט איצט, איז אַ סך טײַערער).

אויסגעלערנט ראַבינאָוויטשס אַרטיקל ביזן סוף.

אָקטאָבער 28

אײַנגענומען מײַן „פֿאַרקאָנצערט־קאָמפּלעקט" פּילן און געשלאָפֿן גוט, כאָטש ניט תּיכּף אײַנגעשלאָפֿן...

ווי תּמיד דאָ, האָט מיך דער עולם ניט אָפּגעלאָזט פֿון דער בינע. כ׳האָב געמוזט שפּילן 8 ביסן (די לעצטע 4 – ניט פּלאַנירטע). און דערנאָך, במשך פֿון אַ שעה מיט אַ פֿערטל, האָב איך געחתמעט מײַנע קאָמפּאַקטלעך, פּראָגראַמלעך און ביכער (אַ סך מענטשן האָבן געקויפֿט מײַן בוך).

די מוראדיקע ידיעה פֿון פּיטסבורג... כמעט אַלע זקנים, בתוכם אַ פֿרוי פֿון זיבן און נײַנציק יאָר, וואָס האָט איבערגעלעבט דעם חורבן... אין טײַוואַן, בשעתן שפּילן דעם דריטן טייל פֿון שומאַנס סאָנאַטע (דער אַנדייב און סוף קלינגען ווי אַ טרויער־מאַרש), האָב איך געטראַכט וועגן דעם מאָרד פֿון איין מענטשן – כאַשאָגי, – וואָס איז געשען מיט עטלעכע טעג פֿריִער; הײַנט, בשעתן שפּילן דעם זעלבן טייל, האָב איך געטראַכט, אַז אויף יעדן קאָנצערט איז דאָ ווער-ס'מענס אָנדענק צו באַערן, ווײַל אַזוי פֿיל בלוט ווערט כּסדר פֿאַרגאָסן אויף דער וועלט. אומגעקערט זיך אינעם האָטעל נאָכן קאָנצערט, האָב איך זיך דערוווּסט וועגן דעם, וואָס ס׳איז געשען אין פּיטסבורג.

פּוטין העכערט דעם פּענסיע־עלטער, און אין דער זעלבער צײַט טיילט ער אויס פֿאַר קובע אַ קרעדיט אויף 50 מיליאָן דאָלאַר, זיי זאָלן אײַנקויפֿן רוסלענדישע מיליטערישע טעכניק (בתוכם טאַנקען!). צי ווייסן די רוסלענדער וועגן דעם?

און אין דער שטאָט קאָזאַן האָט מען פֿאַרן בנין פֿונעם שטאָטראָט אַוועקגע־שטעלט „מצבֿות" פֿאַר די קרבנות פֿונעם רעזשים: דער יוסטיץ, די פֿרײַע וואַלן, דער אומאָפּהענגיקער פּרעסע, דער פֿרײַהייט פֿון וואָרט, דער קאָנסטיטוציע.

אָקטאָבער 29

סוף־כּל־סוף, בין איך געשלאָפֿן לאַנג, אײַנגעמענדיק בלויז איין פּיל פֿון מע־לאַטאָנין!

דורכגעלייענט דעם אָנהייב פֿון באָריעס ליבערעטאָ. אַזאַ שיר לכּבֿוד ייִדיש! – ממש ביז טרערן... כ'וועל טאָן אַלץ, וואָס איז אין מײַנע כּוחות. אַזאַ מיוזיקל וועט אַרײַן אין דער געשיכטע פֿון ייִדיש (און דורך דעם – אין דער ייִדישער געשיכטע).

אין פֿאַרשיידענע שטעט פֿון רוסלאַנד זײַנען פֿאָרגעקומען פּראָטעסט־דע־מאָנסטראַציעס „פֿאַר אײַערע און אונדזערע קינדער". אין מאָסקווע און פּעטערבורג האָט מען פֿאַרהאַלטן העכער 50 מענטשן, אין די אַנדערע שטעט איז אַלץ אַדורך רויִקער. אויך מיט עטלעכע טעג צוריק האָט מען אין קאָזאַן דערלויבט אַוועקצושטעלן יענע סימבאָלישע מצבֿות גלײַך פֿאַרן בנין פֿונעם שטאָטראָט. דורכצופֿירן אַזאַ זאַך אין מאָסקווע, וואָלט געווען אוממעגלעך. שוין זשע זײַנען די מאַכטהאָבערס אין פּראָווינץ מער ליבעראַל? אַ חידוש...

אַ מיטגליד פֿונעם אָרגאַניזיר־קאָמיטעט פֿון „רוסישן מאַרש" האָט געמאָלדן, אַז „די אויפֿגאַבע פֿון די נאַציאָנאַליסטן איז צו שאַפֿן אַ נײַע באַוועגונג, געגרינדעט אויף די אידעאַלן פֿון פֿרײַהייט און דעמאָקראַטיע" – ממש ווי מע זינגט אין יענעם חסידישן ליד: „ניסים, ניסים, ניסים, ניסים, ניסים אָן אַ שיעור"...

אָנגעקומען קיין יאַפּאַן אויף אַ חודש.

נידהיי[21] האָט דערציילט, אַז דער אימפּעראַטאָר האָט בדעה אַוועקצוגיין אויף פּענסיע, אַזוי אַז אין קומענדיקן יאָר וועט זיך אָנהייבן אַ נײַע תּקופֿה.

סודזוקי־סאַן[22] האָט דערציילט וועגן דעם לגמרי נײַעם פֿענאָמען אין דער יאַפּאַנישער געשיכטע: די הײַנטיקע יוגנט וויל ניט אַרבעטן. די שוואַרצע אַרבעט אין לאַנד פֿילן אויס די כינעזער און וויעטנאַמער, וואָס קומען אַהין ווי סטודענטן און פֿאַרבלײַבן דאָ אומלעגאַל (אַ סך פֿון די דאָזיקע וויעטנאַמער הייבן אָן שפּעטער פֿאַרנעמען זיך מיט פֿאַרברעכערישער טעטיקייט: גנבֿות וכדומה), – און די היגע יונגע־לײַט זײַנען געוואָרן פֿויל און לעבן אויפֿן חשבון פֿון זייערע עלטערן.

כ'האָב סוף־כּל־סוף אָנגעשריבן אַניאַן. זי האָט תּיכּף געענטפֿערט, אַז ס'איז אַ טעקסט פֿון רעמאַרקס[23] אַ ראָמאַן (וואָס איך האָב ניט געלייענט), און איר טאָכטער האָט פּשוט ניט געטראַכט וועגן דעם, ווי אַזוי יענער פּאַסאַזש קלינגט הײַנט; אַוודאי, וועט זי אים אַרויסוואַרפֿן. דערנאָך האָט קאַרינאָטשקע מיר דערקלערט, אַז די גאַנצע פּיעסע איז אָנגעשריבן אויפֿן יסוד פֿון רעמאַרקס ראָמאַן (זי האָט אים אויך ניט געלייענט).

אָקטאָבער 30

אײַנגענומען מעלאַטאָנין. זיך אױפֿגעכאַפּט 4.15, אין אַ שעה אַרום װידער אײַנגענומען מעלאַטאָנין, אָבער נאָך לאַנג ניט געקאָנט אײַנשלאָפֿן.

שױן אַ האַלבער חודש זינט מיר האָבן זיך צעשײדט מיט קאַרינאַטשקען. נאָך אַ האַלבן חודש צו װאַרטן...

הײַנט װעט די מאַמע אין ניו־יאָרק פֿאָרן צום טאַטן אױפֿן בית־עולם.

מ'האָט אױפֿגעבױט אַ סך נײַע בנינים: צװישן מײַן האָטעל און דער סטודיע, װוּ איך אַרבעט, צװישן מײַן האָטעל און גינזע[24], און אַפֿילו אױף גינזע גופֿא. סודזוקי־סאַן האָט געזאָגט: „במשך פֿון פֿיר יאָר בין איך ניט געװען אױף גינזע – און גלײַך װי געקומען פֿון אַ פּראָװינץ!". אין טײַפּײ זעען אַ סך מאָדערנע בנינים אױס מיאוס; אין סעול זײַנען זײ אַלע געמאַכט פֿון אַ גוטן מאַטעריאַל, ניטאָ קײן קאָנדיציאָנערן אָדער דראָטן אין דרױסן; און אין טאָקיאָ זײַנען די בנינים ממש שײן!

נעבכטן, פּרוּװנדיק אַרײַנשטעקן דעם שנור פֿונעם עלעקטרישן גאָלמעסערל אין דער ראָזעטקע, האָב איך אים איבערגעבראָכן (די ראָזעטקע איז געװען אַ ביסל ברײטער). הײַנט בין איך געגאַנגען מיט סודזוקי־סאַן אין אַ גרױסן אוניװערמאַג. דאָרטן האָט כּסדר געקלונגען אַ װײַבעריש קול, װאָס האָט רעקלאַמירט פֿאַרשײדענע סחורות אױף יאַפּאַניש, קאָרעיִש און כינעזיש; סודזוקי־סאַן האָט דערקלערט, אַז אַ סך קאָרעיִשע און כינעזישע טוריסטן קומען צו באַזוכן יאַפּאַן. די כינעזער קױפֿן דאָ אײַן מעדיקאַמענטן און קאָסמעטיק. געזען דאָרטן אױך דרײַ רוסן: מסתּמא, אַ מוטער מיט צװײ קינדער פֿון אַ יאָר צװאַנציק. אױף גינזע האָב איך געזען צװײ רוסישע פֿרױען פֿון מיטעלע יאָרן מיט בולטע סימנים אױף די פּנימער פֿון פּלאַסטישער כירורגיע; די עלטערע פֿרױ האָט געשלעפּט גאָר אַ גרױסן טשעמאָדאַן אױף רעדערלעך. מחמת דעם, װאָס נאָכן אײַנקױפֿן אַ נײַעם שנור האָב איך געמוזט אַרױסװאַרפֿן דעם אַלטן, האָב איך צום ערשטן מאָל באַמערקט, אַז אױף די גאַסן דאָ איז לחלוטין ניטאָ קײן מיסטקעסטלעך. סודזוקי־סאַן האָט דערקלערט, אַז מ'האָט זײ אַװעקגענומען פֿון די גאַסן נאָך אין די 1980ער יאָרן, מחמת די טעראָריסטן פֿלעגן אין זײ אַרײַנלײגן באָמבעס.

סודזוקי־סאַן האָט אױך דערצײלט, װי בשעת דער אָלימפּיאַדע אין סעול אין 1988, װען עס זײַנען ניט געװען קײן דיפּלאָמאַטישע באַציִונגען צװישן דעם ראַטן־פֿאַרבאַנד און דרום־קאָרעע, האָט דער באַלעט פֿונעם „באָלשױ טעאַטער" און אַ סאָװעטישער אָרקעסטער אױפֿגעטראָטן אין סעול אין די ראַמען פֿון דער אָלימפּיאַדע, און „דזשאַפּאַן אַרטס" האָט געהאָלפֿן צו אָרגאַניזירן יענע אונטערנעמונגען. דעריבער האָט ער, סודזוקי־סאַן, איבערגעזעצט אױף די טרעפֿונגען צװישן די סאָװעטישע טשינאָװניקעס פֿונעם קולטור־מיניסטעריום און די פֿאָרשטײער פֿונעם אָלימפּישן אָרגקאָמיטעט, װעלכע זײַנען געװען מענטשן פֿונעם פֿאַרמלחמהדיקן דור און האָבן גערעדט יאַפּאַניש בעסער װי די יאַפּאַנער אַלײן.

אין בראַזיל איז אַצינד אַ נײַער פּרעזידענט, וואָס די רעכטע מאַסן־מעדיאַ האַלטן אים פֿאַר אַ „רעכטן", און די לינקע – פֿאַר אַן „עקסטרעם רעכטן". ער איז אַן אָנהענגער פֿון ישׂראל. די בראַזיליער ייִדן מיינען אַפֿילו, אַז ער וועט איבערפֿירן די אַמבאַסאַדע קיין ירושלים. יאָ, אין „אינטערעסאַנטע" צײַטן לעבן מיר.

אַ סך מענטשן באַשולדיקן טראַמפּן אין דער פּיטסבורגער הריגה. העבער 70 טויזנט דאָרטיקע ייִדן האָבן געחתמעט אַ בריוו מיט אַזאַ מין מעלדונג: „אונדזער ייִדישע געמיינדע איז ניט די איינציקע גרופּע, וואָס איר האָט אַרויסגעשטעלט ווי אַ צילברעט.". נו, אויב צו זײַן יושרדיק, איז דאָס אַוודאי צו פֿיל, הגם אין אומדירעקטן זינען איז דער תּוך פֿון די באַשולדיקונגען פֿאַרשטענדלעך.

אָקטאָבער 31

געוואָלט שלאָפֿן. גאָרנישט ניט אײַנגענומען, און ניט געקאָנט אײַנשלאָפֿן. געמוזט אײַננעמען מעלאַטאָנין און געשלאָפֿן בעסער, ווי נעכטן, הגם כ'פֿיל זיך ניט־אויסגעשלאָפֿן...

אַבאַס און קאָ. האָבן באַשלאָסן אויפֿהערן צו אָנערקענען ישׂראל און בטל מאַכן אַלע אָפּמאַכן מיט דער ייִדישער מלוכה; און דער אָמאַנער סולטאַן רופֿט צו אָנערקענען ישׂראל!

כ'האָב שפּאַצירט במשך פֿון 20 מינוט אינעם היבזיאַ־פּאַרק. געזען אַ מאַני־פֿעסטאַציע קעגן די ענדערונגען אין דער קאָנסטיטוציע, וואָס אַבע וויל מאַכן און וואָס וואָלטן דערמעגלעכט יאַפּאַן צו פֿירן מלחמות מיט אַנדערע לענדער. סודזוקי־סאַן האָט דערקלערט, אַז אַבע וויל מאַכן די דאָזיקע ענדערונגען מחמת די טעריטאָריעלע שטרײַטן מיט רוסלאַנד, כינע און דרום־קאָרעע. די פֿרוי, וואָס האָט געהאַלטן די רעדע פֿאַר די דעמאָנסטראַנטן, איז געווען פֿון אַ יאָר פֿערציק, נאָר כמעט אַלע צוהערער זײַנען געווען באַיאָרטע. זיי זײַנען געזעסן אויף דער ערד, און בײַ אַ סך (אויב ניט בײַם ס'רובֿ) פֿון זיי, ווי אויך בײַ איייניקע פֿון די אָנוועזנדיקע זשורנאַליסטן, זײַנען געווען מאַסקעס אויף די פּנימער.

אין אָוונט זײַנען מיר געקומען צו פֿאָרן קיין יאָקאָהאַמע. דאָ איז שיין!

נאָוועמבער 1

די זעלבע מעשׂה, ווי נעכטן: געוואָלט שלאָפֿן, גאָרנישט ניט אײַנגענומען – און ניט געקאָנט אײַנשלאָפֿן, ביז כ'האָב ניט אײַנגענומען מעלאַטאָנין. אין לעצטן סך־הכּל געשלאָפֿן ווייניק.

כ'טראַכט כּסדר וועגן די דרײַ אומגעקומענע ייִנגלעך אין עזה. צי איז דאָס געווען דער איינציקער אופֿן צו מאַכן אומשעדלעך זייערע באָמבעס? כ'וועל פּרווון זיך דערוויסן.

איבערגעזעצט דעם רעשט פֿון בלאָקס[25] ליד:

די לאַנקע איז פֿאַרשלעפּערט. איבער איר
אַן אומקרײַז נאָך אַן אומקרײַז מאַכט אַ גײַער.
די מוטער מיט איר קינד זיצט בײַ דער טיר
פֿון אָרעם שטיבל און איז זיך מצער:
„נאַ, זויג, אַלץ, וואָס איך האָב, וועל איך דיר געבן.
וואַקס אויס און זײַ געהאָרכזאַם דײַן גאַנץ לעבן."

מלחמה רעשט און מאַכט דאָס לעבן וויסט,
אין דערפֿער הייבט זיך אויף דער בונט און ברענט ער,
און דו, מײַן לאַנד, נאָך אַלץ דאָס זעלבע ביסט,
אין שיינקייט דײַנער אוראַלטער, פֿאַרוויינטער.
ווי לאַנג וועט זיך די מוטער זײַן מצער?
ביז וואַנען וועט אַרומשוועבן דער גײַער?

איבערגעשיקט עס באַריען.

נאָוועמבער 2

נו, ווי תּמיד, אײַנגענומען מײַן „פֿאַרקאָנצערט־קאָמפּלעקט" שלאָפֿמיטלען און סוף־כּל־סוף זיך אויסגעשלאָפֿן.

דער נײַער בראַזיליער פּרעזידענט וועט באמת איבערפֿירן זײַן אַמבאַסאַדע קיין ירושלים.

באַריע האָט באַגיטיקט מײַן איבערזעצונג. כ'האָב אָנגעשריבן וועגן דעם ליד אייניקע מײַנע פֿרײַנד אין רוסלאַנד. אַ. האָט געענטפֿערט: „בײַ אונדז דאָ איז אַ פֿולשטענדיקער אַבסורד פֿון לעבן אויפֿן אויבערפֿלאַך און אַ געהיימע שטאַרקע קעגנזעצלעכע שטרעמונג אין דער טיפֿקייט." באַגײַסטערט פֿון דעם, האָב איך געשפּילט די סאָל מינאָר־פּרעלודיע, און הײַנט האָט זיך באַזונדערס גוט באַקומען דער מיטלסטער עפּיזאָד: כ'האָב, אַפֿנים, זיך אײַנגעלעבט אין בלאָקס ליד, בשעתן איבערזעצן עס. אויך אין די פּרעלודיעס פֿון פֿאַ־דיעז־מינאָר, סי־מינאָר און סאָל־דיעז מינאָר האָב איך געטראַכט וועגן דעם: „און דו, מײַן לאַנד, נאָך אַלץ דאָס זעלבע ביסט אין שיינקייט דײַנער אוראַלטער, פֿאַרוויינטער" (דאָס זײַנען מסתּמא די בעסטע שורות אינעם ליד)...

נאָכן קאָנצערט זײַנען 384 מענטשן (יאָ, דאָ אין יאַפּאַן ציילט מען אונטער!) געקומען נאָך אויטאָגראַפֿן, און אַ סך האָבן געבעטן איך זאָל אונטערשרײַבן מײַן בוך.

נאָוועמבער 3

געמוזט אײַנפּאַקעווען דעם טשעמאָדאַן, געלייגט זיך שלאָפֿן שפּעט און דעריבער געשלאָפֿן ווייניק...

געגאַנגען מיט סודזוקי־סאַן אויפֿן צווינטער פֿאַר אויסלענדער, ווו סוועטלאַנע[26] איז באַגראָבן. דאָ געפֿינען זיך אַ סך רוסישע קבֿרים. נאָך דעם באַזוכט ממש אַ פּרעכטיקן פּאַרק, וואָס הייסט סאַנקייען־גאָרטן. אַ מין שיינקייט (אַגבֿ, איז סודזוקי־סאַן אויך געווען דאָרטן צום ערשטן מאָל!) דאָרט פֿראַוועט מען חתונות: מיר האָבן געזען זעקס יונגע פּאָרפֿעלקער (איינער פֿון די חתנים איז געווען אַ ים־מאַן). דערנאָך שפּאַצירט אינעם „כינעזישן שטעטל".

אויפֿן וועג קיין טאָקיאָ פֿאַרבײַגעפֿאָרן כל־המינים פֿאַבריקן: אַ כעמישע, אַ נאַפֿט־איבעראַרבעטנדיקע, אַ בראַוואַרניע...

אַ. און איך האָבן זיך איבערגעוואָרפֿן מיט נאָך עטלעכע בריוו. זי שרײַבט, אַז סע וואַקסט אַ טיפֿע אומצופֿרידנקייט אין רוסלאַנד, אַז ס'איז אויסגעוואַקסן גאָר אַן אַנדער יוגנט, אַ פֿרײַע און אַ „ניט־געשמיסענע", און דער עיקר – די אַזוי גערופֿענע „פּשוטע מענטשן", וואָס פֿלעגן אונטערהאַלטן „דעם, וואָס זײַן נאָמען זאָל ניט דערמאָנט ווערן", – האָבן אויך אָנגעהויבן עפּעס פֿאַרשטיין. אָך, אָבי נאָר מנוולים מכּל־הסאָרטן (שוואַרץ־מאַהניקעס, קאָמוניאַקעס וכדומה) זאָלן ניט פֿאַרפֿירן די דאָזיקע יוגנט אויף קרומע וועגן!

ק. אַדרבא שרײַבט, אַז ס'איז „אַ ליד אויף תּמיד". זי האָט ספֿקות וועגן דעם כּוח פֿון דער שטרעמונג...

נאָוועמבער 4

אײַנגענומען מעלאַטאָנין. תּיכּף אײַנגעשלאָפֿן. זיך אויפֿגעוואַכט פֿרי. לאַנג ניט געקאָנט אײַנשלאָפֿן. דערנאָך פֿאָרט געשלאָפֿן אַ ביסעלע און געזען משונהדיקע חלומות. נו, אין סך־הכּל אויסגעשלאָפֿן זיך.

שפּאַצירט במשך פֿון 20 מינוט אינעם היבּיאַ־פּאַרק. דאָרטן אין דער אוידי־טאָריע אויף דער פֿרײַער לופֿט איז פֿאָרגעקומען אַ גרויסע (מיט אַ סך מענטשן) פּראָפּאַגאַנדע־אונטערנעמונג צו פֿאַרבעסערן די מי־באַדינגונגען און קעגן די „מלחמה־ענדערונגען" אין דער קאָנסטיטוציע.

הײַנט איז די סטודיע, ווו איך אַרבעט, געווען אָפֿן בלויז ביז 7 אַזייגער, דערי־בער וועל איך זיך לייגן שלאָפֿן פֿרי און אײַננעמען אַליוו PM, כּדי מאָרגן אָנהייבן רעפּעטירן פֿרי.

נאָוועמבער 5

ניט תּיכּף אײַנגעשלאָפֿן און זיך אויפֿגעוואַכט אויף אַ האַלבער שעה פֿריִער פֿונעם וועקער. מסתּמא אַכט שעה בין איך געשלאָפֿן, אפֿשר אַפֿילו אַ ביסל מער, נאָר נאָך אַליוו האָב איך במשך פֿונעם גאַנצן טאָג געפֿילט זיך שלעפֿעריק, און דאָס האָט געשטערט דער אַרבעט.

סודזוקי־סאַן האָט געזאָגט, אַז ס'איז זייער שווער זיך צונויפֿריידן מיט די רוסן: מ'האָט זיך שוין געהאַט לאַנג צונויפֿגערעדט וועגן אַ סעריע אויפֿטרעטונגען פֿון אַ

יאַפּאַנישער באַלעט־טרופּע אין שטאָט װלאַדיװאָסטאָק אין יאַנואַר קומענדיקן יאָר – און איצט, װען ס'זײַנען געבליבן בלױז דריטהאַלבן חדשים, װײַזט זיך פּלוצעם אַרױס, אַז אײנעם טאָג, װען מ'האָט פֿאַרפֿלאַנירט צוגרייטן די בינע פֿאַר דער צװײטער פּראָגראַם און זי רעפּעטירן, װעט די בינע זײַן פֿאַרנומען, מחמת די רוסלענדישע רעגירונג האָט באַשלאָסן דורכצופֿירן דאָס קומענדיקע יאָר װי „אַ טעאַטער־יאָר". די ערשטע אונטערנעמונג װעט זײַן דװקא אין װלאַדיװאָסטאָק אין אָט דעם סאַמע טאָג. כ'האָב אים געפֿרעגט, צי איצט איז אױך אַזױ שװער האָבן צו טאָן מיט די רוסן, װי אין סאָװעטישע צײַטן; ער האָט געענטפֿערט: „כמעט דאָס זעלבע, סײַדן אַ ביסל גרינגער געװאָרן".

כ'האָב ניט געװוּסט, אַז אין װלאַדיװאָסטאָק איז פֿאַראַן אַ פֿיליאַל פֿונעם מאַרײַינסקי טעאַטער[27]. סודזוקי־סאַן האָט געזאָגט, אַז ס'איז פֿאַראַן נאָך אײנער – אין װלאַדיקאַװקאַז. כ'האָב אים דערקלערט דעם אָפּשטאַם פֿון די בײדע נעמען.

6 נאָװעמבער

נו, װידער אײַנגענומען מײַן „שלאָגלערישע דאָזע" שלאָפֿמיטלען און זיך אױסגעשלאָפֿן. װען זשע װעל איך קאָנען שלאָפֿן אָן פּילן? כ'לײג די גאַנצע האָפֿענונג אױף יאַצוגאַטאַקע[28].

סאַנטאָרי־האָל איז פּרעכטיק, װי תּמיד. אין דער ערשטער ריי, אין סאַמע מיט, זײַנען געזעסן צװײ אַלטיטשקעס, און װען כ'בין אַרױס אױף דער בינע, האָבן זײ, באַגריסנדיק מיך, װי געצױגן זיך אַנטקעגן. זײ האָבן דערזען, אַז כ'האָב זײ באַמערקט, און זײַנען בפֿירוש צופֿרידן געבליבן. נאָכן קאָנצערט האָבן זײ זיך אױך װי געצױגן צו מיר, און אײנע פֿון זײ האָט עטלעכע מאָל אױסגעשריגן (כ'האָב עס ניט געהערט אינעם רעש פֿון די אַפּלאָדיסמענטן, פּשוט געזען, װי אירע ליפּן באַװעגן זיך) „בראַװאָ!". אַפֿילו מײַן „דאָדעקאַפֿאָנישער טאַנגאָ" איז זײ געפֿעלן געװאָרן!

בשעתן שפּילן דעם דריטן טײל פֿון דער סאָנאַטע, האָב איך געטראַכט װעגן דעם מײדל פֿון אינדאָנעזיע, װעלכע מ'האָט געקעפּט אין סאַודיע. נאָך דעם האָב איך געשפּילט דעם פֿינאַל אינעם זעלבן גײַסט (זײער דראַמאַטיש), און מחמת דעם האָט ער זיך באַקומען אױף אַ גאָר אַנדערן ניװאָ, װי פֿריִער.

אין אָנהײב פֿון שומאַנס פּיעסע „חלומות" האָב איך זיך דערמאָנט אין שיקע דריזס „בערעלע שלאָפֿט". נאָכן קאָנצערט האָבן נידיי און אַנדערע מיר געזאָגט, אַז זײ איז זײער געפֿעלן געװאָרן די פּיעסע אין מײַן אױספֿיר און אַז „חלומות" זײַנען טאַקע געװען אמתע חלומות. אַװדאי, װײסן מיר ניט, װאָס קינדער אױף אַן אמתן זעען אין זײערע חלומות... כ'בין אָבער זיכער, אַז אין דער צוקונפֿט װעט מען דערפֿינדן מכשירים, װעלכע װעלן עס װײַזן.

מ'װיל אָרגאַניזירן דאָ אַ פֿעסטיװאַל לכּבֿוד מײַן 50־יאָריקן יובֿל אין דרײַ יאָר אַרום. כ'האָב קײן קאָנקרעטן ענטפֿער ניט געגעבן, נאָר געזאָגט, אַז אױב מיר װעלן

עס טאָן, וועל איך קאָנען עס טאָן בלויז נאָך מײַן געבוירן־טאָג, מחמת אין מײַן פֿופֿציקסטן געבוירן־טאָג וויל איך זײַן מיט מײַן מאַמען, און זי, צום באַדויערן, וועט שוין ניט קאָנען קומען קיין יאַפּאַן (הגם זי וואָלט עס זייער געוואָלט). דעם אמת געזאָגט, אויף מײַן 50־יאָריקן יובֿל וויל איך שפּילן אין ירושלים. מ׳לייגט עס מיר ניט פֿאָר, וועל איך עס אַליין פֿאָרשלאָגן, אויף אַ ישׂראלדיקן אופֿן.

אַ סך פּחדנישע ידיעות האָב איך געפֿונען הײַנט: פֿון די 96 דעלעגאַציעס אינעם מענטשנרעכט־ראַט פֿון „אונאָ" האָבן 75 געלויבט סאַודיעס מענטשנרעכט־פּאָליטיק (בתוכם די פּאַלעסטינישע, די כינעזישע, די ווענעסועלישע און אַזוי ווײַטער) – גלײַך נאָך דעם, ווי מ׳האָט געקעפּט דאָרט דאָס אינדאָנעזישע מיידל! אָך, צי וועלן אַמאָל די אינדאָנעזיער, בפֿרט דעם מיידלס משפּחה און פֿרײַנד, עפּעס אָפּלערנען דערפֿון? אפֿשר דעמאָלט וואָלטן זיי, סוף־כּל־סוף, פֿאַרשטאַנען, ווער זייערע אמתע פֿרײַנד זײַנען (און אינדאָנעזיע איז דאָך דאָס סאַמע פֿילבאַפֿעלקערטע מוסולמענישע לאַנד אין דער וועלט).

פֿון דער אַנדערער זײַט, האָט נתניהו געגעבן אַ „גרינע גאַס" פֿאַרן געזעץ וועגן טויטשטראָף פֿאַר טעראָריסטן. אפֿשר וואָלט מען געקאָנט אָרגאַניזירן אַ קאָלעקטיוון פּראָטעסט־בריוו מצד די אָנגעזעענע ישׂראלים (אַזעלכע, ווי שטשאַראַנסקי און אַנדערע)? אין אַזאַ בריוו וואָלט מען געקאָנט זאָגן, אַז די טויטשטראָף פֿאַרקלענערט ניט דעם טעראָריזם, נאָר איז עובֿר די ייִדישע ווערטן, וועלכע אונדזערע אָבֿות־אָבֿותינו (רבי עקיבֿה און אַנדערע) האָבן פּראָקלאַמירט נאָך מיט 2000 יאָר צוריק. כ׳וועל פּרוּוון זיך פֿאַרבינדן מיט עמעצן וועגן דעם.

70% רוסלענדער האָבן גאָרנישט ניט געהערט וועגן די פֿײַניקונגען אין דער יאַראָסלאַווער קאָלאָניע. מײַן באַלדיקע אומגעזאַמטע רעאַקציע איז: און וואָס שייך די אַנדערע 30%? וואָס טוען זיי? נאָר אָט האָט די געזעלשאַפֿט אויף הענרי דזשעקסאָנס נאָמען פֿאַרעפֿנטלעכט אַ באַריכט, לויט וועלכן ענגלאַנד און לאָנדאָן בפֿרט איז ממש אָנגעפּיקעוועט מיט רוסלענדישע שפּיאָנען. אין ענגלאַנד ווייסט מען דאָך אַלץ וועגן דעם, וואָס ס׳טוט זיך אין רוסלאַנד! וואָס זשע קאָן מען נאָך דעם פֿאָדערן פֿון די, וואָס לעבן **דאָרט**? יאָ, עס זײַנען תּמיד און אומעטום געווען אַ סך ממזרים און פּשוט מענטשן אָן פּרינציפּן.

אין מיאוסע צײַטן לעבן מיר... קאַרינאַטשקע, אַנטוישט פֿון דעם אַלעמען, האַלט, אַז מ׳דאַרף, לויט וואָלטערן, פּשוט „קולטיווירן דעם אייגענעם גאָרטן", – און בײַ מיר אין מײַן „אײַפּאָן" געפֿינט זיך אַ פֿאָטאָגראַפֿיע פֿון האַלקינס ליד:

„ביז דורכגיין וועט דער שטורעם – בלײַב פֿאַרשטעלט".
אַזוי, געדענק איך, ערגעץ שטייט געשריבן
נאָר רופֿט מיר אָן דאָס אָרט אויף גאָר דער וועלט,
רוף אָפּ זיך דער, וואָס האָט זיך דאָרט פֿאַרקליבן
און רויק אין באַהעלטעניש געבליבן.

זאָל זײַן, דײַן צעלט שטייט אָפּ אַ שאָס די ווײַט
פֿון מענטשן־רעש, צי גאָר אויף מילי־מײַלן,
די שטילקייט וועט מיט דיר זיך קנאַפּ פֿאַרווײַלן,
אויף אויפֿטרייסלען פֿון צעלט די שוואַכע זײַלן.

און ווי דער ים, וועט די פֿאַרגעסנהייט
מיט איין פֿאַרפֿלייץ באַוווײַזן אָפּצוווישן
דײַן רו, דײַן דו, און שטעלן זיך צעווישן
וועט קיינער, קיינער... און אָנשטאָט אַ צײַט
פֿאַרגעסן גאָר די וועלט, איר רעש ניט הערן –
וועסטו בײַ דײַן געצעלט פֿאַרגעסן ווערן.

כ׳ווייס ניט, וואָס איך קאָן טאָן, נאָר כ׳בין זיכער, אַז אויב מע וויל עפּעס טאָן און מ׳איז אינערלעך גרייט צו דעם, וועט אַזאַ געלעגנהייט קומען. מ׳דאַרף נאָר זײַן גרייט.

נאָוועמבער 7

אײַנגענומען מעלאַטאָנין און געשלאָפֿן אפֿשר כמעט 8 שעה נאָכאַנאַנד. צום באַדויערן, ווען איך שלאָף וויניקער פֿון 8 שעה, איז מיר שווער צו אַרבעטן פֿולווערטיק.

פֿאַרן גיין אַרבעטן האָב איך שפּאַצירט במשך פֿון 20 מינוט אינעם היבּיאַ־פּאַרק. ס׳איז וווּנדערלעך: גאָר ניט קיין גרויסער פּאַרק – און אַזוי פֿיל שיינע ווינ־קעלעך דאָרטן.

במשך פֿון כמעט פֿיר שעה געלערנט שאָפּענס 24סטן עטיוד. אַ מסוכן שווערע פּיעסע איז עס, אַוודאי! מ׳דאַרף אים שפּילן, כּל־זמן כ׳בין נאָך ניט צו אַלט.

נאָך דער אַרבעט בין איך געגאַנגען איבער מאַגאַזינען. געקויפֿט זיך דרײַ פּאָר שיך אויף פֿאַרשיידענע סעזאָנען. די איצטיקע שיך זענען שוין אויס אָפּגעטראָגן. געקויפֿט אויך אייניקע זאַכן פֿאַר דער מאַמען לויט איר בקשה. „שיין איז גינזע אָוונטצײַט" [איבערפֿראַזירט „שיין אין מאָסקווע אָוונטצײַט" פֿון משה טייטש לידס „קיכעלעך און זעמעלעך" – **רעד.**]!

נו, די דעמאָקראַטן האָבן באַקומען אַ מערהייט אינעם אַמעריקאַנער קאָנגרעס. איצט וועלן זיי קאָנען פֿאָדערן, אַז טראַמפּ זאָל ווײַזן זײַנע שטײַערן־דעקלאַראַציעס, און דאַן וועלן מיר סוף־כּל־סוף אַלץ וויסן.

נאָוועמבער 8

אײַנגענומען מעלאַטאָנין, אײַנגעשלאָפֿן נאָך 1.30 אַזייגער, אויפֿגעוואַכט 8.30 און מער ניט געקאָנט אײַנשלאָפֿן. געטרונקען אַ סך טיי במשך פֿונעם טאָג (און אַפֿילו אַ ביסל קאַווע).

איבערגעפֿאָרן קיין אָסאַקאַ. איצט פֿאַרנעמט די נסיעה בלויז אַ דריט האַלבע שעה (600 קילאָמעטער!). אַ סך כינעזער געזען דאָ אינעם האָטעל: סײַ מיטאַרבעטער, סײַ געסט.

געאַרבעט עטלעכע שעה אינעם אַרטיסטן־צימער. דאָרט, אַז מע גייט אַרײַן אינעם טואַלעט, עפֿנט זיך דאָס דעקל פֿונעם קלאָזעט־טאָפּ אַליין, און אַז מע מאַכט איין טראָט אַוועק פֿונעם קלאָזעט־טאָפּ – פֿאַרמאַכט זיך דאָס דעקל אַליין!

פֿאַרבראַכט דעם אָוונט מיט סטיוון[29]. איצט וועל איך אײַננעמען אמתע שלאָפֿמיטלען, כּדי זיך אויסשלאָפֿן און קאָנען מאָרגן אַרבעטן נאָרמאַל.

אָסקאַר ראַבין[30] איז געשטאָרבן. כּבֿוד זײַן אָנדענק!

נאָוועמבער 9

געשלאָפֿן אַ סך. רעפּעטירט אויף דער בינע. אַ מין וווּנדערלעכער זאַל איז דאָ! אַפֿילו בעסער ווי סאַנטאָרי־האָל! בשעת אַ הפֿסקה שפּאַצירט כּמעט פֿערציק מינוט אינעם אוראַע־פּאַרק און באַזוכט דאָרט דעם סינטאָאיִסטישן טעמפּל יאַסאַקאַ.

נאָוועמבער 10

געשלאָפֿן גוט מיט מײַן געוויינטלעכן „פֿאַרקאָנצערט־קאָמפּלעקט”, הגם נאָך דעם, אַפֿילו פֿאַרן קאָנצערט, האָט זיך מיר געוואָלט שלאָפֿן.

דער עולם דאָ איז אַוודאי מער טעמפּעראַמענטפֿול, ווי אין טאָקיאָ (ווי אומעטום אין דער וועלט: וואָס מער דרום־צו, אַלץ מער זײַנען די מענטשן טעמפּעראַמענטפֿול); אַפֿילו נאָכן ערשטן נאָקטיורן האָט מען אַפּלאָדירט, און נאָכן פּאָלאָנעז איז כּמעט דער גאַנצער עולם אויפֿגעשטאַנען.

דרײַ הונדערט מענטשן זײַנען געקומען נאָך אויטאָגראַפֿן. איינער פֿון זיי, מיט די ווערטער (אויף ענגליש) „אַ מתּנה פֿאַר אײַך”, – האָט מיר דערלאַנגט אַ בוך אויף יאַפּאַניש. יאָ, אַז מ'האָט מוחות אין תּחת איז ניטאָ וואָס מקנא צו זײַן... אַ סך זײַנען געקומען מיט מײַן בוך.

נאָוועמבער 11

אײַנגענומען מעלאַטאָנין, גיך אײַנגעשלאָפֿן, נאָר זיך אויפֿגעכאַפּט פֿרי (אָבער ס'איז געווען צו שפּעט אײַנצונעמען אַן אַנדער טאַבלעטקע מעלאַטאָנין) און לאַנג ניט געקאָנט ווידער אײַנשלאָפֿן, בלויז אַ ביסעלע געשלאָפֿן דערנאָך...

פֿאַרבראַכט עטלעכע שעהען אויף דער טעריטאָריע פֿונעם אָסאַקאַ־שלאָס. ס'איז ממש אַ מחיה פֿאַר די, וואָס האָבן ליב געשיכטע! און דאָ, אין אונטערשייד פֿון רוסלאַנד, זאָגט מען דעם אמת וועגן זייער געשיכטע; אָט, למשל, וואָס און ווי ס'ווערט דערציילט אין דער שטענדיקער עקספּאָזיציע פֿונעם שלאָס וועגן טאָיאָטאָמי הידעיאָשיס[31] קאָרעיִשער קאַמפּאַניע: „די אַגרעסיווע אַרײַנדרינגונג בראָש מיט הידעיאָשי האָט אויסגעמוטשעט די קאָרעיִשע באַפֿעלקערונג. דער געוואַלדיגער...

קאַרעיִשן פֿאָלק, בתוכם ציווילע אײַנוווינערס, ווי אויך דאָס פֿאַרכאַפּן ערבֿניקעס, האָט געלאָזט אַ טיפֿן ווייטיק אין זײַן נשמה..."

אויפֿן וועג קיין טאָקיאָ געלייענט דעם רעשט פֿון באַריעס ליבערטאָ. כ'וועל זיך זייער סטאַרען צו טאָן עפּעס נאָכן אומקערן זיך אַהיים קומענדיקן חודש; אייניקע אידעען האָבן אָנגעהויבן קומען תּיכּף, בשעתן לייענען.

נאָוועמבער 12

געשלאָפֿן זייער שלעכט, הגם אײַנגענומען מעלאַטאָנין צוויי מאָל: פֿאַרן לייגן זיך שלאָפֿן און ווען כ'האָב זיך אויפֿגעכאַפּט אין מיטן דער נאַכט.

אַ. האָט מיר איבערגעשיקט אַן אינטערוויו מיטן פּראָפֿעסאָר פֿון „מגימאָ"[32] וולאַדימיר סאָלאָוויאָוו וועגן דעם, אַז עס וואַקסט אַן אומצופֿרידנקייט מצד דעם פֿאָלק צוליב דער פּענסיע־רעפֿאָרם, ווי עס האָבן בולט געוויזן די וואַלן און פּראָטעסטן מיט צוויי חדשים צוריק. אַפֿילו אין „מגימאָ", הייסט עס, זײַנען פֿאַראַן מענטשן מיט אַ גראָדן שׂכל!

נאָוועמבער 13

מיט אמתע שלאָפֿמיטלען געשלאָפֿן נאָרמאַל.

שלעכטע ידיעות פֿון ישׂראל: 16 פֿאַרוווּנדעטע פֿון „כאַמאַס"־ראַקעטעס... און בתיה אונגאַר־סאַרגאָן און אַזוינע ווי זי האַלטן אין איין טענהן וועגן דער „אַכזריות־דיקער אָקופּאַציע". אפֿשר זײַנען אָט די מענטשן פּשוט ניט מסוגל צו רעפֿלעקסירן און קעגנשטעלן די דערשײַנונגען? אַלנפֿאַלס איז זיי גרינג צו מישפּטן; זיי לעבן ניט אין שׂדרות.

און אין רוסלאַנד – אַ ווילקיר אָן אַ סוף און אָן אַ שיעור (אַפֿילו געגראַמט האָט זיך באַקומען!). אַן אַרבעטערין פֿון „פֿסין" [פֿעדעראַלע דינסט פֿון שטראָף־אויס־פֿירונג – **רעד.**] איז אַכזריותדיק געממיתט געוואָרן פֿון אירע נאַטשאַלניקעס פֿאַרן אָפּזאָגן זיך אַוועקגיין פֿון דער אַרבעט. מ'האָט זיי ניט באַשטראָפֿט, נאָר איר האָט מען טאַקע אָפּגעזאָגט פֿון דער אַרבעט. אין דער שטאָט פּערם האָט מען צוגעבונדן צו אַ סלופּ פּוטינס סטראַשידלע מיט אַן אויפֿשריפֿט: „מלחמה־פֿאַרברעכער"!

רעפּעטירט אינעם מעטראָפּאָליטען־זאַל. הגם דער זאַל גופֿא איז אַ נישקשה־דיקער, אָבער אַ האַלבע שעה פֿונעם האָטעל איז אַוודאי צו לאַנג.

ראָן ענטפֿערט נאָך אַלץ ניט. שוין כּמעט מיט אָנדערהאַלבן חדשים צוריק האָט ער מיר איבערגעשיקט זײַן „אָפֿענעם בריוו" צו אַנגעלאַ מערקעל, פֿאַרעפֿנט־לעכט אין „דזשערוזאַלעם פּאָסט" בשעת איר וויזיט אין ישׂראל; אינעם בריוו האָט ער אָנגעשריבן, אַז דאָס אונטערהאַלטן דעם נוקלעאַרן אָפּמאַך מיט איראַן מצד דײַטשלאַנד שטעלט אין סכּנה די נאַציאָנאַלע און זיכערהייט־אינטערעסן פֿון ישׂראל. כ'האָב אים געפֿרעגט: פֿאַר וואָס זשע האַלטן די פֿירנדיקע ישׂראלדיקע מומחים אין די געביטן פֿון זיכערהייט און נוקלעאַרן וואָפֿן אונטער דעם דאָזיקן אָפּמאַך? כ'האָב

אים אויך איבערגעשיקט אַ לאַנגן אַרטיקל וועגן דעם. קיין ענטפֿער ניט באַקומען. דעם 1טן נאָוועמבער האָב איך אים ווידער געבעטן צו דערקלערן מיר דעם ענין – עד היום קיין ענטפֿער ניטאָ...

קאַרינאַטשקע האָט מיר איבערגעשיקט אַן אינטערוויו מיט ל. קאַצוואַ[33] וועגן די פּראָבלעמען פֿון לערנען געשיכטע אין די רוסלענדישע שולן. כ'האָב געוויזן דעם אינטערוויו סודזוקי־סאַן. ער האָט אָנגעהויבן לייענען און תּיכּף געזאָגט: „יאָ, דאָ זאָגט מען אויך, אַז אַן איינהייטלעכע געשיכטע איז שלעכט.״ דערנאָך האָט ער דערציילט, אַז אין יאַפּאַן לייגט דער בילדונג־מיניסטעריום פֿאָר די מלוכישע שולן פֿאַרשיידענע לערנביכער פֿון געשיכטע, און יעדע שול/ יעדער לערער קאָן אויסקלײַבן; נאָר אַלע לערנביכער זײַנען אויסגעהאַלטן אין די ראַמען פֿון איין און דער זעלבער אידעאָלאָגיע. וואָס שייך פּריוואַטע שולן, פֿינאַנסירט זיי די מלוכה אויך, דעריבער צעשיקט זיי דער מיניסטעריום בריוו, אין וועלכע עס זײַנען אויסגעלייגט די פּרינציפּן, בײַ וועלכע די שולן מוזן זיך האַלטן. דאָס מיניסטעריום קאָן קאָנטראָלירן, צי אַ שול האַלט זיך בײַ די דאָזיקע פּרינציפּן און וועלכע לערנביכער זי ניצט; דאָס מיניסטעריום קאָן אויך אָנשרײַבן דער שול: „מיר מיינען, אַז איר האַלט זיך ניט בײַ די פּרינציפּן, וואָס מיר האָבן אײַך רעקאָמענדירט. אויב איר וועט עס ווידער טאָן, וועלן מיר פֿאַרקירצן די פֿינאַנסירונג פֿון אײַער שול.״

אינעם אינטערוויו דערמאָנט קאַצוואַ (און לויבט) מאַרק פֿעראָס[34] בוך, וואָס אַלאָטשקע האָט מיר געגעבן פֿאַר אַ מתּנה אויף מײַן געבוירן־טאָג פֿאַריקן חודש. כ'וועל מוזן עס לייענען, ווען כ'וועל זיך אומקערן אַהיים.

נו, מאָרגן, סוף־כּל־סוף, קומט קאַרינאַטשקע. טשעבאָוו האָט געזאָגט: „פּרויען אָן מענער וועלקן, און מענער אָן פּרויען ווערן ווילד״. כ'ווייס ניט, צי כ'בין באמת געוואָרן ווילד, נאָר אַ גאַנצער חודש זײַן אָנעם ווײַב איז אַוודאי ניט גוט.

נאָוועמבער 14

קאַרינאַטשקע איז געקומען און האָט אַלץ באַשײַנט... און ווען די געליבטע איז אין דער אודיטאָריע, שפּילט זיך אַוודאי לגמרי אַנדערש, מחמת די מוזיק אַדרעסירט מען איר.

צום לעצטן מאָל האָב איך געשפּילט די אָפּטיילונג פֿון ראַכמאַנינאָווס פּרעלודיעס. די רע־מאַזשאָר־פּרעלודיע האָב איך געשפּילט ווי אַ געזעגענונג ניט אויף תּמיד: געטראַכט בשעתן שפּילן, אַז כ'וועל נאָך ניט איין מאָל זיך אומקערן צו איר, ווי אפֿשר וועל איך ניט איין מאָל זיך אומקערן קיין רוסלאַנד, וואָרעם, האָפֿנטלעך, „איבערגיין וועלן די פֿינצטערע צײַטן״ [אַ ציטאַט פֿון ח־נ. ביאַליקס ליד „גלוסט זיך מיר וויינען... – **רעד.**], דער יונגער דור וועט, סוף־כּל־סוף, אויפֿשטיין און אַראָפּוואַרפֿן דעם גזלן מיט זײַן כּנופֿיא. דאָס לעבן דאָרט וועט ווערן פֿרײַ און מער יושרדיק... און אין דער סאָל־מינאָר־פּרעלודיע האָב

איך געטאָן אַלץ, וואָס כ'האָב געקאָנט (אין איין אָרט אַפֿילו געשפּילט אויף אַן אַקטאַווע נידעריקער, כּדי צוגעבן מער כּוח). כ'וועל שיקן די רעקאָרדירונג צו מײַנע פֿרײַנד אין רוסלאַנד, כּדי זיי זאָלן זי איבערשיקן זייערע באַקאַנטע, וואָס גייען אויף מיטינגען: אפֿשר וועט מײַן מוזיק זיי צוגעבן התלהבֿות צום קאַמף (כ'ווייס ניט, וואָס נאָך כ'קאָן טאָן)? די מי־בעמאָל מאַזשאָר־פּרעלודיע איז אויך רוסלאַנד, נאָר אין אונטערשייד פֿון יענע אין רע־מאַזשאָר, זינגט זי ניט בקול־רם (אַ חוץ איין קולמינאַציע); זי איז מער איידל, און נאָך דער רעוואָלוציע אין דער סאָל־מינאָר־פּרעלודיע איז עס ווי אַן אַנטפּלעקונג פֿון אַ וווּנדערשיינעם באַפֿרײַטן לאַנד, וואָס מע דאַרף עס איצט היטן און כאָווען... דאָס אָבער זײַנען נאָר חלומות; די דאָ־מינאָר־פּרעלודיע קערט אונדז ווידער אום צו דער דראַמאַטישער ווירקלעכקייט. די סי־מינאָר־פּרעלודיע איז, ווי ראַכמאַנינאָוו אַליין פֿלעגט זאָגן, אַ צוריקקער. בעת כ'האָב זי געשפּילט פֿאַראַיאָרן אין מאָסקווע אויפֿן קאָנצערט אין אָנדענק פֿון די דערהרגעטע זשורנאַליסטן, האָב איך געטראַכט: אָט האָב איך זיך אומגעקערט אין מײַן געבורטלאַנד, און נאָך אַזוי פֿיל יאָר איז עס ווידער געוואָרן דעספּאָטיש, מ'הרגעט דאָ זשורנאַליסטן, כּבֿוד זייער אָנדענק... גלגל החוזר... און הײַנט, ווי תּמיד, האָב איך זי געשפּילט, טראַכטנדיק, ווי מוראדיק און מרה־שחורהדיק איז איצט אין רוסלאַנד. די סאָל־דיִעז מינאָר־פּרעלודיע האָט זיך הײַנט באַקומען, ווי קיין מאָל פֿריִער: כ'האָב ווי אימפּראָוויזירט (און אַלץ וועגן דעם זעלבן: „גאָט מײַנער, ווי טרויעריק איז אונדזער רוסלאַנד!"). די רע־בעמאָל מאַזשאָר־פּרעלודיע אינעם סוף פֿון דער פּראָגראַם איז דאָס איינציקע, מסתּמא, וואָס איז גוט אין רוסלאַנד – די דאָרטיקע נאַטור: „און דו ביסט אַלץ דאָס זעלבע: וואַלד און פֿעלד, ביז ברעמען אַ געדעסנטע פֿאַטשיילע" [ציטאַט פֿון אַ. בלאָקס אַ ליד – **רעד.**], „געבלענדט האָט די שקיעה, ווי גלאַנץ פֿון אַ קלינג" [ציטאַט פֿון וו. וויסאָצקיס ליד – **רעד.**]... מ'קאָן גאָרנישט ניט ענדערן, ס'איז געבליבן בלויז באַוווּנדערן די פּרעכטיקע נאַטור...

ווידער כּמה־וכּמה מענטשן זײַנען געקומען נאָך אויטאָגראַפֿן. איינער פֿון זיי האָט געזאָגט אויף רוסיש: „חבֿר קיסין, אַ דאַנק הײַנט", – און דערנאָך אויף ענגליש: „ראַכמאַנינאָוו איז די רוסישע נשמה...".

נאָוועמבער 15

אײַנגענומען מעלאַטאָנין, נאָר אויפֿגעוואַכט פֿרי און מער ניט געקאָנט אײַנשלאָפֿן; אין לעצטן סך־הכּל געשלאָפֿן ווייניק.

איבערגעפֿאָרן אין יאַצוגאַטאַקע. ווי שיין איז דאָ! און די לופֿט איז אַזוי פֿריש! ממש אַן אָרט אַ גן־עדן! דער האָטעל איז אין וואַלד – כּמעט ווי אין „רוזאַ".

(און דאָ אויך עפֿענען זיך און פֿאַרמאַכן זיך די קלאָזעט־טעפּער אַליין. אַזעלכע „נסים" האָט מען אַוודאי אין „רוזאַ" אַפֿילו אין חלום ניט געקאָנט זען...)

נאָוועמבער 16

גערוואָלט שלאָפֿן, געפּרוּווט איַינשלאָפֿן אָן מעלאַטאָנין און ס'האָט זיך ניט באַקומען. איַינגעשלאָפֿן מיט מעלאַטאָנין בערך 2 אַזייגער ביַי נאַכט. קאַרינאַטשקע האָט געשטעלט דעם וועקער אויף 8, כּדי צו פֿאַרכאַפּן דעם אָנביַיסן, איך האָב נאָך דעם מער ניט געקאָנט איַינשלאָפֿן. אין לעצטן סך־הכּל געשלאָפֿן 6 שעה: פֿאַר מיר איז עס זייער ווייניק. אפֿשר היַינט וועל איך, סוף־כּל־סוף, איַינשלאָפֿן אָן רפֿואות?

אָ. האָט מיר אָנגעשריבן, אַז זי האָט מיט טרערן געהאַט געזען אַ טעלעוויזיע־סעריאַל וועגן די „פֿאַרשיַיטע 1990ער": „ס'איז וועגן אונדז אַלעמען, וואָס זיַינען געבליבן לעבן, ווען אַלץ איז צו נישט געוואָרן. יעדערער לויט זיַינע מעגלעכקייטן. און דאָס איז פֿאָרגעקומען אונטער דעם קאָמוניסט יעלצינס דיבורים: „מיר'ן אַריַינשלאָגן דעם לעצטן צוואָק אין דער טרונע פֿון קאָמוניזם! מ'האָט אַריַינגעשלאָגן דעם לעצטן צוואָק, און 60 מיליאָן זיַינען אַוועק אויפֿן הימל". כ'האָב זי געפֿרעגט, וואָסערע 60 מיליאָן, און איבערגעשיקט איר אַן אויסצוג פֿון בוקאָווסקיס „דער מאָסקווער פּראָצעס" וועגן די 1990ער, כּדי זי זאָל פֿאַרשטיין, אַז אין דער אמתן האָט מען ניט בלויז ניט געבראַכט קאָמוניזם צו קבֿורה, נאָר אַפֿילו אים ניט דערהרגעט אויף אַן עכטן אופֿן. דווקא דאָס איז געווען די סיבה פֿון אַלע יענע צרות.

נאָוועמבער 17

נייִן, ניט געקאָנט איַינשלאָפֿן אָן מעלאַטאָנין (געלעגן און געפּרוּווט איַינשלאָפֿן במשך פֿון האַלבער שעה). און ווידער אויפֿגעוואַכט אין זעקס שעה אַרום און מער ניט געשלאָפֿן...

געגאַנגען אויף אַ קאָנצערט פֿון יאַפּאַנישער פֿאָלקסמוזיק. במשך פֿון די ערשטע רגעס ממש געקליבן נחת: אמתע פֿאָלקסמוזיק, געשפּילט אויף פֿאָלקס־אינסטרומענטן אויפֿן פֿאַן פֿון אַ פּרעכטיקן פּייסאַזש הינטערן פֿענצטער... די רעשט פֿון דער ערשטער אָפּטיילונג אָבער האָט געקלונגען זייער מאָנאָטאָניש, אַפֿילו בעת מ'האָט געשפּילט שנעל און הויך. בשעתן אַנטראַקט האָט קאַרינאַטשקע געזאָגט, אַז אמתע פֿאָלקסמוזיק, בתוכם, למשל, רוסישע דאָרפֿסלידער, געזונגען אויף אַן אויטענטישן אופֿן, „מיט מיאוסע שטימען", איז תּמיד מאָנאָטאָניש. די צווייטע אָפּטיילונג איז געווען מער פֿאַרשיידנאַרטיק (הגם ערטערוויַיז אויך מאָנאָטאָניש), נאָר בפֿירוש ווייניקער אויטענטיש. כ'האָב געפֿרעגט סודזוקי־סאַן, ווי אים איז געפֿעלן געוואָרן דער קאָנצערט, און ער האָט געענטפֿערט: „דעם אמת געזאָגט, אַ ביסל סקוטשנע, וויַיל ס'איז געווען מאָנאָטאָניש."

שפּאַצירט היַינט אין סך־הכּל איין שעה און 45 מינוט. אין אָוונט געהאַט שיאַצו־מאַסאַזש. אפֿשר כאָטש דאָס וועט מיר העלפֿן שלאָפֿן?

נאָוועמבער 18

סוף־כּל־סוף! הגם במשך פֿון עטלעכע שעהען האָב איך ניט געקאָנט אײַנ־שלאָפֿן, בין איך דערנאָך פֿאָרט אײַנגעשלאָפֿן אָן שום רפֿואות! – צום ערשטן מאָל אין מער ווי אַ חודש... אַוודאי, געשלאָפֿן שלעכט און ווייניק, נאָר ניט ערגער ווי אין די צוויי פֿאָריקע נעכט.

דאָ איז באמת אַ מחיה, ממש אַ מעשׂהלע, גלײַך ווי בײַ מאָגילנערן[35]: „צו זיך דער שטרענגער אָסיען ציט/ מיט די ריאַבינען־הענגלעך מילדע,/ מיט אומבאַוווסטע שפּורן־טריט/ פֿון די געהיימע חיות ווילדע,/ וואָס בלאַנקען פֿאַרביק אומעטום,/ ווי בלעטלעך בונטע אויף די וועלן./ ס'קריכט אַ טומאַן פֿאַמעלעך, שטום,/ ער האַפּט די פּראַכט פֿון האַרבסט פֿאַרשטעלן...” (סודזוקי־סאַן זאָגט, אַז הײַנט אין דער פֿרי איז דאָ טאַקע געווען אַ טומאַן!).

סודזוקי־סאַן האָט דערציילט וועגן אינטערעסאַנטע זאַכן, וואָס ער האָט געהאַט געלערנט פֿון זײַן פּראָפֿעסאָר, אַ געוועזענעם מלחמה־געפֿאַנגענעם, וואָס האָט געשמאַכט עלף יאָר אין „גולאַג”. ווײַזט זיך אַרויס, אַז סאָוועטישע יאַפּאַניש־רײדנדיקע ספּעציאַליסטן אין „גולאַג” פֿלעגן לייענען פּראָפּאַגאַנדיסטישע קורסן, וועלכע די יאַפּאַנישע מלחמה־געפֿאַנגענע זײַנען געווען מחויבֿ צו באַזוכן. די, וואָס האָבן אָפּגעגעבן די עקזאַמענס דערפֿאָלגרײַך, האָבן באַקומען אַ סך מער שפּײַז און גרינגערע אַרבעט. מחמת דעם האָבן אייניקע פֿון די מלחמה־געפֿאַנגענע זיך אומגעקערט אַהיים ווי איבערצײַגטע קאָמוניסטן. נאָך מער: מ'האָט אַפֿילו געשיקט אייניקע פֿון זיי קיין יאַפּאַן מיט דער אויפֿגאַבע צו פֿאַרשפּרייטן דאָ קאָמוניסטישע פּראָפּאַגאַנדע! יאָ, די גזלנים זײַנען געווען קלוג!

געלייענט באָריעס „ער, זי און אַ שעדעווער” – גאַנץ אַן אומגעריכטער סוף, וואָס איז דאָס פּינטעלע פֿונעם ווערק. און ס'איז דאָ אַ גוט געשטאַלט: „אירע לאַנגע שוואַרצע האָר האָבן זיך צעשאָטן איבערן פּנים, פּונקט ווי מע וואָלט אויפֿן פּנים אירן אַרויפֿגעוואָרפֿן אַ געדיכטע נעץ, און מ'האָט אין דער דאָזיקער נעץ געכאַפּט אַ פּאָר פֿאַרליבטע אויגן...”

נאָוועמבער 19

ניט תּיכּף אײַנגעשלאָפֿן, נאָר דערנאָך, ווי אין דער פֿאָריקער נאַכט, געשלאָפֿן נאָרמאַל. אָן רפֿואות. סוף־כּל־סוף... מסתּמא (אַפֿילו בלי־ספֿק!) האָט די פֿרישע לופֿט געהאָלפֿן.

אויפֿן וועג קיין טאָקיאָ געלייענט באָריעס „אַ טעלעסקאָפּ און אַ פּאָרצעלײַענער אימפּעראַטאָר”. זייער אַ גוטער סוף! אַ גוטער אופֿן צו פֿאַרענדיקן אַ מעשׂה. און בכלל איז די שפּראַך אין דעם ווערק מער אידיאָמאַטיש, ווי אין זײַנע פֿריִערדיקע דערציילונגען: „פֿון אַן אידעע ביז אַ טעלעסקאָפּ – איז פֿאָלג מיך אַ גאַנג”, „געלט איז קײַלעכדיק”, „אַ לעבעדיקע קאָפּיקע”...

אין אָונט איבערגעלייענט די ערשטע עטלעכע זײַטן פֿון האַלקינס „אויטאָ־ביאָגראַפֿיע". אַ מין הנאה! לייען איך די דאָזיקע אויסגאַבעס און טראַכט: בײַ מײַן גאַנצן ביטול און שׂינאה צו קאָמוניזם, איז די פֿאָנעטישע אָרטאָגראַפֿיע אין ייִדיש אַזוי באַקוועמער און לאָגישער! יאָ, אין עבֿרית (ווי אין אַנדערע סעמיטישע לשונות) איז די שריפֿטלעכקייט אַ קאָנסאָנאַנטישע, דעריבער שרײַבט מען דאָרט אַנדערש, ווי מ'רעדט אַרויס, – נאָר ייִדיש איז דאָך אַן אַנדער מין שפּראַך, אין װעלכער ס'רובֿ ווערטער שרײַבט מען לויטן פֿאָנעטישן פּרינציפּ! פֿאַר וואָס זשע זאָל זײַן אַן אַנדער פּרינציפּ פֿאַר די ווערטער פֿון לשון־קודשדיקן אָפּשטאַם, וועלכע באַטרעפֿן ווייניקער ווי 10% פֿון דער שפּראַך? מ'שרײַבט דאָך דאָס וואָרט „באַלעבאָס" און זײַנע דעריוואַטן פֿאָנעטיש, הײַנט פֿאַר וואָס זשע איז אַנדערש בנוגע די אַנדערע העברעיִזמען? אין דער רוסישער שפּראַך האָט מען ניט בלויז אינעם סאָוועטן־פֿאַרבאַנד, נאָר אויף דער גאָרער וועלט זיך אָפּגעזאָגט פֿון „יאַט" און „איזשיצע"; און הגם די ערשטע האָבן עס געטאָן די באָלשעוויקעס, מאַכט ניט די אָפּוועזנהייט פֿון יענע בוכשטאַבן אין דער מאָדערנער רוסישער אָרטאָגראַפֿיע די שפּראַך מער „קאָמוניסטיש". פֿאַר וואָס זשע ניט מאַכן, סוף־כּל־סוף, די מאָדערנע ייִדישע אָרטאָגראַפֿיע לאָגישער און באַקוועמער פֿאַר אַלעמען? יאָ, משה טייף האָט אָנגעשריבן אין „גולאַג": „צי אפֿשר איז געטויט דער אמת אויף דער ערד, ווײַל איך האָב אים געשריבן מיט אַן „ע"־ין?!" – נו, היות דער אויסלייג פֿונעם וואָרט „אמת" האָט אַזאַ מין באַטײַט אין אונדזער טראַדיציע, קאָן מען פֿאַר דעם און זײַנע דעריוואַטן מאַכן אַן אויסנאַם (פּונקט ווי ס'איז דאָ אַן אויסנאַם פֿאַרן וואָרט „באַלעבאָס"). אפֿשר וועט ייִוואָ אַ מאָל אײַנפֿירן די נאַטירלעכע אָרטאָגראַפֿיע אין אונדזער וווּנדערשיינעם מאַמע־לשון?

נאָוועמבער 20

געשלאָפֿן שלעכט: אײַנגעשלאָפֿן בערך 4 אַזייגער אין דער פֿרי, אויפֿגעוואַכט פֿרי און לאַנג ניט געקאָנט ווידער אײַנשלאָפֿן...

געטראָפֿן זיך מיט נאַקאַטאָ־סאַן[36] און זײַן ווײַב. געפּרוּווט אים פּרטימדיק אויספֿרעגן וועגן זײַן לעבנס־געשיכטע, נאָר באַקומען אַ סך ווייניקער פּרטימדיקע ענטפֿערס. כ'האָב פֿריִער ניט געוווּסט, אַז ער האָט געהאַט שטודירט פּאָליטאָלאָגיע און עקאָנאָמיק אין אוניווערסיטעט. וויסנדיק, אַז אין זײַן יוגנט פֿלעגט ער סימפּאַטיזירן די קאָמוניסטישע אידעען, האָב איך אים געפֿרעגט, צי זײַנע פּראָפֿעסאָרן האָבן אײַנגעפֿלאַנצט אין אים די דאָזיקע אידעען. כ'האָב באַגלייט מײַן פֿראַגע מיט אַ לאַנגער טיראַדע, אַז ס'איז אינטערעסאַנט, ווי מ'האָט געלערנט פּאָליטאָלאָגיע אין יאַפּאַן אין די ערשטע נאָכמלחמהדיקע יאָרן, ווען דעמאָקראַטיע איז אַהער ערשט געהאַט אָנגעקומען; אַז נאָכן קראַך פֿון קאָמוניזם זײַנען צווישן די לערערס פֿון די דאָזיקע דיסציפּלינען אין רוסלאַנד געווען כּלערליי מענטשן מיט כּל־המינים אָנשויונגען (און ס'איז אַזוי עד־היום); אַז אין די קאָמוניסטישע צײַטן זײַנען

אַוודאי אויך געווען פֿאַרשיידענע לערערס, הגם קעגנערס פֿון קאָמוניזם האָבן ניט געקאָנט אויסדריקן זייערע אָנשוויונגען אָפֿן; אַז היות פֿאַר דער מלחמה איז אין יאַפּאַן געווען אַ רעכטע דיקטאַטור, זײַנען דעמאָלט מסתּמא געווען צווישן די לערערס אויך קעגנערס פֿונעם רעזשים (בתוכם אַפֿילו קאָמוניסטן)... כּל־זמן כ׳האָב גערעדט, האָט סודזוקי־סאַן געהאַלטן אין איין שאָקלען מיטן קאָפּ אויף „יאָ", נאָר נאַקאַטאָ־סאַנס ענטפֿער איז געווען אַ סך קירצער פֿון מײַנע „קלוגע חקירות". ער האָט פּשוט געזאָגט, אַז בשעת די לעקציעס פֿלעגט ער דערווידערן זײַנע פּראָפֿעסאָרן.

הגם זײַן פּנים האָט זיך ניט געענדערט, איז ער פֿאָרט אַ סך עלטער געוואָרן, בפֿרט אין די לעצטע יאָרן: די כּוחות און דער זכּרון זײַנען שוין גאָר אַנדערע.

דערנאָך האָב איך זיך געטראָפֿן מיט אַקי[37]. בײַ אים, אַדרבה, האָט זיך דאָס פּנים אַ ביסל (ניט קיין סך) געענדערט, נאָר די ענערגיע – הלוואַי אויף אַלע יונגע אַזוי, הגם ער׳ז שוין אַלט 64 יאָר! אַקי האָט דערציילט, אַז ער האָט געהאַט געלעבט מיט זײַן איצטיקער משפּחה במשך פֿון 3 יאָר אויף סאַכאַלין, וווּ זײַן קאָמפּאַניע האָט געפּאָמפּעט נאַפֿט, און נאָך דעם במשך פֿון 7 יאָר – אין קאַזאַכסטאַן, וווּ מ׳האָט אַרויסבאַקומען אוראַניום. כ׳האָב געזאָגט, אַז אין קאַזאַכסטאַן האָט מען אויך נאַפֿט, קופּער וכדומה. אַקי האָט געענטפֿערט: „יאָ, מ׳האָט דאָרט אַ סך, נאָר ס׳פֿעלט זיי שׂכל..."

פֿאַרן שלאָפֿן איבערגעלייענט עטלעכע פּאַראַגראַפֿן פֿון משה בעלענקיס אַרטיקל וועגן האַלקינען. ווי גוט האָט בעלענקי געשריבן, ווי שיין און רײַך איז געווען זײַן שפּראַך!

נאָוועמבער 21

געשלאָפֿן גוט. הײַנט מיט קיינעם זיך ניט געטראָפֿן, פּשוט געאַרבעט.

די פּאַלעסטינישע אַראַבער האָבן זיך אָפּגעזאָגט צו באַגראָבן זייערן אַ שטאַמברודער, מחמת ער האָט פֿאַרקויפֿט לאַנד די ייִדן. דער אַשכּנזישער הויפּט־רבֿ פֿון ירושלים אַריה שטערן האָט געהייסן ברענגען אים צו קבֿורה אויף אַ ייִדישן בעת־עולם; און ווער ווייסט וועגן דעם, אַ חוץ די ישׂראלים און אַבאָנענטן פֿון **United with Israel**?! יענע, וואָס אײַלן זיך תּמיד צו געבן עצות ישׂראל, ווי אַזוי מע זאָל זיך באַגיין מיט די פּאַלעסטינישע אַראַבער, – צי ווייסן זיי וועגן דעם? צי פֿאַרשטייען זיי בכלל, וואָס שטעלן מיט זיך פֿאָר זייערע באַליבטע „פּאַלעסטינער", מיט וועמען ישׂראל, נעבעך, האָט צו טאָן? אינטערעסאַנט, צי וואָלטן די דאָזיקע גוטווינטשערס געקאָנט זיך פֿאָרשטעלן אין עפּעס אַ בייזן חלום, אַז די ייִדן זאָגן זיך אָפּ ברענגען צו קבֿורה זייערן אַ שטאַמברודער, ווײַל ער האָט פֿאַרקויפֿט לאַנד די אַראַבער? ס׳ווילט זיך אַוודאי האָפֿן, אַז ס׳איז פּשוט עם־הארצות, וואָס קומט ניט פֿון ניט ווילן צו וויסן, נאָר פֿון דעם, וואָס די ישׂראלים, אין אונטערשייד פֿון זייערע (אונדזערע!) שונאים, זאָרגן לחלוטין ניט וועגן „פּי־אַר".

איבערגעלייענט האַלקינס „אויטאָביאָגראַפֿיע" ביזן סוף. אַפֿילו מיט אַלע אומ־פֿאַרמײַדלעכע פֿאַר יענער צײַט „סאָוועטישע" פּאַסאַזשן איז עס אַ גרויסע הנאה צו לייענען!

נאָוועמבער 22

אײַנגענומען אַ שלאָפֿמיטל און הגם ניט תּיכּף אײַנגעשלאָפֿן, בין איך אין לעצטן סך־הכּל געשלאָפֿן בערך אַכט שעה.

רעפּעטירט מיטן אָרקעסטער[38]. מעטאַ, ווי תּמיד, איז זייער האַרציק. אין אַ רעדערשטול, נעבעך: צעבראָכן אַ היפּט. באַגריסט האָט ער מיך אויף ייִדיש: „נו, ווּוס מאַכסטי?"

שפּאַצירט אין פֿאַרשיידענע פּאַרקן במשך פֿון אַ שעה מיט אַ פֿערטל. אינעם היבּייאַ־פּאַרק איז אַ יריד. פֿאַרשפּעטיקט אויף מעטאַס (און דעם אָרקעסטערס) קאָנצערט: געפֿאָרן מער ווי אַ שעה! מעטאַ איז אַוודאי אויך אַ סך עלטער געוואָרן, און די כּוחות זײַנען בײַ אים שוין ניט ווי פֿריִער.

הײַנט איז יעווגעני יאַקאָוולעוויטשס געבוירן־טאָג. אויסגעטרונקען מיט קאַרי־נאָטשקען אין זײַן אָנדענק און געהערט זײַן רעקאָרדירונג פֿון שאָסטאַקאָוויטשס פּרעלודיעס.

און הײַנט איז אויך דימע כוואָראָסטאָווסקיס[39] יאָרצײַט... אַ מין משונהדיקער צונויפֿפֿאַל...

נאָוועמבער 23

געשלאָפֿן מיט איין שלאָף, נאָר ניט גענוג, ניט אויסגעשלאָפֿן זיך.

הײַנט איז געווען אַ רויִקער טאָג: געאַרבעט, גערוט, געהערט די רעקאָרדירונג פֿון דער נעכטיקער רעפּעטיציע, איבערגעלייענט מײַן טאָגבוך און פֿאַרראָכטן די גרײַזן.

די סטודיע, ווּו איך אַרבעט, איז געווען אָפֿן בלויז ביז 7, מחמת מע פּראַוועט דאָ **Thanksgiving**, איבערגעמאַכט אויף אַ יאַפּאַנישן אופֿן: דער טאָג פֿון דאַנק־אויסדרוק פֿאַר מי. די מיטאַרבעטער פֿון דער סטודיע האָבן געגעבן מתּנות קאַרינאָטשקען און מיר.

אינעם היבּייאַ־פּאַרק איז ווידער געווען אַ יריד.

געשמועסט מיט סודזוקי־סאַן וועגן רוסישע און יאַפּאַנישע לידער. ער איז געווען זיכער, אַז „פֿורמאַן, טרײַב ניט די פֿערד" איז אַ יאַפּאַניש ליד (דער יאַפּאַנישער וואַריאַנט הייסט „טומאַנען פֿון קאַרעליע")! איך, פֿון מײַן זײַט, האָב געמיינט, אַז ס'איז אַ פֿאָלקסליד. קאַרינאָטשקע האָט אַ קוק געטאָן אין דער אינטערנעץ און געלייענט, אַז די ווערטער פֿונעם ליד האָט אָנגעשריבן ניקאָלײַ פֿאָן ריטער און די מוזיק – יאַקאָוו פֿעלדמאַן! עך, ווען די רוסישע שאָוויניסטן וואָלטן נאָר געוווּסט וועגן דעם!

דערזען אויפֿן נאַכט־טישל ליגן אַ סערוועטקע און אויף איר – אַ פּיל. אַפּנים, האָב איך זי פֿאַרלוירן, און מ'האָט זי געפֿונען בשעתן אויפֿראַמען דעם צימער. דאָס זײַנען יאַפּאַנער!

פֿאַרן שלאָפֿן ווידער איבערגעלייענט עטלעכע זײַטן פֿון האַלקינס „אויטאָ־ביאָגראַפֿיע". אַזוינס ווילט זיך לייענען אָבער אַ מאָל און ווידער אַ מאָל!

נאָוועמבער 24

געשלאָפֿן שלעכט: אויפֿגעוואַכט 4.30 און ניט געקאָנט אײַנשלאָפֿן במשך פֿון עטלעכע שעהען...

די דומע[40] האָט געגעבן פּוטינען די דעה אויסצוניצן נוקלעאַרן וואָפֿן קעגן דעם מערבֿ ווי אַ פּרעווענטיוו־מיטל. דער נײַער קאָמאַנדיר פֿון דער בריטאַנישער אַרמיי האָט געמאָלדן, אַז רוסלאַנד איז אַ גרעסערע געפֿאַר ווי „אַל־קאַיִדאַ" אָדער די „איסלאַמישע מלוכה". דערלעבט, סוף־כּל־סוף! בינו־לבינו האָט לאַווראָוו[41] דערקלערט, אַז רוסלאַנד איז גרייט צו זײַן אַ פֿאַרמיטלער צווישן ישׂראל און די פּאַלעסטינער... אָן קאָמענטאַרן.

דעם אָוונט פֿאַרבראַכט מיט קייקאָ און סטיוועגען. ווי תּמיד, גערעדט פֿון פּאָליטיק. איך האָב אים אויסגעפֿרעגט וועגן אַמעריקע, ער האָט מיך געפֿרעגט וועגן ישׂראל, טשעכיע און דײַטשלאַנד. גערעדט מכּוח דעם חילוק צווישן אַ גוטן פּאָליטיקער, אַ גוטן פּרעזידענט און אַ גרויסן מלוכה־טוער. ווי שטענדיק, האָט ער געקלאָגט וועגן דעם מאַנגל פֿון צענטער אין דער אַמעריקאַנער פּאָליטיק; אַז סײַ טראַמפּ און סײַ הילאַרי קלינטאָן צעשפּאַלטן די געזעלשאַפֿט אָנשטאָט זי צו פֿאַראייניקן... ס'איז אָנגענעם צו ריידן מיט אַ מענטשן, וואָס האָט אַ גראָדן שׂכל.

פֿאַרן שלאָפֿן אָנגעהויבן לייענען האַלקינס „דער שפּילפֿויגל".

נאָוועמבער 25

אויפֿגעוואַכט פֿרי און לאַנג ניט געקאָנט ווידער אײַנשלאָפֿן.

אין דער סטודיע, וווּ איך אַרבעט, איז הײַנט געלעגן אַ צעטעלע: „טײַערער הער קיסין, הײַנט איז דער לעצטער טאָג, וואָס איר אַרבעט בײַ אונדז. מיר ווינטשן אײַך גרויסע הצלחה אין סאַנטאָרי האָל מאָרגן און איבערמאָרגן..." – און אַ קעקס פֿון גרינעם טיי, פּונקט אַזאַ, ווי יענע, וואָס סודזוקי־סאַן פֿלעגט מיר ברענגען אַהין במשך פֿון די לעצטע טעג. ער האָט זיך געחידושט: פֿון וואַנען ווייסן זיי? ס'האָט זיך אַרויסגעוויזן, אַז זיי האָבן געפֿונען די פּאַקונגען אינעם מיסט־עמער... דאָס זײַנען יאַפּאַנער!

אין אָוונט געאַרבעט אינעם בנין פֿון סאַנטאָרי האָל (נאָר ניט אויף דער בינע) אויפֿן קלאַוויר, אויף וועלכן כ'וועל שפּילן די קומענדיקע קאָנצערטן. דערנאָך געענט־פֿערט אויף צוויי בריוו פֿון פֿאַרערערינס.

פֿאַרן שלאָפֿן געלייענט נאָך אַ צענדליק זײַטן פֿון „דער שפּילפֿויגל". יאָ, גע־ווען זײַנען אַ מאָל אַזעלכע אַנדרייען, וואָס האָבן גערעדט יידיש „ווי כּשרע יידן".

נאָוועמבער 26

מיט שלאָפֿמיטלען געשלאָפֿן גוט.

במשך פֿון פֿערציק מינוט שפּאַצירט אין היביאַ פּאַרק. ממש אַ חידוש: גאָר ניט קיין גרויסער פּאַרק, און יעדעס מאָל אַנטפּלעקסטו דאָרט אַלץ נײַע שיינקייטן...

בכלל איז דער קאָנצערט אַדורך נישקשה, הלוואַי מאָרגן ניט ערגער. דער אָרקעסטער האָט געשפּילט זייער גוט. אַ מין חידוש: נאָך אַזוי פֿיל יאָר פֿון אונדזער באַקאַנטשאַפֿט, האָט מעטאַ געמיינט, אַז איך וווין נאָך אין רוסלאַנד!

נאָוועמבער 27

ווי תּמיד, געשלאָפֿן גוט מיט מײַן „פּאַרקאָנצערט־דאָזע" פּילן.

רוסלאַנד כוליגאַנעוועט ווידער – איצט אינעם שוואַרצן ים.

געאַרבעט אויף דער בינע במשך פֿון אַ שעה און פֿערציק מינוט. נאָכן אומקערן זיך אינעם האָטעל האָט זיך מיר פֿאַרוואָלט זיך תּיכף לייגן אין בעט. מיט בערך 25 יאָר צוריק, בעת מיר האָבן זיך געטראָפֿן מיט די אַלעקסייעווס[42] אין ניו־יאָרק (ער האָט דאָרט געשפּילט ראַכמאַנינאָווס „ראַפּסאָדיע אויף אַ טעמע פֿון פּאַגאַניני"), האָט טאַניע געזאָגט, אַז ער האָט געהאַט אָפּגערוט עטלעכע שעהען פֿאַרן קאָנצערט. דעמאָלט האָב איך זיך געחידושט: „צו וואָס דאַרף מען זיך אָפּרוען עטלעכע שעהען? די „ראַפּסאָדיע" דויערט דאָך אין גאַנצן אַרום 20 מינוט!" – און זי האָט געענטפֿערט: „ווען ד'וועסט זײַן אין זײַן עלטער, וועסטו פֿאַרשטיין." איצט פֿאַרשטיי איך עס זייער גוט...

נו, אָפּגעשפּילט מײַן לעצטן קאָנצערט אין יאַפּאַן. אייניקע זאַכן האָבן זיך באַקומען ערגער ווי נעכטן, די אַנדערע – בעסער. סײַ נעכטן און סײַ הײַנט איז מעטאַ געזעסן ביזן סוף אויף דער בינע, געבעטן איך זאָל שפּילן אויף „ביס" און אָפּלאָדירט. נאָך דעם, ווי כ'האָב געשפּילט בראַמס' ליאַ בעמאָל מאַזשאָר־וואַלס ווי אַ צווייטן „ביס", האָט ער געזאָגט: „זאָלסט שפּילן נאָך!" – און איך האָב געשפּילט ראַכמאַנינאָווס דאָ דיעז מינאָר־פּרעלודיע.

בשעתן אַנטראַקט האָט מעטאַס ווײַב געגעבן אונדז מיט קאַרינאַטשקען אַ חתונה־מתּנה און געהאַלטן דערבײַ זייער אַ רירנדיקע רעדע („איך דאַוון אין אַ זיווג־טעמפּל"). נאָכאַטאַ־סאַן איז געקומען מיט זײַן ווײַב, און זי האָט אונדז געוויזן די נאָכמלחמהדיקע פֿאָטאָגראַפֿיעס פֿון זיך און איר באַלעט־טרופּע אין מאַנזשוריע, בתוכם זייער אויפֿפֿירונג אויף מוסאָרגסקיס מוזיק „בילדער פֿון אַן אויסשטעלונג".

דען האָט מיר צוגעשיקט זייער אַ פּרטימדיקן און אינטערעסאַנטן באַריכט וועגן זײַן נסיעה קיין קובע.

נאָוועמבער 28 (דרום־קאָרעע)

אויפֿגעוואַכט 6.30 און לאַנג ניט געקאָנט אײַנשלאָפֿן... געשלאָפֿן אַ ביסעלע אינעם עראָפּלאַן.

סאַקאַשווילי[43] איז אַפּנים באמת משוגע געוואָרן: אָנגערופֿן זוראַבישווילים[44] עצה־געבער „שמוציקער ייִד“! יאָ, ווי אַ גוטער עפּל קאָן ווערן ווערעמדיק, אַזוי קאָן געשען אויך מיט מענטשן – און מיט אַ פּאָליטיקער בפֿרט (אפֿשר אַפֿילו באַזונדערס מיט אַ פּאָליטיקער).

געקומען צו פֿליִען קיין סעול. יעדעס מאָל, ווען איך בין דאָ, איז דער הימל איבער דער שטאָט כּמעט תּמיד פֿאַרוואָלקנט.

נאָוועמבער 29

אײַנגענומען אַ שלאָפֿמיטל און געשלאָפֿן גוט. קאַרינאַטשקע אָבער האָט אויפֿגעוואַכט בערך 4 אַזייגער און לאַנג ניט געקאָנט אײַנשלאָפֿן.

אַ שאָד: מיר האָבן געהאַט בדעה צו פֿאָרן אין דער אַלטער שטאָט בשעת דער הפֿסקה אין מײַן אַרבעט. ס'האָט זיך אָבער אַרויסגעוויזן, אַז מחמת די פֿאַרשטאָפּטע וועגן וואָלט די יאַזדע אַהין פֿאַרנומען ניט קיין האַלבע שעה, ווי געווײנטלעך, נאָר גאַנצע פֿופֿציק מינוט! אָנשטאָט דעם זײַנען מיר געגאַנגען אינעם דאַעסונגסאַ טעמפּל (קאַרינאָטשקע איז דאָרט פֿריִער קיין מאָל ניט געווען). אַצינד איז שוין שפּעט אין האַרבסט און ס'איז אַ סך ווייניקער דאָס געבלעטער, פֿון דעסטוועגן, זעט אַרום אַלץ אויס זייער מאָלעריש.

נו, זוראַבישווילי האָט געוווּנען. וואָס וועלן זײַן די פֿאָלגן? כ'וועל אויספֿרעגן מײַנע גרוזינישע פֿרײַנד.

נאָוועמבער 30

מיטן „פֿאַרקאָנצערט־קאָמפּלעקט“, ווי תּמיד, געשלאָפֿן גוט.

באַקומען עטלעכע ענטפֿערס פֿון מײַנע פֿרײַנד מכּוח זוראַבישווילי. וויפֿל גרוזינער, אַזוי פֿיל מיינונגען, פּונקט ווי בײַ אונדז, ייִדן.

דער קאָנצערט איז געווען, דוכט זיך, דער בעסטער פֿון די דרײַ, הגם נאָך ניט פּערפֿעקט. איינע אַ פֿרוי, אַ לערערין פֿון פֿילאָסאָפֿיע אין אוניווערסיטעט, איז ספּעציעל געקומען אויפֿן קאָנצערט פֿון אירקוטסק, רוסלאַנד (הײַנט איז איר געבוירן־טאָג)!

דעצעמבער 1 (האָנג־קאָנג)

געשלאָפֿן שלעכט, הגם אײַנגענומען מעלאַטאָנין צוויי מאָל: פֿאַרן שלאָפֿן און אין מיטן דער נאַכט.

געקומען צו פֿליִען קיין האָנג־קאָנג. ס'האָט זיך ניט אײַנגעגעבן אײַנצושלאָפֿן אינעם עראָפּלאַן, כאָטש כ'האָב זיך געפּילט זייער מיד. בשעתן פֿלוג איבערגעלייענט פֿראַגמענטן פֿון אײַזיק זאַרעצקיס[45] „שטערט ניט דער דעהעברעיִזאַציע פֿון ייִדיש“. אַוודאי, שרײַבט ער דאָרט אַ סך טיפּשות, אַפֿילו אומוואָרשײַנלעך טיפּשות, באַזונדערס, וואָס שייך אידעאָלאָגיע. פֿון דער אַנדערער זײַט, ברענגט ער ניט ווייניק בײַשפּילן, וואָס זײַנען באמת מליצהדיק און פֿאַרעלטערט. הײַנט שרײַבט מען שוין ניט אַזוי.

דעם אָוונט פֿאַרבראַכט מיט אַנאַבעלען און ענדריון. ענדריו האָט דערציילט עפּעס אינטערעסאַנטס וועגן דער גריכישער שפּראַך: אַז בעת ער האָט זיך געלערנט אין שול (סוף 1950ער־אָנהייב 1960ער יאָרן), פֿלעגט מען זיך לערנען שרײַבן אויף דער „אָפֿיציעלער שפּראַך" פֿון יענער צײַט, וואָס איז געווען אַ מין געמיש פֿונעם מאָדערנעם גריכיש און אַלטגריכיש. קיינער האָט אויף איר ניט גערעדט. מע פֿלעגט זי נוצן נאָר אין די אָפֿיציעלע דאָקומענטן און מאַסן־מעדיאַ. כ'האָב געפֿרעגט: און וואָס שייך קינסטלערישער ליטעראַטור? עס האָט זיך געווענדט פֿון דעם, צי מ'איז געווען אַ רעכטער אָדער אַ לינקער: די רעכטע פֿלעגן שרײַבן אויף דער „אָפֿיציעלער" שפּראַך, די לינקע – אויף דער מאָדערנער. און די ליטעראַטור אין גריכנלאַנד איז תּמיד געווען פּאָליטיש? יאָ. אויב דו שרײַבסט אויפֿן מאָדערנעם גריכיש, ביסטו אַ קאָמוניסט. בלויז אין 1974 האָט מען אָנגעהויבן לערנען דאָס מאָדערנע גריכיש אין די שולן. אינטערעסאַנטע פּאַראַלעלן מיט דעם, וואָס זאַרעצקי שרײַבט (ציטירנדיק נ. שטיפֿן) וועגן דעם ייִדיש פֿון די „הערשנדיקע שיכטן", וואָס האָבן „געשאַפֿן זייער אַריסטאָקראַטישע שפּראַך, אַזוי ווי די אייבערשטע שיכטן בײַ אַלע פֿעלקער" („דײַן מכתּבֿ האָב איך מקבל געווען", „ליידן על המאָגן" וכדומה), און די שפּראַך פֿון פּראָסטע מענטשן און „פּראָלעטאַרישע פּאָעטן", וועלכע פֿלעגן נוצן ווייניק העברעיִזמען.

דעצעמבער 2

געוואָלט שלאָפֿן, נאָר ניט געקאָנט אײַנשלאָפֿן. 2.15 בײַ נאַכט אײַנגענומען אַ שלאָפֿמיטל און דאָך נאָך צוויי שעה ניט געשלאָפֿן. אויפֿגעוואַכט פֿאַר 11 אין דער פֿרי און מער ניט געקאָנט אײַנשלאָפֿן... אפֿשר האָבן די שלאָפֿמיטלען אויפֿגעהערט צו ווירקן?

אַנאַבעלע און ענדריו האָבן אַרומגעפֿירט קאַרינאַטשקען איבער דער שטאָט. זיי האָבן איר דערציילט, אַז הײַיאָר האָט מען זיי אומגעקערט 500 דאָלאַר פֿונעם שטײַער, וואָס זיי האָבן געהאַט באַצאָלט, מחמת די רעגירונג האָט אונטערגערעכנט און דערזען, אַז זי האָט אויסגעגעבן ווייניקער געלט, ווי זי האָט געהאַט באַקומען פֿון די שטײַערן־צאָלערס (דער שטײַער־אָפּצאָל דאָ איז 15% פֿאַר אַלעמען, אומאָפּהענגיק פֿון די הכנסות)!

געווען אַן אָוונט לכּבֿוד מיר אין דער רעזידענץ פֿונעם בריטישן קאָנסול. ער האָט זיך אַרויסגעוויזן זייער אַ ווילער מענטש. זײַן טאָכטער שטודירט דעם מיטעלן מיזרח און די אַראַבישע שפּראַך אין קעמברידזש. פֿאַר דעם האָט זי אין אַן אַנדער קאָלעדזש געמאַכט אַ פֿאָרשונג וועגן דעם חורבן. דעמאָלט האָט דער פֿאָטער בײַ איר געפֿרעגט: ווי מיינט זי, צי וואָלט דער חורבן געקאָנט געשען אין ענגלאַנד? זי האָט געענטפֿערט: „איך מיין, אַז דער חורבן האָט געקאָנט געשען וווּ ס'זאָל ניט זײַן." קאַרינאָטשקע איז מיט דעם מסכּים געווען, זאָגנדיק, אַז פּראָפּאַגאַנדע, צום באַדויערן, איז אַלמעכטיק.

באַגלייט האָט אונדז צום קאָנסול דער דירעקטאָר פֿונעם אָרקעסטער, מיט וועלכן כ׳וועל דאָ שפּילן (דער האַנג־קאָנגער פֿילהאַרמאָנישער אָרקעסטער). ער האָט אָנגעהויבן דערציילן וועגן זיך, אַז זײַן משפּחה שטאַמט פֿון שאַטלאַנד, און אַגבֿ־אורחאדיק צוגעגעבן: „שלעכטע ידיעות: מײַן מאַמע שטאַמט פֿונעם זעלבן קלאַן וואָס דאָנאַלד טראַמפּ...” מיר האָבן אַלע געשמייכלט. איך האָב ווידער זיך דערמאָנט אין אונדזערע רוסיש־ייִדישע טראַמפּיסטן... אַ מאָל דוכט זיך מיר, אַז זיי (יעדנפֿאַלס, אייניקע פֿון זיי), ווי אויך רוסישע פּאַטריאָטן־פּוטיניסטן, האָבן, לויט פֿרוידן, דעם קינדערשן אַנאַלן אינסטינקט – מ׳האָט ליב צו זײַן „אַ שלעכט ייִנגעלע”, דהײַנו: אַהאַ, די ציוויליזירטע וועלט מיינט אַזוי, וועל איך מיינען פֿאַרקערט, אויף צו להכעיס! עס ווילט זיך ממש אַרײַנקלאַפּן זיי אין קאָפּ: פֿאַרשטייט זשע, סוף־כּל־סוף, אַז אונטערהאַלטן טראַמפּן איז צווישן ציוויליזירטע מענטשן **אום־אָנ־שטענ־דיק!** אַז מיט אײַערע אָנשוויונגען שטעלט איר זיך אַרויס אויף חוזק פֿאַר דער לײַטישער געזעלשאַפֿט! איר האַלט זיך פֿאַר עפּעס נײַע גאַלילייען צי אורִיעל אַקאָסטעס?! פֿאַרשטייט זשע, כאָטש איצט, אַז אויב אײַך געפֿעלן ניט די מיינונגען פֿון ציוויליזירטע מענטשן, הייסט עס, אַז איר פֿאַרשטייט עפּעס ניט, אַז גראָד איר זײַט ניט־גערעכט, מחמת איר זײַט געבוירן געוואָרן און אויפֿגעוואַקסן אינעם סאָוועטן־פֿאַרבאַנד; דעריבער האָט איר אומפֿאַרמײַדלעך אײַנגעזאַפּט אין זיך דעם סאָוועטישן מענטאַליטעט (אַפֿילו אויב איר האָט פֿײַנט קאָמוניזם)! אויב איר ווילט ווערן ציוויליזירטע מענטשן, דאַרפֿט איר זיך צוהערן צו דער מיינונג פֿון דער ציוויליזירטער געזעלשאַפֿט, זיך לערנען און בײַטן אײַער אַרט דענקען! און אויב איר ווילט זיך ניט צוהערן און לערנען זיך, וועט איר אין די אויגן פֿון דער לײַטישער געזעלשאַפֿט אויף תּמיד בלײַבן פּרא־אָדמס, פּונקט ווי די מוסולמענישע פֿונדאַמענטאַליסטן, וואָס עמיגרירן אין די מערבֿדיקע לענדער און ווילן זיך ניט אָפּזאָגן פֿון זייערע אָפּגעשטאַנענע באַגריפֿן פֿון לעבן!

דעצעמבער 3

אײַנגענומען אַ שלאָפֿמיטל און געשלאָפֿן בעסער ווי נעכטן, נאָר במשך פֿונעם גאַנצן טאָג געפֿילט זיך ממש פֿאַרמאַטערט. מיר איז אַפֿילו געווען שווער צו שפּילן.

אַנאַבעלע און ענדריו האָבן אונדז געבראַכט צו זייער אַ חבֿרטע, אַ גרטע פֿון קובאַנישן אָפּשטאַם. איר מאַן, אַן איראַקישער ייִד, איז דער באַזיצער פֿון אונדזער האָטעל, ווי אויך פֿון אַ סך אַנדערע בנינים אין פֿאַרשיידענע לענדער. געווען איז דאָרט גאַנץ סקוטשנע, נאָר אויפֿן וועג אַהין און צוריק האָבן מיר אַ ביסל געזען די שטאָט, בפֿרט די חורבֿות, וווּ עס ווינען אָרעמע־לײַט. אַנאַבעלע האָט אונדז דערקלערט, אַז די קאָנצעפּציע פֿון אָרעמקייט אין האָנג־קאָנג איז גאַנץ אייגנאַרטיק: גרויסע משפּחות, מיט קינדער און באָבע־זיידעס, זײַנען צונויפֿגעשפּאַרט אין פּיצינקע דירות, נאָר זיי האָבן אויטאָס, עסן אין רעסטאָראַנען און פֿאָרן אַפֿילו אין אורלויב. איך האָב געפֿרעגט וועגן די הײמלאָזע, און אַנאַבעלע האָט געזאָגט, אַז אין גאַנץ

האָנג־קאָנג מיט אַ באַפֿעלקערונג פֿון 9 מיליאָן מענטשן, זײַנען פֿאַראַן בלויז צוויי הונדערט און עפּעס הײמלאָזע. נאָך מער: מע לייגט זיי פֿאַר אַ דאַך איבערן קאָפּ, אָבער זיי האַלטן פֿאַר בעסער צו וווינען אין דרויסן!

געטראָפֿן זיך מיטן דיריגענט אַנדריס פּאָגאַ[46]. אינעם זעלבן אָוונט איז געווען די ערשטע רעפּעטיציע מיטן אָרקעסטער. פּאָגאַ איז בפֿירוש אַ פֿעיִקער דיריגענט און זייער אַן ערנסטער מוזיקאַנט. ער באַמיט זיך זייער, אַז אַלץ זאָל זײַן כּשורה. דער אָרקעסטער איז גאַנץ נישקשהדיק: בערך דרײַסיק מוזיקאַנטן זײַנען פֿון כינע, צוואַנציק – פֿון האָנג־קאָנג און נאָך אַ צוואַנציק – פֿון אייראָפּע און אַמעריקע.

אַבי נאָר כ׳זאָל הײַנט שלאָפֿן בעסער, אַנדערש ווייס איך ניט, ווי כ׳וועל קאָנען אַלץ אויסהאַלטן און שפּילן נאָרמאַל...

4 דעצעמבער

אײַנגענומען אַנדערע שלאָפֿמיטלען, געשלאָפֿן נישקשהדיק און געפֿילט זיך אַ סך בעסער, ווי נעכטן. די טעמפּעראַטור אין שטאָט איז הײַנט אַרויף ביז 28 גראַד לויט צעלזיוס. אין דעצעמבער, בפֿרט בײַ דער דאָיִקער פֿאַרעניגע! ווי אַזוי לעבט מען דאָ?!

בײַ טאָג איז געווען די צווייטע רעפּעטיציע מיטן אָרקעסטער, און אין אָוונט האָבן אַנאַבעלע און ענדריו אונדז אײַנגעלאַדן אין אַ קלוב, וואָס הייסט „כינע". ווען מיר זײַנען אַרײַן אַהין, האָט ענדריו געזאָגט, אַז ס׳איז דאָ אַן אויסשטעלונג פֿון פּאָסט־קאָמוניסטישער כינעזישער קונסט „מיט עלעמענטן פֿון סאָציאַלן רעאַליזם". ס׳האָט זיך אָבער אַרויסגעוויזן, אַז אויף דער אויסשטעלונג איז פֿאַראַן אַ סך ניט פּאָסט־קאָמוניסטישע, נאָר פּשוט קאָמוניסטישע קונסט, בפֿרט פּאָרטרעטן פֿון מאַאָ. בײַם אַרײַנגאַנג אין רעסטאָראַן זײַנען געהאָנגען פֿאָטאָגראַפֿיעס פֿון מאַרקסן, ענגעלסן, לענינען און סטאַלינען. „און וואָס איז דער message פֿון דעם אַלעם?" – האָב איך געפֿרעגט בײַ ענדריון. „גאָרניט, ס׳איז פּשוט קונסט." – „און די אויסשטעלונג איז דאָ כּסדרדיק?" – „יאָ.". מיר איז געוואָרן פּריקרע. געדעכט איז בוקאָווסקי, וואָס האָט תּמיד געטענהט: מ׳האָט געדאַרפֿט דורכפֿירן אַן אינטערנאַציאָנאַלן געריכט־פּראָצעס קעגן קאָמוניזם אויפֿן סמך פֿונעם נירנבערגער פּראָצעס קעגן נאַציזם. צי קאָן מען זיך פֿאָרשטעלן היטלערס פּאָרטרעטן אָדער אַפֿילו פּשוט אַ כּסדרדיקע אויסשטעלונג פֿון נאַציסטישער קונסט אין אַ וואָסער־ניט־איז דײַטשישן קלוב?! עס זײַנען דאָ אויסגעשטעלט פּאָרטרעטן פֿון מאַסן־מערדערס, און מע נעמט עס אָפּנים אויף ווי עפּעס נאָרמאַלס – „פּשוט קונסט"! אַגבֿ, דאַרף מען נאָך אונטערצײכענען אַ סך־הכּל, ווער האָט דערהרגעט מער מענטשן, היטלער צי מאַאָ; אַלנפֿאַלס, לויט שמואל מיקוניס׳[47] זכרונות, איז מאַאָ געווען גרייט צו פֿאַרניכטן אין אַ נוקלעאַרער מלחמה אַנדערהאַלבן מיליאַרד מענטשן, בתוכם גאַנץ איטאַליע! אַפֿילו היטלער, דוכט זיך, האָט אַזאַ מין כּוונות ניט געהאַט.

ענדריו און איך האָבן געהאַט זייער אַ לאַנגע און אינטערעסאַנטע דיסקוסיע: וועגן מעטאַפֿיזישע ענינים, ייִדישקייט, מדינת־ישׂראל, אַנטיסעמיטיזם וכדומה. אַ שאָד,

וואָס מ'האָט אונדזער שמועס ניט רעקאָרדירט און ניט סטענאָגראַפֿירט, מחמת ער איז געווען באמת זייער אינטערעסאַנט, נאָר איבערגעבן אים בין איך ניט בכוח.

דעצעמבער 5

נו, אָט האָב איך אָפּגעשפּילט מײַן לעצטן קאָנצערט אין אַזיע...

אין דער פֿרי פֿאַר דער רעפּעטיציע האָט מיך בײַם אַרײַנגאַנג אינעם זאַל באַגעגנט אַ מענטש מיט אַ סך מײַנע קאָמפּאַקטלעך. כ'האָב אים געזאָגט, אַז איצט מוז איך גיין אויף דער רעפּעטיציע, נאָר נאָכן קאָנצערט קאָן ער צוקומען, וועל איך אים זיי אונטערשרײַבן. פֿון דעסטוועגן, ווען איך בין אַרויס פֿונעם זאַל מיט עטלעכע שעהען שפּעטער, איז דער מענטש נאָך אַלץ געשטאַנען דאָרטן. ס'האָט זיך אַרויסגעוויזן, אַז ער איז געקומען ספּעציעל פֿון כינע און וואַרט אויף מיר נאָך פֿון סאַמע אין דער פֿרי אָן!

נאָך דער רעפּעטיציע איז צו מיר צוגעקומען גאָר אַ יונגער מאַן, דערלאַנגט מיר אַ צעלאָפֿאַן־פּעקל און געזאָגט: „סאַלוט, איך הייס פּאַל, איך שפּיל אויף דער טובע דאָ אינעם אָרקעסטער. כ'האָב אײַך געבראַכט אַ מתּנה: לאַטקעס און אַ פּאָנ־טשיק פֿון אַ כּשרער קראָם. חג שׂמח!". אַ מין סורפּריז! און אַזוי רירנדיק...

אויפֿגענומען האָט מיך דער עולם זייער הייס. כ'האָב געשפּילט די צוגעגרייטע צוויי ביסן, נאָר מ'האָט מיך ניט אָפּגעלאָזט. איינער אַ מענטש אין דער ערשטער ריי האָט געשריגן אויף ענגליש: „נאָך איינעם! נאָך איינעם, ביטע!" דאַן האָב איך געשפּילט ראַכמאַנינאָווס דאָ דיִעז מינאָר־פּרעלודיע – ווי אַ רעקוויעם נאָך רוסלאַנד... קאַרינאָטשקע האָט מיר דערנאָך געזאָגט, אַז ווען כ'האָב אָנגעהויבן שפּילן די פּרעלודיע, האָבן זי אָנגעהויבן וואַרגן טרערן.

דער אָרקעסטער דאָ איז אַוודאי אויף עטלעכע מדרגות נידעריקער פֿונעם בײַעריש ראַדיאָ־אָרקעסטער, הגם זיי האָבן זיך זייער געסטאַרעט.

נאָכן קאָנצערט זײַנען צו מיר צווישן אַנדערע מענטשן צוגעקומען דרײַ פֿרויען, וואָס זײַנען ספּעציעל געקומען צו פֿליִען אויפֿן קאָנצערט פֿון פֿיליפּינען: אַ מוטער, אַ טאָכטער און אַ שנור, אַלע פּיאַניסטקעס!

אַ שאָד, וואָס קיין צײַט איז ניט געבליבן צו שמועסן מיט פּאָגאַ אויף אַן עכטן אופֿן. ס'וואָלט געווען אינטערעסאַנט: ער האָט דאָך שטודירט פֿילאָסאָפֿיע אין אוניווערסיטעט! נו, אפֿשר, אַן אַנדערש מאָל, ווען מיר'ן שפּילן צוזאַמען אין קומענדיקן יאָר אין פֿראַנקרײַך.

די מאַמע, אַלאָטשקע און אַנע פּאַוולאָוונע האָבן זיך בשלום אומגעקערט פֿון בערלין קיין פּראָג. מאָרגן וועלן מיר שוין ווידער זײַן צוזאַמען.

דעצעמבער 6

אָפּגעשלאָפֿן נישקשהדיק (איצט האָבן מיר סוף־כּל־סוף געקאָנט זיך אַנט־שפּאַנען!), געקומען אינעם אַעראָפּאָרט, אַרײַנגעזעצט זיך אינעם עראָפּלאַן. די גאַנצע

גרויסע משפּחה אונדזערע וואַרט שוין. מאָרגן איז אַניעטשקעס[48] געבוירן־טאָג (עס ווערט שוין **12** יאָר אונדזער קראַסאַוויצע!), איבערמאָרגן איז קאַרינאַטשקעס געבורטסטאָג.

כ'וועל מוזן אַרבעטן אַ סך, לערנען אַ סך פֿונעם נײַעם רעפּערטואַר פֿאַרן קומענדיקן יאָר, נאָר במשך פֿון אַ גאַנצן חודש וועל איך קיין קאָנצערטן ניט האָבן. דעם **20**סטן קומען צו פֿליִען די סמעכאָווס, מיר'ן רעפּעטירן די פּראָגראַם פֿון ייִדישער פּאָעזיע, וואָס מיר וועלן (האָפֿנטלעך!) אויספֿילן אין אַ יאָר אַרום אין מאָסקווע, אינעם געוועזענעם בנין פֿונעם „גאָסעט". באַריע וואַרט אויף מײַן מוזיק צו די לידער פֿאַר אונדזער מיוזיקל.

פֿון סלאָוואַקײַ האָט מען אַרויסגעשיקט אַ רוסלענדישן דיפּלאָמאַט פֿאַר שפּיאָנאַזש. אין פּראָג האָט מען פֿאַרעפֿנטלעכט דעם ניט־פֿאַרסעקרעטעוועטן טייל פֿונעם טשעכישן קאָנטער־אויסשפּיר־באַריכט פֿאַרן יאָר **2017**, וואָס זאָגט בפֿירוש, אַז די טעטיקייט פֿון די רוסלענדישע שפּיאָנען אין לאַנד ווערט אַלץ מער און מער אַקטיוו. יאָ, טינוף צעגיסט זיך איבער דער גאַנצער וועלט. צי קאָן מען עס אויסרייניקן פֿון דאַנען? ווער ווייסט, וויפֿל אַזעלכע מנוּוולים זײַנען פֿאַראַן אין ישׂראל? אין אונדזער פֿאָלק זײַנען דאָך אויך תּמיד געווען אַזעלכע אויסוווּרפֿן – ניט בלויז אידיאָטן־אידעאַליסטן, ווי די ראָזענבערגס[49], למשל, נאָר אויך פּאַסקודניאַקעס, ווי קאַלמאַנאָוויטש[50].

די איירקאָמיסיע האָט צוגעשטעלט אַ פּלאַן פֿון קאַמף קעגן דעזאַאינפֿאָרמאַציע, ווײַל מ'האָט מורא, אַז מאָסקווע וועט זיך אַרײַנמישן אין די וואַלן פֿונעם אייראָפּעיִשן פּאַרלאַמענט אין קומענדיקן יאָר, ווי אויך אין די וואַלן פֿון די לענדער, מיטגלידער פֿונעם אייראָפּעיִשן פֿאַראיין אין **2020**. יאָ, אַזעלכע נאַראָנים דאַרף מען נאָך זוכן, אַז אַפֿילו איך האָב געלערנט וועגן דעם דאָזיקן „פּלאַן" פֿון מאַסן־מעדיאַ; צי מיינען זיי, די איירָאָפּעיִשע פֿונקציאָנערן, אַז די רוסלענדישע שפּיאָנען וועלן אים ניט אויספֿאָרשן אויף אַ פּרטימדיקסטן אופֿן און ניט אָננעמען קיין געהעריקע מיטלען?!

אַוודאי, ווערן אַזעלכע רעזשימען פֿריִער אָדער שפּעטער צו נישט, נאָר וויפֿל נאָך קרבנות וועלן די גזלנים אַוועקטראָגן מיט זיך אין קבֿר? וויפֿל נאָך מענטשן וועלן זיי דערשיסן, פֿאַרפּײַניקן, פֿאַרסמען?

ניט רויִק איז אויף דער וועלט. מ'דאַרף זיך האַלטן.

און מיר, ייִדן, דאַרפֿן זיך האַלטן באַזונדערס. מ'דאַרף שטיצן און פֿאַרטיידיקן ישׂראל, אויפֿדעקן די רכילותן אויף דער ייִדישער מלוכה און דעם ייִדישן פֿאָלק. אין דער זעלבער צײַט, דאַרף מען האַרב אָפּהאַקן די רייד פֿון אונדזערע „פּאַטריאָטן", וואָס וווינען ניט אין ישׂראל און זײַנען ניט קיין ישׂראל־בירגער, אָבער האָבן די חוצפּה אָצורופֿן עמוס עוזן, אַבֿרהם ב. יהושען און דוד גראָסמאַנען[51] „מענטשן אָן אַ ייִחוס און אָן אַ שבֿט", און לייגן פֿאָר, אַז די „מרץ"־מיטגלידער[52] זאָלן פֿאַרלאָזן זייער היימלאַנד. מ'דאַרף כּסדר דערקלערן, אַז ישׂראל קאָן ניט פֿאַרלאָזן די טעריטאָריעס, מחמת ביז אַהער האָבן די טעריטאָריעלע הנחות ניט געבראַכט

קיין שלום, נאָר פֿאַרקערט, סטימולירט די פּאַלעסטינער אַראַבער צו טעראָריזם. אין דער זעלבער צײַט, דאַרף מען שטעלן אַ שאַרפֿן ווידערשטאַנד אונדזערע סאַמעראָדנע פֿאַנאַטיקערס, וואָס טענהן, אַז ישׂראל טאָר בשום־אופֿן ניט אָפּגעבן די טעריטאָריעס, ווײַל גאָט אַליין האָט געגעבן די ייִדן דאָס דאָזיקע לאַנד. נאָך אונדזער גרויסער קלאַסיקער, שלום־עליכם, האָט אויסגעלאַכט אַזעלכע באַלוואַנעס אין זײַן ווערק „ווען איך בין ראָטשילד": „די מלוכה זאָגט, אַז די טעריטאָריע איז איר טעריטאָריע, און די מלוכה זאָגט: 'ניין, ס'איז מײַן טעריטאָריע'. משׂשת ימי בראשית, הייסט עס, האָט גאָט באַשאַפֿן אָט דאָס שטיקל ערד פֿון איר כּבֿוד וועגן." מ'דאַרף אַנטשיידן קעמפֿן קעגן יענע מערבֿדיקע פּאָליטיקערס, וואָס זײַנען שׂונאים פֿון מדינת־ישׂראל, – און אין דער זעלבער צײַט, דאַרף מען ניט ווייניקער קעמפֿן קעגן אונדזערע אייגענע רעאַקציאָנערן, וועלכע שטעלן זיך אַליין קעגן ישׂראל און דער מערבֿדיקער אידעאָלאָגיע, די מערבֿדיקע פּרינציפּן און אידעאַלן, וואָס זײַנען אין תּוך **ייִדישע** אידעאַלן, ווי עס האָט ריכטיק געטענהט זאבֿ זשאַבאָטינסקי („מיזרח").

מ'דאַרף שטודירן אונדזער גײַסטיקע ירושה, וואָס במשך פֿון דור־דורות האָט פֿאַרהיט אונדזער פֿאָלק, – נאָר טאָן עס דאַרף מען קריטיש, ניט פֿאַרמאַכנדיק די אויגן אויף דעם, וואָס אַ סך אין תּורה (ווי אויך, פֿאַרשטייט זיך, אין די הייליקע ספֿרים פֿון אַנדערע רעליגיעס) קומט אין סתּירה מיט דער מאָדערנער מאָראַל (בראשית: 19, 26; שמות: 12, 29; שמות: 22, 18־20; ויקרא: 20, 9־18; ויקרא: 21, 9; במדבר: 15, 32־36; דבֿרים: 20, 16־17; דבֿרים: 22, 20־25; יהושע: 10, 28־40; שמואל 1: 15, 2־3 – און נאָך, און נאָך).

מ'דאַרף שטודירן, אַנטוויקלען און פּראָפּאַגאַנדירן אונדזער ייִדישע קולטור, די ייִדישע שפּראַכן, ליטעראַטור, מוזיק, טעאַטער, פֿאָלקלאָר – און אין דער זעלבער צײַט דאַרף מען אַנטשיידן אָפּוואַרפֿן די טענות פֿון אונדזערע פֿינצטערלינגען, אַז דער עיקר פֿון ייִדישקייט איז כּלומרשט שבת און כּשרות. מ'דאַרף געדענקען, אַז די דאָזיקע זאַכן האָבן שוין לאַנג אויפֿגעהערט צו זײַן די הויפּט־סימנים פֿון ייִדן; אַז הײַנט, אינעם 21סטן יאָרהונדערט, נאָר בערך 16% ייִדן גלייבן אין די דאָגמעס פֿונעם אָרטאָדאָקסאַלן יודאַיזם (22% אין ישׂראל און 10% אין אַמעריקע, און די מלוכות, אין וועלכע עס וווינען העכער 80% ייִדן פֿון דער גאָרער וועלט.) דער גרעסטער קלאַסיקער פֿון דער ייִדישער ליטעראַטור שלום־עליכם פֿלעגט שרײַבן שבת („פֿונעם יריד", קאַפּיטל 58); דער גרונטלייגער פֿונעם רעכטן ציוניזם זאבֿ זשאַבאָטינסקי פֿלעגט עסן פּוטער מיט ברויט און שינקע („אײַער נײַ־יאָר"), און שרײַבן, אַז פֿון אַזעלכע ווילדע „מיזרחדיקע" איבערבלײַבסן, ווי דאָס אַרײַנמישן רעליגיע אינעם לעבנס־שטייגער, די פֿרוי אין אַ שייטל, וואָס אַ פֿרעמדער מאַנצביל טאָר איר ניט דערלאַנגען די האַנט, וכדומה – „פֿון זיי דאַרף מען אָפּווענדן אונדזערע מאַסן. דערמיט טאַקע פֿאַרנעמען מיר זיך אין יעדער לײַטישער שול, און מיט דעם פֿאַרנעמט זיך באַזונדערס פֿלײַסיק און דערפֿאָלגרײַך דאָס לעבן אַליין..." („מיזרח").

יאָ, מיר זײַנען אַ פֿאָלק פֿון חכמה, נאָר אין אונטערשייד פֿון די ביבליש־תּלמודישע צײַטן און די צײַטן פֿון מיטלאַלטער זײַנען איצט, אין דער מאָדערנער תּקופֿה, אונדזערע גרעסטע חכמים בפֿירוש ניט די רבנים, נאָר די גרויסע וויסנ־שאַפֿטלערס, לאַורעאַטן פֿון דער נאָבעל־פּרעמיע. פּונקט אַזוי האָט דאָך געטענהט העגעריך היינע: „ווי אין די פֿינצטערע צײַטן ווערן מענטשן אַמבעסטן געפֿירט פֿון רעליגיע, אַזוי איז אין חשכות דער בעסטער וועגווײַזער – אַ בלינדער... ווען ס'קומט אָבער דער קאַיאָר, איז פּשוט נאַריש נאָכצופֿאָלגן דעם בלינדן...". פּונקט אַזוי, ווי מע פֿלעגט קעמפֿן פֿאַר די רעכט פֿון די פֿרומע ייִדן (און די גלויביקע בכלל) אינעם סאָוועטן־פֿאַרבאַנד, דאַרף מען קעמפֿן קעגן די פּרוּוון אָנבינדן זייער לעבנס־שטייגער דער גאַנצער געזעלשאַפֿט מצד די ישׂראלדיקע חרדים, ווי אויך קעגן זייערע פּרעבע פּרוּוון שטעלן זיך העכער פֿונעם געזעץ דורך אָפּזאָגן זיך דינען אין דער אַרמיי (כ'געדענק, ווי אלי וויזעל, עליו־השלום, האָט געענטפֿערט אויף מײַן פֿראַגע וועגן דעם ענין: „אין יעטווידער נאָרמאַלער מלוכה ווענדט די פּאָליציי אָן קראַפֿט קעגן די, וואָס פֿירן ניט אויס דאָס געזעץ").

מ'דאַרף שטעלן אַן אַנטשיידענעם ווידערשטאַנד די פּרוּוון צו פֿאַרווערן ברית־מילה אין די אייראָפּעיִשע לענדער; פּונקט ווי ניט ווייניקער דאַרף מען אין ישׂראל קעמפֿן פֿאַרן רעכט פֿון די עלטערן, וואָס ווילן ניט מלן זייערע קינדער. מ'דאַרף זיך קעגנשטעלן די פּרוּוון מצד די קריסטלעכע מיסיאָנערן צו „דערווײַזן", אַז זייער גלויבן איז כּלומרשט בעסער איידער די ייִדישע אמונה. אין דער זעלבער צײַט דאַרף מען זיך באַציִען טאָלעראַנט צו אונדזערע שטאַמברידער, וואָס צוליב פּערזענלעכע סיבות זײַנען זיי געוואָרן גלויביקע קריסטן (אויב זיי זײַנען דערבײַ ניט געוואָרן קיין אַנטיסעמיטן!). ווי ס'האָט אָנגעשריבן זשאַבאָטינסקי, שטעלנדיק צום שאַנדסלופּ יענע ייִדן, וואָס פֿלעגן זיך שמדן צוליב הוילער נוץ: „בײַטן דעם גלויבן מחמת דער אינערלעכער איבערצײַגטקייט אין דער אויבערהאַנט פֿון דער נײַער רעליגיע – דאָס איז בכּבֿודיק, ניט קיין בזיון" („אונדזער טאָג־טעגלעכע דערשײַנונג").

מ'דאַרף רעספּעקטירן אונדזערע פֿרומע שטאַמברידער, וואָס לעבן רויִק מיט זייער לעבן און בינדן קיינעם ניט אָן זייערע אָנשויונגען; נאָר מ'דאַרף אומברחמנותדיק אויסלאַכן און אָנווײַזן זייער אָרט די יעניקע עזות־פּנימניקעס, וואָס האַלטן זיך קליגער פֿון די 84% ייִדן און דער גאַנצער איבעריקער מענטשהייט. זיי האָבן די העזה צו טענהן, אַז „דאָס ייִדישע פֿאָלק איז עקשנותדיק און נאַריש". זיי רופֿן די וועלטלעכע ייִדן „אַנטיסעמיטן". צו באַליידיקן דאָס ייִדישע פֿאָלק אויף אַזאַ אופֿן מיינט, אַז דווקא זיי זײַנען עכטע אַנטיסעמיטן (ווי ס'האָט געשריבן דער רוסישער היסטאָריקער קליוטשעווסקי וועגן זײַנע אייגענע, פּראַוואָסלאַווע אָבסקוראַנטן: „קוקנדיק אויף זיי, ווי זיי גלייבן אין גאָט, ווילט זיך שוין גלייבן אין טײַוול"!) מ'דאַרף זײַן אַזאַ, ווי ס'איז געווען עדוואַרד גריג, אַ גרויסער קאָמפּאָזיטאָר, דער גרינדער פֿון דער נאָרוועגישער נאַציאָנאַלער מוזיק און אַ פֿאַרביסענער שׂונא פֿון שאָוויניזם, איזאָלאַציאָניזם, קלעריקאַליזם. ער האָט ניט בלויז געווידמעט דאָס לעבן דער אַנטוויקלונג פֿון זײַן

פֿאָלקס נאַציאָנאַלער קולטור, נאָר אויך פּראָטעסטירט קעגן אומיושר בנוגע אַנדערע פֿעלקער. ער האָט אָפּגעשאַפֿן זײַנע קאָנצערטן אין פֿראַנקרײַך ווי אַ פּראָטעסט קעגן דעם אַנטיסעמיטישן דרייפֿוס־פּראָצעס...

נו, עס טראָגט אונדז שוין לאַנג דער עראָפּלאַן אַנטקעגן דער אַלטער וועלט. זײַ געזונט, אַזיע! ניט געקוקט אויף דעם „jet lag" און די שלאָפֿלאָזיקע נעכט, אויף דער האָנג־קאָנגער פּאַרענינע און אַלע אַנדערע שוועריקייטן, איז מיר דאָרט געווען גוט!

---

[1] אַליאָשע – קאַרינעס זון פֿון ערשטן שידוך

[2] אַפּאָן – אַ הייליקער באַרג אין גריכנלאַנד, וואָס שפּילט אַ וויכטיקע ראָלע אין פּראָוואָסלאַוויע

[3] נאַוואַלני, אַלעקסיי – רוסלענדישער פּאָליטיקער, אָפּאָנענט צו דער איצטיקער מאַכט

[4] אַניאַ – אַ חבֿרטע פֿון מאָסקווע

[5] ראַבינאָוויטש, דוד (1900־1978) – סאָוועטישער מוזיקאָלאָג און קריטיקער. מחבר פֿון אַ צאָל וויכטיקע אַרטיקלען און אויספֿאָרשונגען, בתוכם וועגן דעם האָלענדישן דיריגענט בערנאַרד הײַטינק.

[6] באָריס סאַנדלערס ערשטע דערציילונגען, אָפּגעדרוקט אינעם זשורנאַל „סאָוועטיש היימלאַנד" (1981)

[7] פּו, יואַן – אַ פֿרײַנד פֿון טײַוואַן
[8] וואַלעריאַנקע – אַ געוויקס, וואָס מע נוצט אין מעדיצין
[9] ניו – דער אָרגאַניזאַטאָר פֿון קיסינס קאָנצערטן אין טײַוואַן
[10] „דער וואָלפֿהונט איז גערעכט, נאָר דער מענטשנפֿרעסער – ניט“ – אַן אויסדרוק פֿון אַ. סאָלזשעניציִנס העלד פֿונעם ראָמאַן „אין דעם קרײַז דעם ערשטן“
[11] ניקאָלינאַ גאָראַ – אַ דאַטשע־יישובֿ אונטער מאָסקווע
[12] האָבסבאָום, עריק (1917־2012) – ענגלישער היסטאָריקער
[13] גאַליטש, אַלכּסנדר (1918־1977) – אמתער נאָמען גינזבורג. רוסישער פּאָעט, דראַמאַטורג, מחבר און זינגער פֿון אייגענע לידער.
[14] יאַנסאָנס, מאַריס (1943־2020) – דיריגענט
[15] מעטאַ, זובין – דיריגענט
[16] „ווי לאַנג וועט זיך די מוטער זײַן מצער? ביז וואַנען וועט אַרומשוועבן דער גײַער?“ – אַ ציטאַט פֿון אַ. בלאָקס אַ ליד
[17] „גײַסטיקע בינדפֿעדעם“ – וו. פּוטינס אויסדרוק, וואָס ווערט פֿאַרטײַטשט ווי „ווערטן, וועלכע פֿאַראייניקן רוסלאַנד אין איין גאַנצקייט“.
[18] „אַ קינדס טרערעלע“... – פֿאַרשפּרייטער אויסדרוק פֿון פֿ. דאָסטאָיעווסקי
[19] טשונג – קאָרעיִשער דיריגענט און פּיאַניסט
[20] קאַראַטשענצאָוו, ניקאָלײַ (1944־2018) – סאָוועטישער און רוסלענדישער טעאַטער־ און קינאָ־אַקטיאָר
[21] ניהיי – דער איצטיקער שעף פֿון „דזשאַפּאַן אַרטס“, קיסינס מענעדזשמענט אין יאַפּאַן
[22] סודזוקי־סאַן – קיסינס לאַנג־יאָריקער איבערזעצער אין יאַפּאַן
[23] רעמאַרק, עריך מאַריאַ (1970־1898) – דײַטשישער שרײַבער
[24] גינזע – אַ צענטראַלער ראַיאָן אין טאָקיאָ
[25] בלאָק, אַלעקסאַנדר (1880־1921) – רוסישער פּאָעט, דראַמאַטורג, איבערזעצער
[26] קיסינס איבערזעצערין אין יאַפּאַן סוף 1980ער־אָנהייב 1990ער יאָרן
[27] מלוכישער אַקאַדעמישער מאַריִנסקי טעאַטער – טעאַטער פֿון אָפּערע און באַלעט אין סאַנקט־פּעטערבורג
[28] יאַצוגאַטאַקע – אַ קוראָרט אין די בערג
[29] איסערליס, סטיוען – אַ באַרימטער וויאָלאָנטשעליסט (אַן אָפּשטאַמלינג פֿון רמ"א)
[30] ראַבין, אָסקאַר (1928־2018) – סאָוועטישער און פֿראַנצייזישער מאָלער
[31] טאָיאָטאָמי הידעיאָשי (1536־1598) – יאַפּאַנישער פּאָליטישער און מיליטערישער טוער
[32] „מגימאָ“ – מאָסקווער מלוכישער אינסטיטוט פֿון אינטערנאַציאָנאַלע באַציִונגען
[33] קאַצוואַ, לעאָניד (1957) – לערער, מחבר פֿון לערנביכער פֿון געשיכטע אין רוסלאַנד
[34] פֿעראָ, מאַרק (1924) – פֿראַנצייזישער היסטאָריקער און פעדאַגאָג
[35] מאָגילנער, באָריס (1920־2000) – ייִדישער סאָוועטישער פּאָעט

[36] נאַקאַטאָ־סאַן – דער גרינדער און לאַנג־יאָריקער שעף פֿון „דזשאַפּאַן אַרטס“
[37] אַקי – סוועטלאַנאַס מאַן
[38] דער אָרקעסטער פֿון בײַערישן ראַדיאָ
[39] כוואָראָסטאָווסקי, דמיטרי (1962־2017) – רוסישער זינגער
[40] דומע – רוסלענדישער פּאַרלאַמענט
[41] לאַווראָוו, סערגיי (1950) – סאָוועטישער און רוסלענדישער מלוכה־טוער
[42] אַלעקסייעוו, דמיטרי (1947) – סאָוועטישער און רוסישער פּיאַניסט
[43] סאַאַקאַשווילי, מיכאַיל (1967) – פּאָליטישער טוער
[44] זוראַבישווילי, סאַלאָמע (1952) – פֿראַנצייזישע און גרוזינער פּאָליטישע טוערין
[45] זאַרעצקי, אײַזיק (1891־1956) – סאָוועטישער לינגוויסט (ייִדיש)
[46] פּאָגאַ, אַנדריס (1980) – לעטלענדישער דיריגענט
[47] מיקוניס, שמואל (1903־1982) – לינקער פּאָליטישער טוער אין ישׂראל
[48] אַניעטשקע – פּלימעניצע
[49] ראָזענבערג, יוליוס און עטעל – אַמעריקאַנער קאָמוניסטן, באַשולדיקט אין שפּיאָנאַזש לטובֿת סאָוועטן־פֿאַרבאַנד
[50] קאַלמאַנאָוויטש, שבתי (1947־2009) – ישׂראל־ביזנעסמאַן, פֿאַרמישפּט אין ישׂראל פֿאַר שפּיאָנאַזש לטובֿת רוסלאַנד
[51] עוז, עמוס (1939־2018), אַבֿרהם ב. יהושע (1936), דוד גראָסמאַן (1954) – ישׂראל־שרײַבערס
[52] „מרץ“ – ישׂראלדיקע לינקע סאָציאַל־דעמאָקראַטישע און ציוניסטישע פּאַרטיי

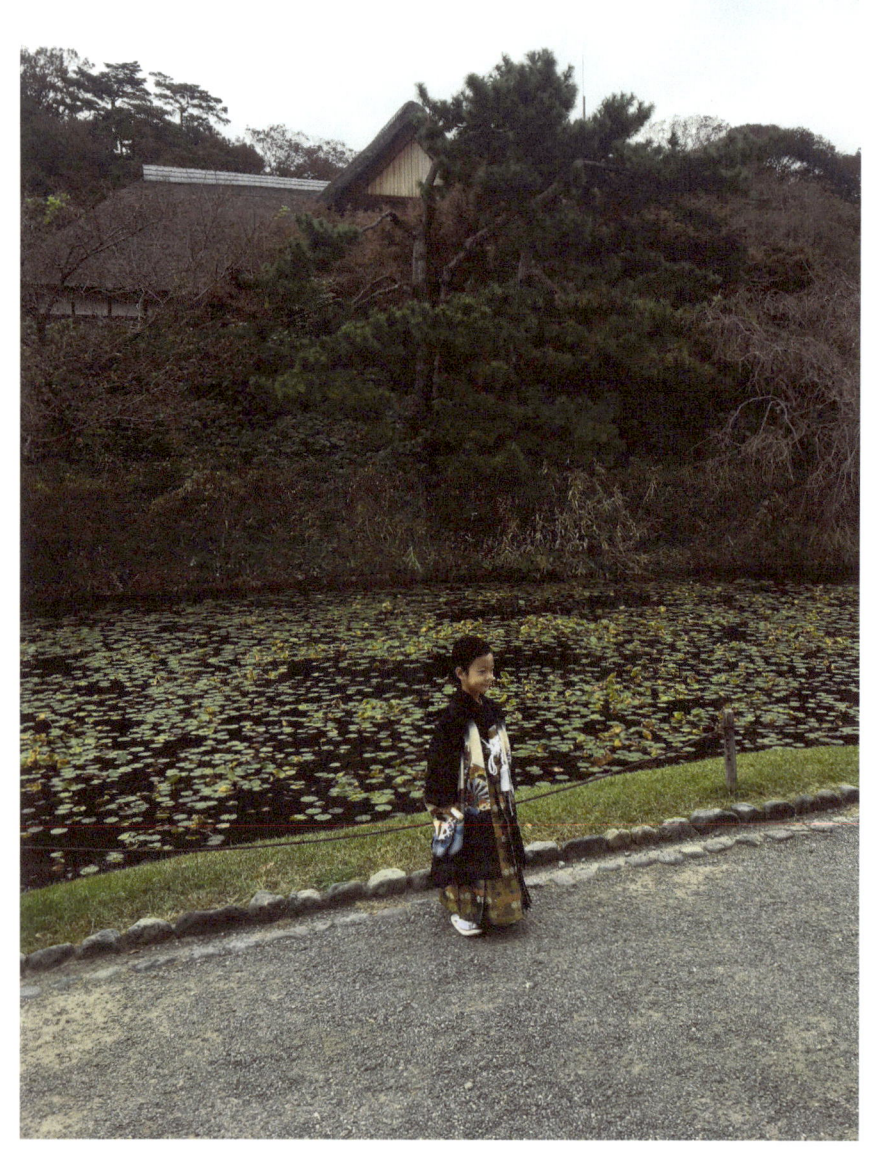

אינעם סאַנקייען־גאָרטן אין יאָקאָהאַמאַ

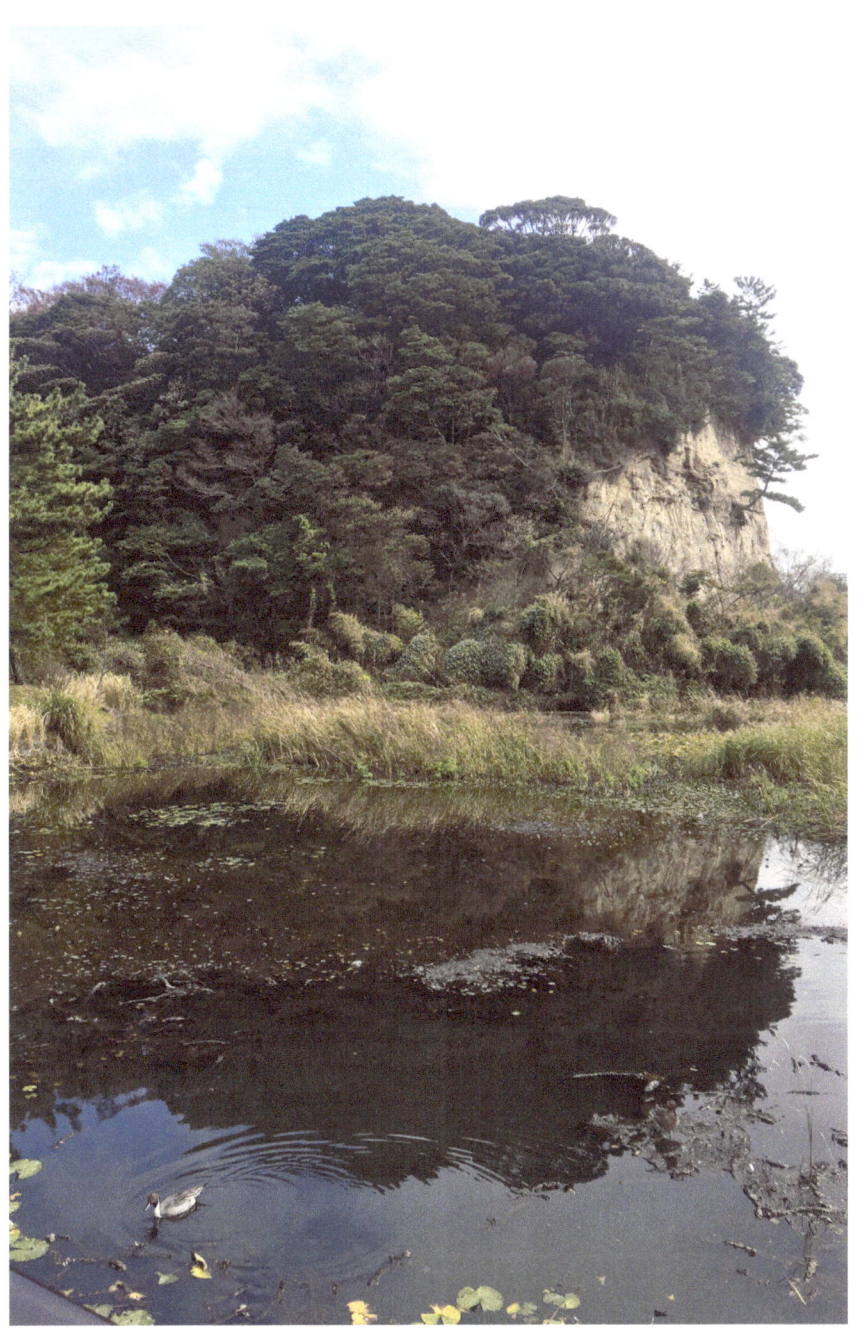

אינעם סאַנקייען־גאָרטן אין יאָקאָהאַמאַ

דער טשיאַנג קײַ־שעקס מעמאָריאַל פּאַרק אין טײַפּײ, דער דענקמאָל אין אָנדענק פֿון די טײַוואַנישע סטודענטן, וואָס זײַנען אויסגעשלאָסן געוואָרן פֿונעם טאָקיאָ־אוניווערסיטעט בשעת דער צווייטער וועלט־מלחמה

מיסט־עמערס אינעם טשיאַנג קײַ־שעקס מעמאָריאַל פּאַרק

דער אָסאַקאַ־שלאָס

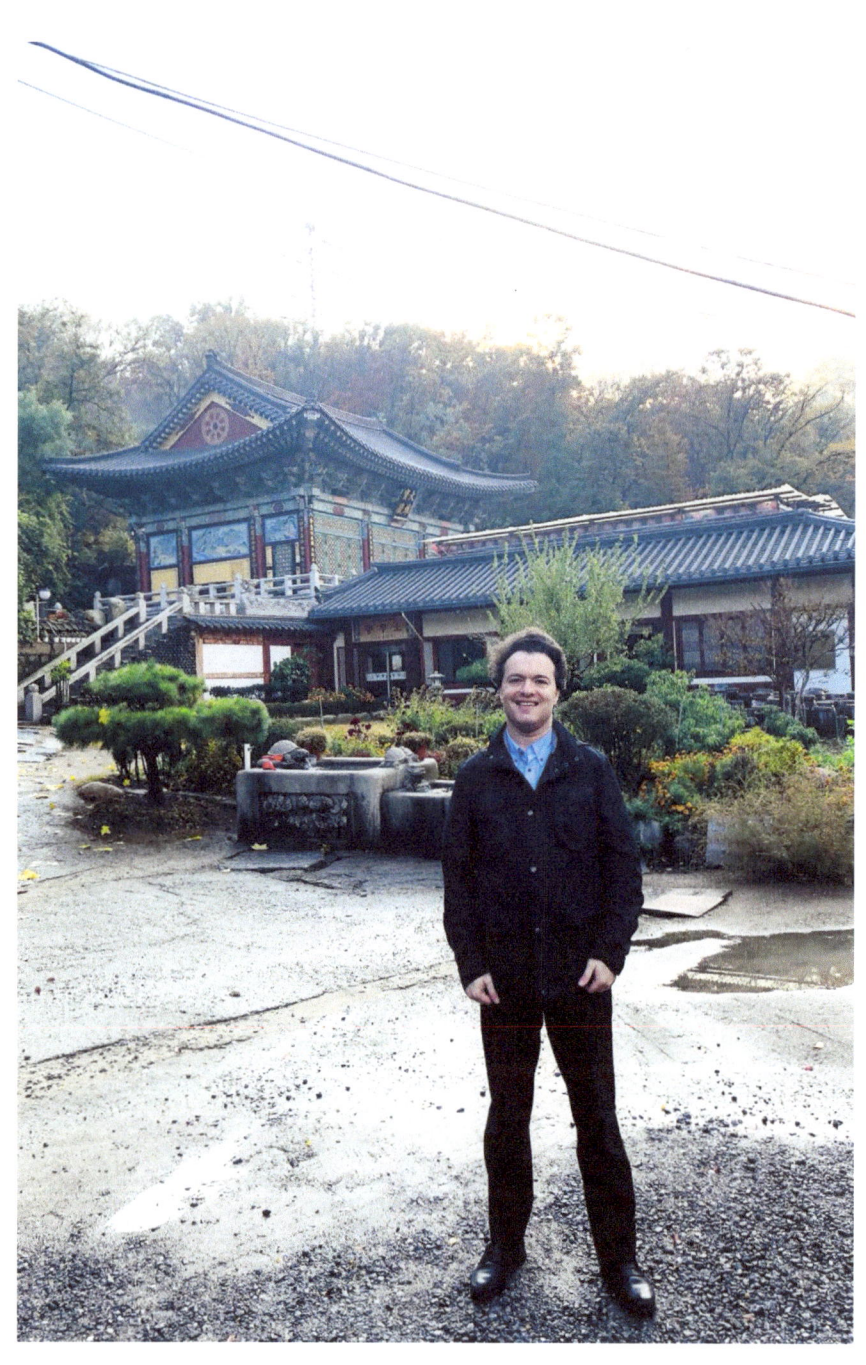

אויפֿן הינטערגרונט פֿונעם דאַעסונגסאַ־טעמפּל, סעול

פֿון רעכטס – דער נאַציאָנאַלער קאָנצערט־זאַל,
פֿון לינקס – דער נאַציאָנאַלער טעאַטער. טײַפּײ

קאַרינע און יעווגעני אין יאַצוגאַטאַקע

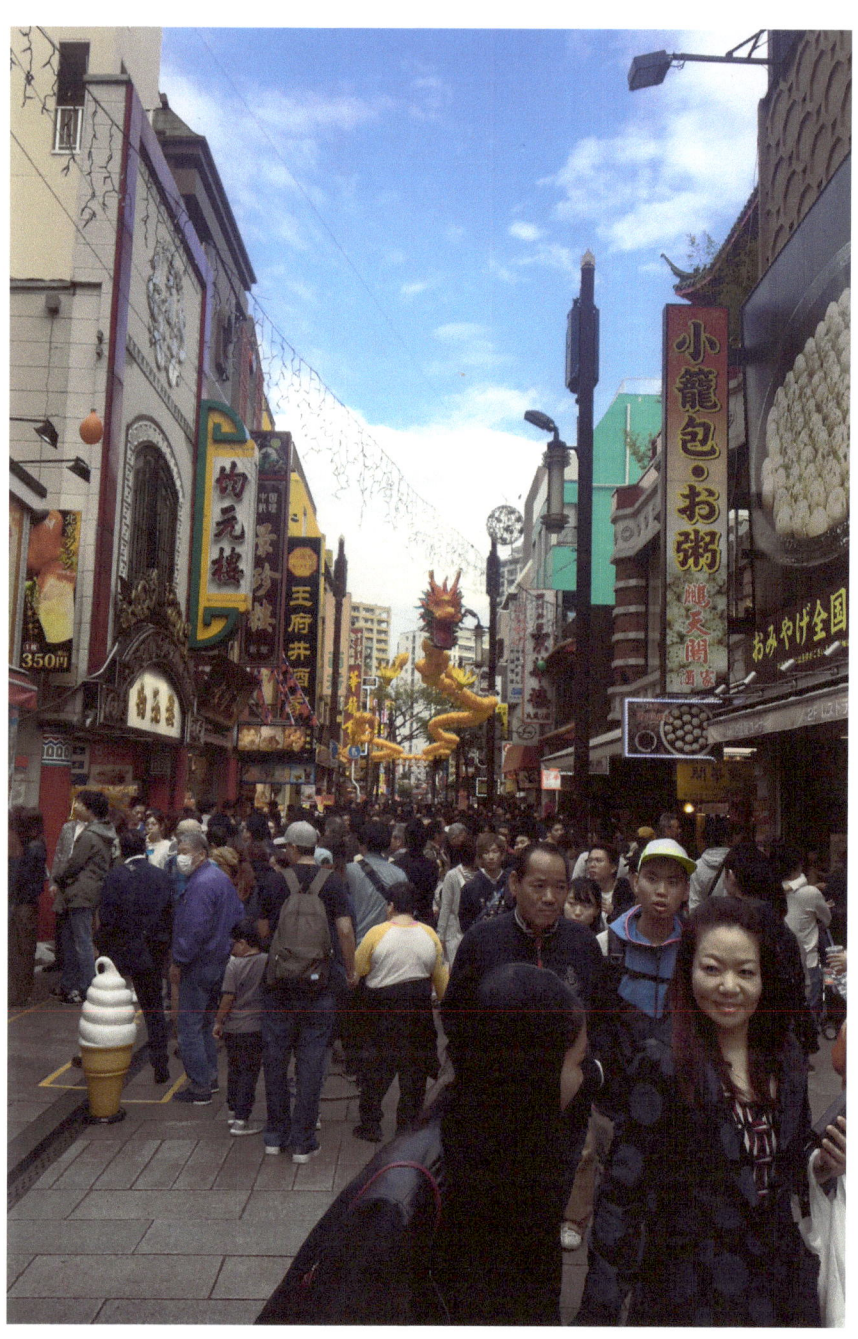

אינעם יאָקאָהאַמער „כינעזישן שטעטל“

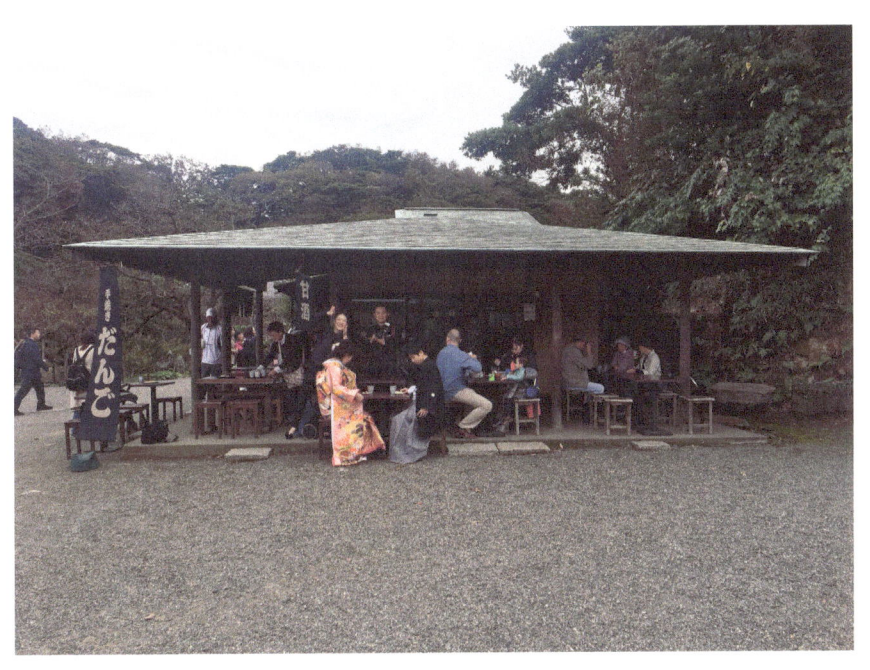

אַ חתונה אינעם סאַנקייען־גאָרטן

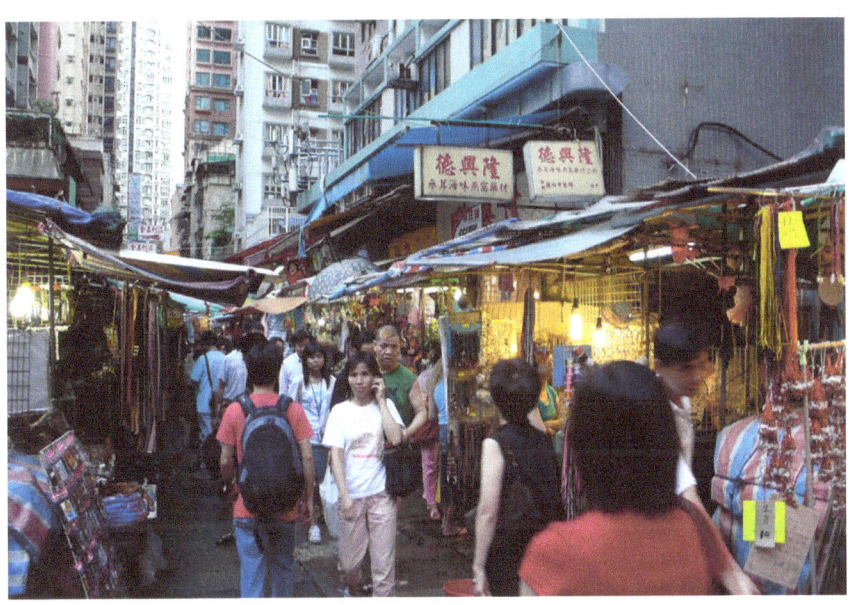

אויפֿן מאַרק אין האָנג־קאָנג

נו, אָט האָב איך אָפּגעשפּילט מײַן לעצטן קאָנצערט אין אַזיע...

אַ רעפּעטיציע אין האָנג־קאָנג מיט דעם האָנג־קאָנגער פֿילהאַרמאָנישן
אָרקעסטער און אַנדריס פּאָגאַ

מיט קאַרינען

קלוב „כינע". אין רעסטאָראַן זײַנען געהאָנגען פֿאָטאָגראַפֿיעס פֿון מאַרקסן,
ענגעלסן, לע0ינען און סטאַלינען...

מיט די אָרגאַניזאַטאָרן פֿון די קאָנצערטן אין האָנג־קאָנג

במשך פֿון אַ שעה מיט אַ פֿערטל, האָב איך געחתמעט מײַנע קאָמפּאַקטלעך, פּראָגראַמלעך און ביכער...

מיט אָרגאַניזאַטאָרן פֿונעם לעצטן קאָנצערט אין האָנג־קאָנג

יעווגעני מיט זײַן פֿרוי קאַרינע. האָנג־קאָנג, קאָנצערט־זאַל

דאָס מאַריענבאַדער טאָגבוך (2019)

אויגוסט 12

הײַנט האָט זיך מיר געחלומט, אַז איך באַטייליק זיך אין אַ דעמאָנסטראַציע אָדער אַ בונט קעגן פּוטינען. מיט אַ המון יונגע־לײַט בין איך צוגעגאַנגען צום רויטן פּלאַץ. פּלוצעם איז צו אונדז אַנטקעגן אַרויסגעגאַנגען פּעסקאָוו[1]. ער האָט אַרויסגערופֿן אַן אַקטיוויסטקע, כּדי דורכצופֿירן מיט איר אונטערהאַנדלונגען אין ענין־מאַוואָליי. ס'האָט זיך אַרויסגעוויזן, אַז פּוטין איז גרייט צו טרעפֿן זיך מיט אונדז אין דעצעמבער און... איך האָב זיך אויפֿגעכאַפּט און פֿאַרשטאַנען, אַז דאָס איז געווען ניט פּעסקאָוו, ווײַל פּעסקאָוו זעט אויס גאָר אַנדערש...

סײַ אין פּראָג, סײַ אין אָנהייב וועג פֿון פּראָג קיין מאַריאַנסקע לאַזנע, איז הײַנט געווען כמאַרנע און ס'האָט גערעגנט. מיט 66 יאָר צוריק איז אין דער זעלבער צײַט אין מאָסקווע געשטאַנען אַ געוויינטלעכער זומערדיקער טאָג, און קיינער, אַ חוץ די תּליונים, האָבן ניט געוווּסט, וואָס איז געשען אין יענעם טאָג...[2] און במשך פֿון נאָך עטלעכע יאָר האָבן אַפֿילו די קרובֿים פֿון די קרבנות גאָרנישט ניט געוווּסט.

אויפֿן וועג האָבן מיר געהערט סמעכאָוווס[3] רעקאָרדירונג פֿון „די צוועלף בענקלעך"[4]. אַ מין שעדעווער איז עס פֿאָרט! יעדער זאַץ – אַ פּערל!

נו, האָפֿנטלעך, דאָ, אין מאַריאַנסקע לאַזנע, וועט זיך מיר כאַפּן אויף אַ וואָסער־ניט־איז צײַט אײַנגעבן ברענגען מײַן שלאָף אין אָרדענונג, ווי מיט אַ יאָר צוריק אין לאַ באָל...[5] ס'גלייבט זיך אַפֿילו ניט, אַז ס'איז שוין פֿאַרבײַ אַ גאַנץ יאָר.

ווי נאָר מיר זײַנען צוגעפֿאָרן צום האָטעל, זײַנען פֿון דאָרטן אַרויס צוויי באַיאָרטע רוסיש־רײַדנדיקע ייִדישע פּאָרלעך. אין גיכן זײַנען זיי ווידער אַרײַן אַהינצו, און בעת מע האָט אונדז רעגיסטרירט, זײַנען זיי געזעסן/געשטאַנען אינעם וועסטיביול און געשמועסט. אינעם רעסטאָראַן בײַ דער וועטשערע און אין דרויסן זײַנען אויך געווען אַ סך רוסן, בתוכם ייִדן (איינע אַ פֿרוי, דערזען מיך, האָט געזאָגט אויף רוסיש: „ווי אָנגענעם איז צו טרעפֿן דאָ וועלט־באַרימטע פּערזענלעכקייטן!"). אינטערעסאַנט, צי די דאָזיקע ייִדן ווייסן, וואָס פֿאַר אַ דאַטע איז הײַנט.

אונדזער האָטעל געפֿינט זיך אויפֿן פּלאַץ, ווו געטע האָט זיך באַקענט מיט אולריקאַן. די לופֿט איז דאָ זייער פֿריש, וווּנדערשיינע אַלטע בנינים, גרויסע פּאַרקן. דאָס שטעטל איז אָבער אין גאַנצן געבערגלט. ווי אַזוי זשע וועט אַנע פּאַוולאָוונע[6] דאָ קאָנען שפּאַצירן? מ'וועט דאַרפֿן געפֿינען פֿאַר איר אַ „פּאַסיקן" מאַרשרוט. דער־ווײַל איז זי גאָר צופֿרידן. אַבי די מאַמע זאָל דאָ קאָנען, כאָטש אַ ביסל, זיך אָפּרוען; הײַנט האָט זי נעבעך די גאַנצע נאַכט ניט געקאָנט אײַנשלאָפֿן.

נאָך דער וועטשערע האָט זיך מיר עפּעס פֿאַרגלוסט זיך צולייגן, און כאָטש ס'איז נאָך ניט געווען 8 אַזייגער, בין איך אויף אַ פּאָר מינוט אײַנגעשלאָפֿן. נאָך דעם זײַנען מיר מיט קאַרינאַטשקען[7] און דער מאַמען געגאַנגען אויף אַ שפּאַציר. געזען דאָס הויז, ווו שאָפּען האָט געהאַט געוווינט אין יאָר 1836, דעם „זינגענדיקן פֿאָנטאַן".

ווען מיר האָבן זיך אומגעקערט צוריק אין האָטעל, איז צו אונדז צוגעגאַנגען אַ פֿרוי פֿון די מיטעלע יאָרן און געזאָגט, אַז זי האָט זיך געהאַט געלערנט בײַ יעווגעני יאַקאָוולעוויטשן[8] און געדענקט קאַרינאַטשקען ווי אַ קליין מיידעלע (זי האָט זיך אויך אָפּגעשטעלט אין אונדזער האָטעל)!

הײַנט לייענט מען דבֿרים 22:38. „אויך אויף מיר האָט גאָט געצערנט איבער אײַך, אַזוי צו זאָגן: אויך דו וועסט אַהין ניט קומען...". אין די סאָנטשינאָ־קאָמענטאַרן ווערט עס דערקלערט דערמיט, וואָס משה, זײַענדיק דער פֿירער פֿונעם פֿאָלק, האָט עס ניט אויפֿגעהויבן אויף דער געהעריקער גײַסטיקער הייך, כּדי עס זאָל זיך לאָזן אָן ספֿקות קיין ארץ־ישׂראל; און דער פֿירער טראָגט דאָס אַחריות פֿאַר די חסרונות פֿון זײַן פֿאָלק. רש״י אָבער האָט קיין דערקלערונגען ניט געגעבן. הייסט עס, אַז אַזש ביזן מיט־20סטן יאָרהונדערט איז עס ניט אײַנגעפֿאַלן די פֿרומע (וואָס ביזן 19סטן יאָרהונדערט זײַנען זיי געווען די מערהייט) צו פֿאַרטראַכטן זיך: וואָס זשע איז געווען משהס שולד, אַז דער אייבערשטער זאָל אים געווען באַשטראָפֿט פֿאַר דער זינד פֿון זײַן פֿאָלק? ווען האָבן די גלויביקע קריסטן אָנגעהויבן זיך פֿאַרטראַכטן וועגן דעם – ווייס איך ניט. צוריק גערעדט, אַ סך פֿון זיי, ווי באַוווסט, איגנאָרירן שוין לאַנג „דעם אַלטן טעסטאַמענט" בכלל, גלײַך ווי ער וואָלט צו זיי קיין שײַכות ניט געהאַט, – כאָטש לויט דער אידעע, איז ער פֿאַר די קריסטן אויך אַ הייליקע שריפֿט.

אויגוסט 13

נעכטן האָב איך זיך געלייגט 10.20, געשלאָפֿן אַ ביסעלע, אויפֿגעכאַפּט זיך און דערנאָך ניט געקאָנט ווידער אײַנשלאָפֿן. האַלבע נאַכט אײַנגענומען אַ שלאָפֿמיטל – און קאַרינאַטשקע האָט מיך אויפֿגעוועקט 1.30 בײַ טאָג! בעת איך בין געשלאָפֿן, איז זי געגאַנגען צום דאָקטער, דערקלערט אים מײַנע פּראָבלעמען, און מ'האָט מיר צוגעשריבן פֿאַרשיידענע פּראָצעדורן. 5.30 אויף דער נאַכט בין איך געגאַנגען אויף הידראָמאַסאַזש: אָנגענעם, נאָר דעם אמת געזאָגט, בין איך ניט זיכער, אַז עס ברענגט וועזנטלעכע נוץ דעם געזונט, סײַדן פֿאַר אַלטע מענטשן (כאָטש איך האָב געבעטן, מע זאָל עס מאַכן שטאַרקער). פֿאַר דעם זײַנען מיר מיט

קאַרינאָטשקען געגאַנגען באַרג־אַרויף אין וואַלד. ווי שיין איז דאָרטן! אַ חוץ די ביימער, זײַנען דאָ אַ סך זייער בילדערישע שטיינער. נאָבן מאַסאַזש בין איך גלאַט געפֿאַלן אויף דער בעט און געשלאָפֿן אַ ביסעלע. אַזוינס איז מיט מיר נאָך קיין מאָל ניט געווען. אפֿשר איז פֿון מיר אַרויס מײַן גאַנצע מידקייט, וואָס האָט זיך אָנגעזאַמלט פֿאַרן פֿאָריקן יאָר.

אין אָוונט האָבן מיר מיט קאַרינאָטשקען שפּאַצירט איבער דער שטאָט. בײַ דער מאַמען האָט אָנגעהויבן ווײי טאָן די מילץ, דעריבער איז זי ניט געגאַנגען מיט אונדז; זי האָט שפּאַצירט אַליין בײַ טאָג. די מאַמע האָט אויך געהאַט אַ הידראָמאַסאַזש, און איר איז עס זייער געפֿעלן געוואָרן. אַנע פּאַװלאָװנע איז צופֿרידן און דערוויַיל ווײַזט ניט אַרויס קיין חשק אַרויסצוגיין פֿונעם האָטעל. אַלאָטשקען[9], דוכט זיך, איז דאָ אויך גוט.

יאָ, מיר רוען דאָ אָפּ – און אין מאָסקווע שלאָגן פּאָליציאַנטן די פֿרויען אין ברוסט. אין עטלעכע טעג אַרום וועט זײַן דער יאָרטאָג פֿון דער אויגוסט־רעוואָלוציע. אויף דער לעצטער דעמאָנסטראַציע אין מאָסקווע זײַנען אַרויסגעגאַנגען כּמעט 50 טויזנט מענטשן (לויט **Daily Mail** – אַפֿילו בײַ 60 טויזנט) – שוין אַ סך מער, ווי פֿריִער. אַבי נאָר דער מאַכטס אַכזריותן זאָלן ניט אָפּנעמען בײַ זיי דעם מוט, נאָר פֿאַרקערט, דערמונטערן און צוגעבן זיי נאָך מער חשק צו קעמפֿן!

יורע[10] האָט צעשיקט זײַן נײַעם אַרטיקל וועגן „דעם 5טן אינטערנאַציאָנאַל", פּוטינס פֿאַשיסטישן אינטערנאַציאָנאַל. איך האָב אים געבעטן, ער זאָל אָנשרײַבן וועגן דעם אויף ענגליש, כּדי איך זאָל קאָנען צעשיקן עס צו מענטשן, וואָס פֿאַרשטייען נאָך ניט, ווי ערנסט און סכּנותדיק איז די מאַכט אין רוסלאַנד.

ה. האָט צעשיקט זײַנע פֿרײַנד און באַקאַנטע (בתוכם מיר) זײַן נאָטיץ, פֿון וועלכער ס'איז קלאָר, אַז ער איז קעגן דעם אַרויסגיין אַפֿילו פֿון סיני און דרום־לבֿנון. ער האָט געבעטן, מ'זאָל שרײַבן קאָמענטאַרן. מיר האָט זיך זייער געוואָלט אים אָנשרײַבן, נאָר כ'האָב עס ניט געטאָן. צו וואָס? עס וועט אים סײַ ווי ניט איבערצײַגן. ער וווינט אין ישׂראל שוין אַרום פֿערציק יאָר, און דאָס, וואָס ער איז אַ סך רעכטער פֿונעם ישׂראלדיקן מיינסטרים, ברענגט אים ניט אַרײַן אין פֿאַרלעגנהייט. איינער פֿון זייער פֿיל טיפּישע „רוסן".

Newsweek האָט פֿאַרעפֿנטלעכט זייער אַ גוטן אַרטיקל פֿונעם ישׂראלדיקן מולטימעדיאַ־היסטאָריקער מאַרק שולמאַן „חשובֿע פֿאָרשטייער טלאַבֿיב און אָמאַר: ווען איר וועט באַזוכן ישׂראל, רעדט אויך מיט די ישׂראלים": „די אַראַבער און ייִדן האָבן באמת געלעבט בשכנות און בשלום – ווי זיי לעבן הײַנט אין חיפֿה, תּל־אָבֿיבֿ און אין אַנדערע ערטער. נאָר די געשיכטע פֿונעם קאָנפֿליקט איז אַ קאָמפּליצירטע און איז אָפֿט מאָל אַ מעשׂה פֿון איין צד, וואָס איז געווען גרייט אײַנצוגיין אויף קאָמפּראָמיסן, בעת דער אַנדער צד האָט כּסדר ניט געוואָלט עס טאָן [...]. מיר האָבן אויך עקסטרעמיסטן, אייניקע פֿון זיי געפֿינען זיך אין אונדזער רעגירונג, און זיי גלייבן, אַז אײַנהאַלטן גאַנץ ארץ־ישׂראל איז וויכטיקער, ווי דערגרייכן שלום [...]

נאָר ווען די ישׂראלים וואָלטן געגלייבט, אַז ס'איז דאָ אַן אמתע מעגלעכקייט פֿון שלום, וואָלטן די דאָזיקע עקסטרעמיסטן אין גיכן מאַרגינאַליזירט געוואָרן [...]. ס'רובֿ ישׂראלים ווילן ניט אָקופּירן אַן אַנדער פֿאָלק. זיי ווייסן פּשוט ניט, ווי אַזוי צו מאַכן אַ סוף צו דער אָקופּאַציע אָן שטעלן אין סכּנה זייער לעבן און דאָס לעבן פֿון זייערע קינדער..." דווקא אַזוי! און טראַמפּ וויל, מע זאָל ניט אַרײַנלאָזן טלאַבֿ און אָמאַר אין ישׂראל! נו, אַ שיינע מעשׂה! ער וויל, אַפּנים, ווײַזן, אַז ער איז אַ גרעסערער קאַטויל, ווי דער פּויפּסט אַליין.

אויגוסט 14

געשלאָפֿן בערך צוויי־דרײַ שעה, אויפֿגעכאַפּט זיך און ניט געקאָנט ווידער אײַנשלאָפֿן, ביז כ'האָב ניט אײַנגענומען אַ פּיל מעלאַטאָנין. בײַם סוף פֿון יענעם קורצן שלאָף האָב איך אין מײַן חלום פֿאַנטאַזירט וועגן דעם, ווי מיר, אַ המון רעוואָלוציאָנערן וואָלטן צוגעגאַנגען צום „רויטן פּלאַץ". אַ מחנה סאָלדאַטן מיט ביקסן וואָלט אונדז געגאַנגען אַנטקעגן, און איך וואָלט זיך געוואָנדן צו זיי: „ברידער! מיר אַלע, סײַ איר, סײַ מיר, זײַנען דאָך דאָס רוסלענדישע פֿאָלק! שיסט ניט אין אײַערע ברידער! קומט מיט אונדז!" – און אַזוי ווײַטער. נאָכן אײַננעמען מעלאַטאָנין בין איך געשלאָפֿן ביז 11.50. נאָר די מאַמע, נעבעך, האָט זיך ווידער, ווי נעכטן, אויפֿגעוואַכט פֿינף אַזייגער אין דער פֿרי.

אין דער פֿרי איז קאַרינאָטשקע אַוועק קיין פּראָג: וואַליע[11] האָט זייער געבעטן, זי זאָל קומען, כאָטש געוויינטלעך שטרעבט ער צו פֿאַרברענגען וואָס מער צײַט מיט די קינדער.

הײַנט האָב איך געהאַט דרײַ פּראָצעדורן: אינטערפֿערענציאָנעלע שטראָמען (אינטערעסאַנט, צי דאָס דאָזיקע וואָרט איז פֿריִער באַניצט געוואָרן אין יידיש!), גאַז־איניעקציעס און אַ מינעראַל־וואַנע. צוערשט, האָט מען מיר צוגעשריבן אַ פּאַראַפֿין־קאָמפּרעס, נאָר אי קאַרינאָטשקע, אי די מאַמע האָבן מיר געזאָגט, אַז ס'איז אַ נאַריש־קייט: פּשוט האַלטן די הענט אין פּאַראַפֿין (אַלאָטשקע האָט עס שוין געהאַט). איך האָב געבעטן, מע זאָל עס פֿאַרבײַטן אויף עפּעס אַנדערש, און אָנשטאָט פּאַראַפֿין האָט מען מיך געלייגט אונטער שטראָמען (איבער די אַקסלבלעטער) אויף צען מינוט. די איניעקציעס זײַנען געווען גאַנץ ווייטיקלעכע, כאָטש אויף אַ קורצער רגע, ווײַל מע האָט געשטאָכן גלײַך אין די ווייטיק־פּונקטן: צוויי אינעם נאַקן, צוויי אין די קריזשעס און צוויי אין די קניִעס. נאָך דעם בין איך געזעסן במשך פֿון צוואַנציק מינוט אין אַ מינעראַל־וואַנע, הערנדיק אַ שטילע, „אַנטשפּאַנענדיקע" מוזיק און קוקנדיק אויף מײַנע האָר אויפֿן בויך, וואָס האָבן אַרויסגעשטעקט פֿונעם בולבעדיקן וואַסער, ווי עפּעס עקזאָטישע געוויקסן. דערנאָך איז די מעדיצינישע שוועסטער אַרײַן און האָט מיר געהייסן לייגן זיך נאָך דער וואַנע אויף אַ ספּעציעלן טיש זיך אָפּרוען צען מינוט. „אויפֿן רוקן?" – האָב איך געפֿרעגט, – „ווי איר ווילט," – איז געווען איר ענטפֿער. דערבײַ האָט זי אַפֿילו ניט געהאַלטן פֿאַר נייטיק אָפּצוקערעווען זיך – און איך, גאָר אַ

נאַקעטער, בין אַרויס פֿונעם וואַסער גלײַך פֿאַר אירע אויגן און האָב זיך גיך געלייגט אויפֿן טיש אויפֿן בויך. זי האָט מיך באַדעקט און איז אַרויסגעגאַנגען פֿונעם צימער. „זייערע זיטן!" – פֿלעג מען זאָגן אין געוועזענעם סאָוועטן־פֿאַרבאַנד.

נאָך די פּראָצעדורן האָב איך „אויסשפּאַצירט" די מאַמע. אויף דער הויפּט־גאַס האָבן מיר געטראָפֿן רובען אַגאַראָניאַנען[12] מיט זײַן פֿרוי. ער האָט אויסגעזען ניט גוט, אַפּנים איבערגעטראָגן עפּעס אַ קראַנקהייט (צום לעצטן מאָל האָב איך אים געזען אין דעצעמבער 2017 אין טביליסי, און דעמאָלט האָט ער אויסגעזען אַ סך בעסער). שפּעטער האָבן מיך אויף דער זעלבער גאַס דערקענט עטלעכע אומבאַקאַנטע מענטשן. איינער פֿון זיי, אַ ייִד מיט אַ שקיפּער־בערדעלע, האָט מיך באַגריסט מיטן הויכן רייטינג. „איר זײַט דער צווייטער נאָך מאַרטע אַרגעריך!" – האָט ער מיך אינפֿאָרמירט. „טאַקע? און ווער האָט געמאַכט דעם רייטינג?" – בין איך פֿאַראינטערעסירט געוואָרן. „די חבֿרה, וואָס מאַכן עס..." – „און ווו?" – „אויף דער אינטערנעץ." – „נאָר ווו אויף דער אינטערנעץ, אויף וואָסער וועבזײַטל?" – „נו, טוט אַ קוק **top classical pianists**. איר האָט ניט געוווּסט וועגן דעם?" – „ניין..." – „איז אַ טאָפּלטן מזל־טובֿ אײַך!". יאָ, אייניקע קוראָרטניקעס דאָ זײַנען ממש פּערסאָנאַזשן פֿאַר שלום־עליכמען!

דערנאָך בין איך געגאַנגען אַליין אויפֿן זעלבן באַרג הינטער אונדזער האָטעל, ווו מיר זײַנען נעכטן געווען מיט קאַרינאָטשקען. אין אָוונט בין איך אַרומגעגאַנגען כּמעט די גאַנצע שטאָט אַרום, געזען אַ דענקמאָל געטען און אולריקאַן (דער דיכטער קוקט פֿאָרויס און האַלט אַ בויגן פּאַפּיר אין די הענט, די געליבטע זײַנע קוקט אויפֿן פּאַפּיר); אַ פּראַוואָסלאַוונע קירך (בפֿירוש ניט קיין אַלטע, כאָטש אויפֿגעבויט, אין אַלגעמיין, אין אַן אַלטן סטיל) און אַנדערע זאַכן. ס'האָט זיך אַרויסגעוויזן, אַז די שטאָט דאָ איז אַרומגערינגלט מיט בערג, באַדעקט מיט וועלדער. אומעטום איז אַזוי שיין! דערצו איז הײַנט אַ פֿולע לבֿנה.

אַ סך ידיעות פֿון רוסלאַנד, פֿון ישׂראל, ווי אויך די, וואָס האָבן אַ שײַכות צו ישׂראל. אין כּל חדש תּחת השמש: אומעטום ראַנגלט זיך דאָס גוטס מיטן שלעכטס, ערגעץ־ווו באַקומט די אויבערהאַנט דאָס גוטס, ערגעץ־ווו דאָס שלעכטס – און אַלץ איז איבערגענגלעך, און דער קאַמף ענדיקט זיך קיין מאָל ניט.

אינטערעסאַנט, לויט וועלכן פּרינציפּ האָט מען באַשטעטיקט די פּסוקים פֿאַר יעדן טאָג. נעכטן האָט מען געלייענט בלויז 9 פּסוקים, און הײַנט – אַזש 29.

רש"י דערציילט, פֿאַררופֿנדיק זיך אויפֿן תּלמוד, אַז גאָט האָט פֿאַרווערט די ייִדן בלויז פֿאַרפֿירן אַ מלחמה מיט מואָבֿ, נאָר זיי האָבן געמעגט סטראַשען מואָבֿ מיט געווער און פֿלעגן פֿאַרכאַפּן זאַק־רויב בײַ זיי. וואָס שייך אָבער די קינדער פֿון עמון, האָט גאָט פֿאַרווערט די ייִדן ניט בלויז פֿאַרפֿירן מיט זיי אַ מלחמה, נאָר בכלל אַפֿילו „אָנהייבן מיט זיי". דאָס איז געווען אַ באַלוינונג פֿאַר דער באַשיידנקייט פֿון זייער אורמוטער, לוטס ייִנגערער טאָכטער, וואָס האָט ניט פֿאַרשפּרייט דעם מיאוסן שם וועגן איר פֿאָטער, אין אונטערשייד פֿון איר עלטערער שוועסטער, וואָס האָט

אָנגערופֿן איר זון מואבֿ (פֿונעם פֿאָטער). נו יאָ, סײַ מיט 2000, סײַ מיט 1000 יאָר צוריק (און אויך שפּעטער) איז עס געווען אַ נאָרמע אין אַלע אמונות צו מיינען, אַז דער באַשעפֿער פֿון דער אַלוועלט באַגייט זיך מיט מענטשן און פֿעלקער לויט די מעשׂים פֿון זייערע אָבֿות. נאָר אויב אַזוי שטייט אין תּלמוד, הייסט עס, אַז אונדזערע פֿרומע גלייבן אין דעם עד־היום?

ווען מיט עפּעס און דרײַסיק יאָר צוריק האָט אַסטאַפּיעוו[13] געמאָלדן איידעלמאַנען[14], אַז יענעמס טאַטע איז געזעסן אין לאַגער לויט אַ באַפֿעל פֿונעם „העכסטן ריכטער" דערפֿאַר, ווײַל דער ייִד יוראָווסקי האָט געהאַט אָנגעפֿירט מיטן צעשיסן ניקאָלײַ דעם 2טן און זײַן פֿאַמיליע, – האָט איידעלמאַן עס אָנגערופֿן „מײַן קאַמפּפֿס לאָגיק".

„אָבער סיחון דער מלך פֿון חשבון האָט אונדז ניט געוואָלט דורכלאָזן דורך אים, ווײַל יהוה דײַן גאָט האָט האַרט געמאַכט זײַן געמיט, און פֿעסט געמאַכט זײַן האַרץ, כּדי אים צו געבן אין דײַן האַנט, אַזוי ווי הײַנטיקן טאָג." דאָ אין סאָנטשינאָ ווערט ציטירט עפּעס איינער אַ האַרפּער: „דער אייבערשטער מאַכט קיין מאָל ניט פֿעסט די הערצער פֿון גוטע מענטשן. דאָס געשעט בלויז מיט יענע, וואָס האָבן געטאָן אַ סך שלעכטס." אינטערעסאַנט, ווער איז אָט דער האַרפּער געווען (אַ קריסטלעכער טעאָלאָג? דער נאָמען זײַנער קלינגט גאָר ניט ייִדישלעך...) און ווען האָט ער געלעבט. יעדנפֿאַלס איז עס אַ מער איבערצײַגעוודיקע דערקלערונג, ווי יענע וועגן דער זעלבער פּאַסירונג מיט פּרעהן (שמות 3:21). דאָרטן ציטירט דער מחבר פֿון די סאָנטשינאָ־קאָמענטאַרן קיינעם ניט און גיט זײַן אייגענע דערקלערונג, אַ לאַנגע און ביז גאָר אַ פֿאַרנעפּלטע.

15 אויגוסט

לאַנג ניט געקאָנט אײַנשלאָפֿן, אײַנגענומען מעלאַטאָנין 2.15 אַזייגער, אײַנגע־שלאָפֿן נאָך 3, אויפֿגעוואַכט זיך נאָך 6, ווידער אײַנגעשלאָפֿן צו 9 און אויפֿגעכאַפּט זיך 3 אַזייגער בײַ טאָג... פֿאַרשפּעטיקט אויף די פּראָצעדורן.

אַ. האָט מיר צוגעשיקט עטלעכע פֿאָטאָגראַפֿיעס: זי מיט איר 80־יעריקער מאַמען (אָך, ווי שיין און חנעוודיק איז איר מאַמע אַמאָל געווען!) זײַנען געגאַנגען אויף דער דעמאָנסטראַציע דעם 10טן אויגוסט[15]. אַ. שרײַבט: „שטעל זיך פֿאָר: איך האָב זיך צוגעגרייט מיט אַלע פּיטשעווקעס – גענומען מיט זיך וואַסער, וואַסערשטאָף פּעראָקסיד, בינטן, מאַסקעס, אויב מ'וועט עפּעס פֿאַרשפּרייטן, און אַפֿילו שווים־ברילן, טאָמער מ'וועט אויסניצן טרערן־גאַז, כּדי כאָטש איינער זאָל קאָנען אַרויספֿירן דעם אַנדערן. און דעם טעלעפֿאָן־נומער פֿון אָוועדע־אינפֿאָ[16]. דער מיטינג איז געווען דערלויבט, נאָר עס האָבן געקאָנט זײַן פּראָוואָקאַציעס. אויפֿן דאַך האָבן דעזשורעט סנײַפּערס (מע קאָן זיי זען אויף די פֿאָטאָגראַפֿיעס). נאָר אַלץ איז דורכגעגאַנגען גלאַט, און מיר זײַנען אַוועק צו דער צײַט, באַוויזן אויסצומײַדן דעם המון. עס זײַנען געווען 50000 מענטשן!".

50000... דווקא די זעלבע צאָל מענטשן איז נייטיק געווען מיט 28 יאָר צוריק, כּדי צו באַזיגן די פּוטשיסטן, – נאָר דעמאָלט איז די סיטואַציע געווען, אַוודאי, גאָר אַן אַנדערע...

קאַרינאָטשקע האָט מיר איבערגעשיקט די ווידעאָ־רעקאָרדירונג פֿון פֿאַוו־ליקס[17] טרעפֿונג מיט די צושויערס. אײַ, איז ער אַ מאָלאָדיעץ! אַ קלוגער, אַן ערנסטער, אַ גאַנצהייטלעכער און באמת אַן אינטעליגענטער מענטש; ווי מע זאָגט, „אַ מענטש פֿון דער אַלטער שול".

געגאַנגען אויף אַ ווײַטן (4.5 קילאָמעטער) שפּאַציר אין וואַלד. אויפֿן ראַנד פֿונעם וואַלד איז דאָ אַ צעשפּרייטע „אויסשטעלונג" פֿון היגע באַרג־מינים, ווי אויך אַ סימבאָלישער צווינטער אין אָנדענק פֿון די מאַריענבאַדער מיליטער־לײַט, אומגעקומענע אין דער ערשטער וועלט־מלחמה (אייניקע פֿון זיי – אין רוסלאַנד). „אוי, די מלחמות, די מלחמות! דאָס איז, הערט איר, גאָר אַ שחיטה פֿאַר דער וועלט!" אין מיטן וואַלד איז פּלוצעם צוגעפֿאָרן צו מיר אַן אויטאָ און האָט זיך אָפּגעשטעלט – אַ רוסיש־רײדנדיק פּאָרל, וואָס האָט מיך דערקענט און פֿאָרגעלייגט צוצופֿירן, וווהין איך דאַרף!

אין אָוונט האָבן מיר געטראָפֿן... נאַטאַשע טשערקעס! זי האָט זיך אויך אָפּגע־שטעלט אין אונדזער האָטעל ביזן 22סטן, און איז געקומען אַהער בלויז מיט איין טאָג פֿריִער פֿון אונדז. זי איז דאָ אויך צום ערשטן מאָל. מיר האָבן זי שוין לאַנג ניט געזען.

פֿאַרן שלאָפֿן בין איך ווידער געגאַנגען אויף אַ שפּאַציר, דאָס מאָל איבער דער שטאָט, און געטראַכט די גאַנצע צײַט וועגן דעם, אַז מע וועט פֿאָרט ניט אַרײַנלאָזן טלאַבֿיב און אָמאַר אין ישׂראל. אַ מין טיפּשות... יאָ, טראַמפּ האָט אָנגע־דריקט אויף נתניהו, זאָגנדיק: „ווײַזט ניט אַרויס קיין שוואַכקייט!". נו, וואָס נאָך קאָן מען דערוואַרטן פֿון אַ נקמה־דורשטיקן פּאַרשוין, וואָס רופֿט אָן די פּרעסע „שׂונא פֿונעם פֿאָלק". אין דער אמתן אָבער, דווקא דאָס ניט אַרײַנלאָזן עמעצן אין לאַנד אַרײַן איז אַ שוואַכקייט! ס'איז דאָך אַן עכט סאָוועטישער צוגאַנג! עס זײַנען פֿאַראַן בײַשפּילן פֿון מענטשן, וואָס האָבן זיך תּחילת פֿײַנטלעך באַצויגן צו ישׂראל, און נאָכן באַזוכן די ייִדישע מדינה האָבן זיי געענדערט זייער באַציִונג צום לאַנד: ניקי לאַרקין, קאַסים האַפֿיז. אַפֿילו מײַן באַקאַנטע, וואָס איך האָב שוין פֿון לאַנג פֿאַרפֿנטלעכט מײַן „ניט־געשיקטן בריוו" צו איר אויף מײַן וועבזײַט, פֿלעגט פֿריִער זאָגן, אַז דער מערבֿ מוז באַזײַטיקן שרונען פֿון דער מאַכט; אַז אַראַפֿאַט איז אַ „נעבעך", און שרון – „אַ פֿאַרברעכער", – האָט זי נאָכן באַזוכן ישׂראל צום ערשטן מאָל מיר אָנגעשריבן, ווי אַנטציקט זי איז פֿון די ישׂראלים, וואָס זײַנען געצווונגען צו לעבן אין כּסדרדיקער סכּנה מחמת דעם קאָנפֿליקט מיט דער אַראַבישער וועלט! כ'ווייס ניט, צי ביבי האָט געקאָנט טאָן עס קעגן טראַמפּן, האָבנדיק אין זינען טראַמפּס אונטערהאַלטן ישׂראל... במילה איז עס אַ בושה: ערשט־אָ האָט די רעגירונג אַנאָנסירט איין באַשלוס, און מיט צוויי טעג שפּעטער, נאָכן דרוק מצד דעם פּעטער סעם – אַ פֿאַרקערטן. אַזאַ אויפֿפֿיר שפּילט דאָך צו יענע, וואָס טענהן, אַז ישׂראל איז כּלומרשט אַ מאַריאָנעטקע פֿון די פֿאַראייניקטע שטאַטן. איך געדענק, ווי איינער אַ

סאָוועטישער שרײַבער האָט אין אַן אַרטיקל מכּוח זײַן נסיעה קיין ישׂראל דערציילט וועגן זײַן שמועס מיטן אַרכימאַנדריט פֿון דער רוסישער פּראַוואָסלאַוונער מיסיע אין ירושלים, און יענער האָט אים געזאָגט: „ווען ישׂראל וואָלט מער געטראַכט וועגן אייגענע אינטערעסן, איידער די אַמעריקאַנישע, וואָלט געווען גרינגער צו לייזן די מיטל־מיזרח פּראָבלעם." דאָ האַנדלט זיך, אַוודאי, ניט וועגן די אַמעריקאַנישע, נאָר טראַמפּס פּערזענלעכע אינטערעסן.

להבֿדיל, וואָס זשע לייענט מען הײַנט פֿון דער תּורה? „און מיר האָבן אין יענער צײַט באַצוווּנגען זײַנע שטעט, פֿאַרוויסט איטלעכע שטאָט, מענער און ווײַבער און קליינע קינדער; מיר האָבן ניט געלאָזט אַן איבערבלײַב." רש״י גיט ניט קיין דערקלערונגען, בלויז פֿאַרפֿינקטלעכט אייניקע פּרטים. אין דער סאָנטשינאָ אויסגאַבע ווערט געזאָגט: „די בני־ישׂראל, פֿילנדיק די אוממיטלבאַרע אָנוועזנהייט פֿון גאָט, האָבן באַטראַכט יעדן שׂונא, וואָס האָט ניט דערלויבט זיי אויסצופֿילן גאָטס באַפֿעל, ווי אַן אויפֿשטעגנדלער קעגן דעם בורא..." אויסגעצייכנט: די ווײַבער און קליינע קינדער האָבן, הייסט עס, אויך „ניט דערלויבט" און דערפֿאַר „באַטראַכט" געוואָרן „ווי אויפֿשטעגנדלער קעגן דעם בורא!" – און דער בורא גופֿא האָט, אַפּנים, ניט געהאַט קעגן דעם גאָרנישט... „די פֿאַרטײַטשונג פֿונעם געזעץ, וואָס האָט פֿאַרפֿליכט טאָטאַל צו פֿאַרניכטן די כּנעניִשע שבֿטים, זעט דעם קאָמענטאַר צו דבֿרים 20:18".

וואָס זשע דערקלערט יענער קאָמענטאַר? דבֿרים 20:18 זאָגט: „כּדי זיי זאָלן אײַך ניט לערנען צו טאָן אַזוי ווי אַלע זייערע אומווערדיקייטן וואָס זיי האָבן געטאָן צו זייערע געטער, און איר וועט זינדיקן צו יהוה אײַער גאָט." אינעם קאָמענטאַר ווערט ציטירט די תּלמודישע דערקלערונג: „דער דאָזיקער פּסוק ווײַזט בפֿירוש אָן אויף דעם, אַז די אײַנוווינער פֿון כּנען זאָלן ניט ווערן פֿאַרניכטעט אין דעם פֿאַל, אויב זיי וועלן זײַן מסכּים אויפֿהערן צו דינען געצן און אָפּהיטן די מינהגים, וואָס זײַנען פֿאַרבונדן מיט דעם." נו, דער דאָזיקער קאָמענטאַר ווײַזט בפֿירוש אָן אויף דעם, אַז די מחברים פֿון תּלמוד זײַנען געווען, ווי באַוווּסט, אויף אַ העכערן ניוואָ פֿון הומאַנישקייט, ווי יענע פֿון תּנך.

אינעם 20סטן יאָרהונדערט אָבער וואָלט געווען נאַטירלעך אַ טראַכט צו טאָן, אַז דער דערבאַרעמדיקער גאָט האָט גיכער געזאָלט זאָגן אַזוי: „לערנט זיך ניט פֿון זיי אַלע זייערע אומווירדיקייטן... זינדיקט ניט צו יהוה אײַער גאָט". זעט אויס, אַז דער אויטאָר פֿון די סאָנטשינאָ־קאָמענטאַרן האָט ניט געהאַט וואָס צו זאָגן נאָך.

אויגוסט 16

געלייגט זיך שלאָפֿן 10.30, אויפֿגעכאַפּט זיך נאָך האַלבער נאַכט און ווידער אײַנגעשלאָפֿן כּמעט אין דער פֿרי. ס'האָט זיך מיר געחלומט, אַז די נאַציסטן זײַנען געקומען צו דער מאַכט און מיר, אַלע ייִדן פֿון אונדזער הויז (וואָס האָט אינעווייניק אויסגעזען ענלעך אויף דער ניו־יאָרקער „אַנסאָניע", ווו מיר האָבן אַ וווינונג), האָבן זיך באַזעצט מיט אונדזערע זאַכן אין איין צימער אונטער דער סטעליע...

געפֿילט זיך מיד דעם גאַנצן טאָג. געגאַנגען אויף פֿיר פּראָצעדורן. שפּאַצירט אינעם גרויסן פּאַרק און אין אָוונט – איבער דער שטאָט. אַזאַ קליינע שטאָט – און אַזויפֿיל גדולים זײַנען דאָ געווען: געטע, וועבער, גאָגאָל, שאָפּען, וואַגנער, גאָנטשאַראָוו, ברוקנער, יאָהאַן שטראַוס, איבסען, מאַרק טווען, דוואָרזשאַק, ניצשע, פֿרויד, מאַלער, שניצלער, גאָרקי, צווייג, קאַפֿקאַ! ווי בײַ מאַיאַקאָווסקין[18]: „דער איינציקער געדאַנק איז הײַנט מיר ליב: אַז אָט־אָ־די־אָ כוואַליעס האָבן קאָלאָמבוסן געבאַפּט, אַז אין אָט־אָ־דעם־אָ וואַסער פֿון קאָלאָמבוסעס שטערן האָבן אַראָפּגערונען פֿון שוויס מידע טראָפּנס...״

באַקומען אַן ענטפֿער פֿון אַ. קוזניעצאָוון[19]; מיט עטלעכע טעג צוריק האָב איך אים איבערגעשיקט אַן אָפּשיק אויף אַ וועבזײַט מיט פֿיל געשיכטע־ביכער און געפֿרעגט, וועלכע פֿון זיי זײַנען גוט, און וועלכע ניט. ער האָט מיר רעקאָמענדירט: וועגן די „אומרויִקע צײַט״ – סקריניקאָוון און קלאַסישן פּלאַטאָנאָוון, און אויסער דער רשימה – זימינס „ערבֿ די גרויזאַמע דערשיטערונגען״; וועגן די סלאַוון – די ביכער פֿון טרעטיאַקאָוון; וועגן די שומערן – פֿון דיאַקאָנאָוון און קראַמערן, וועגן די פֿאַרבינדונגען צווישן רוסן און סקאַנדינאַוויע – פֿון טיכאָמיראָוון, מעלניקאָוואַ און טאָלאָטשקאָ, וועגן דעם מיטלאַלטער – פֿון גורעוויטשן און וועגן רוסלאַנד אינעם 18טן יאָרהונדערט – פֿון אַניסימאָוון און קאַמענסקין. געוויס האָב איך גע־קענט סקריניקאָוון, דיאַקאָנאָוון, קראַמערן און גורעוויטשן, נאָר די אַנדערע – ניט. איבערגעפּאַמפּעט זייערע ביכער אויף מײַן אײַפּאָן.

אויגוסט 17

אײַנגענומען אַ שלאָפֿמיטל און געלייגט זיך שלאָפֿן 10.45, נאָר אויפֿגעכאַפּט זיך פֿרי און לאַנג ניט געקאָנט ווידער אײַנשלאָפֿן...

מומע מאַרינאַ און זאַראָטשקאַ זײַנען אָנגעקומען. כ׳האָף, אַז מומע מאַרינאַן וועט דאָ געפֿעלן ווערן!

ווידער גענומען אַ מינעראַל־וואַנע. הײַנט האָט גערעגנט, דעריבער האָב איך זיך פֿאַרנומען מיט דער פּאָסט, וואָס כ׳האָב געהאַט מיטגעבראַכט אַהער. דערנאָך האָב איך שפּאַצירט לענג־אויס דער הויפּט־גאַס און געזען דאָרט (אין מיטן גאַס) אַ דענקמאָל לזכר די מאַריענבאַדער ייִדן און דער סינאַגאָגע, אויפֿגעבויט אין 1884, און פֿאַרברענט אין 1938. גאָר ניט קיין גרויסער גרויער דענקמאָל, אויבן – אַ הײַפֿל שטיינדעלעך, אונטן – אַ פֿאַרלאָשענע שוואַרצע וועקסענע ליכט און אַ קערבעלע בלומען. הייסט עס, אַז גלײַך נאָכן באַקומען די סודעטן האָבן די נאַציסטן פֿאַרברענט די שול.

אַ מאָל, ווען די עסטרײַכיש–אונגאַרישע אימפּעריע איז זיך צעפֿאַלן און די טשעכן (ווי אויך אַנדערע פֿעלקער) האָבן געקראָגן זייער אומאָפּהענגיקייט, האָבן זיי אָנגעהויבן אונטערדריקן די סודעטישע דײַטשן, שטאַמבירידער פֿון זייערע געוועזענע אונטערדריקערס. לכן, ווען היטלער איז געקומען צו דער מאַכט, זײַנען די סודעטישע דײַטשן געוואָרן זײַנע אָנהענגערס און געווען ביז גאָר גליקלעך, ווען ער

האָט פֿאַראייניקט די סודעטן מיט דײַטשלאַנד. מיט עפּעס־און־זיבעציק יאָר שפּעטער, נאָך דער צעפֿאַלונג פֿון דער סאָוועטישער אימפּעריע, האָבן די אוקראַיִנער און די לעטן געגנומען דיסקרימינירן די רוסן. דער סוף איז געווען, אַז פּוטין האָט אָפּגעבאַפּט דעם האַלב־אינדזל קרים. די קרים־אײַנוווינערס זײַנען געווען אין אייפֿאָריע נאָך דער אַנעקסיע פֿונעם האַלב־אינדזל, און אין מיזרח־אוקראַיִנע ווילן די רוסן, אַז די דאָזיקע לענדער זאָלן אויך ווערן אַ טייל פֿון רוסלאַנד.

די געשיכטע חזרט זיך איבער מיט איין אונטערשייד: ווי אַן ענטפֿער אויף היטלערס אַגרעסיע האָבן די מערבֿדיקע דעמאָקראַטיעס דערקלערט אים (כאָטש ניט באַלד) אַ מלחמה און אים באַזיגט. אין לעצטן סך־הכּל האָבן די טשעכן אַרויסגעטריבן די דײַטשן פֿון די סודעטן און געקראָגן דאָס דאָזיקע לאַנד צוריק. זיי האָבן אַפֿילו געטייט עטלעכע הונדערט דײַטשן, אײַנשליסנדיק קינדער, – און וואָס קאָן זײַן שרעקלעכער און פֿאַרברעכערישער ווי אומישנע דערמאָרדן קינדער?!

און דאָך, קיינער דערמאָנט זיך איצט ניט אין דעם, און קיין דײַטש וואָגט ניט פּרעטענדירן אויף די סודעטן, ווײַל דער קאָנסענסוס פֿון דער ציוויליזירטער וועלט איז אַזאַ: זיי האָבן זיך געשטעלט אויף היטלערס צד – זיי זײַנען באַשטראָפֿט גע־וואָרן. ניט וויכטיק, וואָס זיי האָבן געהאַט געליטן אין די צײַטן פֿון מאַסאַריקן: אונטערהאַלטן אַ דיקטאַטאָר און אַ מערדער טאָר מען ניט!

איצט אָבער סטײַעט ניט דעם מערבֿ קיין כּוחות צו פֿירן מלחמה מיט „פּוטלערן". אַוודאי וועט זײַן רעזשים פֿריִער צי שפּעטער זיך צעפֿאַלן, נאָר די אָנהענגערס זײַנע, סײַ אין און סײַ אויסער רוסלאַנד, וועלן בלײַבן אומבאַ־שטראָפֿט...

יורע האָט צוגעשיקט זײַן אַרטיקל, איבערגעזעצט אויף ענגליש, וואָס כ'האָב איבערגעשיקט צו פֿאַרשיידענע מענטשן. ר. האָט געענטפֿערט, אַז יאָ, ס'איז זייער שלעכט, און וואָס מער מע פּראָטעסטירט אין רוסלאַנד, אַלץ אַגרעסיווער ווערט פּוטין אין אויסלאַנד. נו, פֿון וואַנען קומט אַזאַ רעאַקציע, אַזאַ באַציִונג?! זי איז דאָך ניט באַגרינדעט אויף קיין שום רעאַלע פֿאַקטן: כּסדרדיקע מאַסן־פּראָטעסטן זײַנען געווען אין רוסלאַנד סוף 2011־אָנהייב 2012: מער ווי דרײַ יאָר נאָך דער מלחמה מיט גרוזיע און צוויי יאָר פֿאַרן אַנעקסירן דעם קרים! מיט עטלעכע יאָר צוריק, ווען דער קריג אין אוקראַיִנע איז שוין געווען אין פֿולן ברען, האָט ר. מיר געזאָגט, אַז מ'דאַרף העלפֿן פּוטינען אַרויסגיין פֿון דער איצטיקער סיטואַציע (גלײַך ווי פּוטין האָט עס געוואָלט!), און אַז די סאַנקציעס ברענגען צו קעגנזעצלעכע רעזולטאַטן. איך האָב בלויז איין דערקלערונג: ס'איז דער זעלבער אַלטער אינסטינקטיווער שרעק פֿאַרן אַרײַנטרײַבן דעם אַגרעסאָר אין כּעס. אַפֿילו נאָך נאַציזם און קאָמוניזם האָט מען אין דער פֿרײַער וועלט, ווײַזט אויס, נאָך אַלץ ניט פֿאַרשטאַנען דאָס, וואָס אונדז, די געוועזענע „סאָוועטישע", איז קלאָר ווי דער טאָג: אַז מיט אַזעלכע, ווי פּוטין, דאַרף מען קעמפֿן מיט אַלע כּוחות סײַ „פֿון אינעווייניק", סײַ „פֿון דרויסן", ווײַל כּוח איז דאָס איינציקע, וואָס זיי זײַנען פֿעיִק צו פֿאַרשטיין.

„... און איך האָב געבעטן דעם אייבערשטן אין יענער צײַט, אַזוי צו זאָגן: גאָט דו האַר לאָמיך אַריבערגיין, איך בעט דיך, און לאָמיך זען דאָס גוטע לאַנד וואָס אויף יענער זײַט ירדן, דאָס דאָזיקע שיינע געבערג, און דעם לבֿנון. אָבער גאָט האָט געצערנט אויף מיר פֿון וועגן אײַך, און האָט זיך ניט צוגעהערט צו מיר; און גאָט האָט צו מיר געזאָגט: גענוג דיר! זאָלסט מער ניט רעדן צו מיר וועגן דער דאָזיקער זאַך.” דאָ ציטירט רש״י צוויי תלמודישע דערקלערונגען פֿון די ווערטער „גענוג דיר”. איינע פֿון זיי זאָגט: „אַ סך מער איז צוגעגרייט פֿאַר דיר, גרויס איז דאָס ווויל, אויסבאַהאַלטן פֿאַר דיר.” נאָר אויב אַזוי, איז פֿאַר וואָס זשע האָט גאָט עס געזאָגט, ווײַל ער האָט געצערנט אויף משהן? ווו איז די לאָגיק?

אויגוסט 18

געלייגט זיך שלאָפֿן 10.45 אַזייגער, אײַנגענומען אַליוו PM, אײַנגעשלאָפֿן אַרום 2, אויפֿגעכאַפּט זיך 6.30, דערנאָך 9.45. ניט אויסגעשלאָפֿן זיך, נאָר אויפֿגעשטאַנען, כּדי איבערצושלאָגן דעם דאָזיקן רעזשים. שוין זעקס טעג בין איך דאָ אָפּגעוווען, אין דרײַ טעג אַרום קערן מיר זיך אום אַהיים - ס׳איז שוין צײַט ברענגען דעם שלאָף אין אָרדענונג!

לאַנג שפּאַצירט איבערן גרויסן פּאַרק און געהאַלטן אין איין אײַנחזרן אויף אויסנווייניק זשאַבאָטינסקיס אַרטיקל „וועגן דער אײַזערנער וואַנט” אין דער ענגלישער איבערזעצונג. אינעם רוסישן אָריגינאַל האָב איך דעם אַרטיקל געהאַט אויסגעלערנט מיט יאָרן צוריק, נאָר כ׳מיין, אַז עס וועט זײַן נוצלעכער צו קענען אים אויף ענגליש: גראָד אויף ענגליש וועל איך דאַרפֿן ציטירן פֿראַגמענטן פֿונעם דאָזיקן אַרטיקל, כּדי איבערצוצײַגן מענטשן אין דער גערעכטיקייט פֿון ציוניזם.

אויפֿן וועג צוריק אינעם האָטעל האָב איך געזען אַ מין „מעמאָריאַל” לכּבֿוד שאָפּענען: אַ הויכער שטיין, באַדעקט מיט געבלעטער, אין מיטן - אַן אײַזערנער טאָוול מיט אַ לאַנגער אויפֿשריפֿט, און איבערן טאָוול - שאָפּענס באַרעליעף. אָפּגערוט זיך אויף אַ באַנק דערנעבן.

פֿון שאָפּענס מוזיק האָט זיך אָנגעהויבן מײַן קאָנצערט־טעטיקייט. שוין אינעם צווייטן קלאַס האָב איך געשפּילט אויף אַ שול־קאָנצערט שאָפּענס דרײַ מאַזורקעס און אַ וואַלס. דער טאַטע האָט רעקאָרדירט מײַן אויפֿטריט אויף אונדזער אַלטן מאַגניטאָפֿאָן „אַדידאַס”; דערנאָך האָב איך ניט איין מאָל געהערט יענע רעקאָרדירונג, און ביז איצטער קלינגט נאָך בײַ מיר אין די אויערן דאָס קולכל פֿונעם מיידעלע, וואָס האָט אַנאָנסירט: „שאָפּען. דרײַ מאַזורקעס און אַ וואַלס. ס׳וועט אויסשפּילן דער שילער פֿונעם צווייטן קלאַס זשעניע קיסין.”

אויף מײַנע ערשטע סאָלאָ־קאָנצערטן, ווען איך בין געווען אַלט עלף יאָר, איז דער גרעסטער טייל פֿון מײַן פּראָגראַם באַשטאַנען פֿון שאָפּענס ווערק: אין דער מיט פֿונעם ערשטן טייל האָב איך געשפּילט עטלעכע מאַזורקעס זײַנע, אינעם צווייטן - דעם פֿאַ־מינאָר קאָנצערט (מיט אַ צווייטן קלאַוויר). מיט אַ יאָר שפּעטער,

אויף מײַן דעביוט אינעם גרויסן זאַל פֿון דער מאָסקווער קאָנסערוואַטאָריע האָב איך געשפּילט שאָפּענס בײדע קאָנצערטן מיטן אָרקעסטער. שאָפּען האָט תּמיד פֿאַרנומען דאָס צענטראַלע אָרט אין מײַן רעפּערטואַר. אַלע, פֿון סאַמע אָנהייב אָן פֿון מײַן קאַריערע, פֿלעגן זאָגן, אַז שאָפּענס מוזיק איז דאָס, וואָס איך שפּיל אַם בעסטן.

ווען איך האָב געטראָפֿן ריכטערן צום לעצטן מאָל (גוט האָב איך אים ניט געקענט, כ'האָב געהאַט בלויז פֿיר קורצע באַגעגענישן מיט אים), האָט ער מיר געזאָגט, אַז איך בין אַ שאָפּעניסט. אַליין אָבער האָב איך במשך פֿון לאַנגע יאָרן קיין מאָל ניט געפֿילט, אַז שאָפּען איז מיר ליבער איידער, אַ שטייגער, בעטהאָווען און אַנדערע קאָמפּאָזיטאָרן (הגם זייער פֿיל צײַט איז פֿאַרבײַ, ביז וואַנעט איך האָב זיך אויסגעלערנט גוט שפּילן בעטהאָווענס מוזיק). בלויז מיט עטלעכע יאָר צוריק האָב איך ענדלעך דערפֿילט מיט אַלע אבֿרים, אַז ס'איז דווקא אַזוי, אַז פֿון אַלע גרויסע קאָמפּאָזיטאָרן איז שאָפּען מיר דער נאָענטסטער צום האַרצן – און פֿון דעמאָלט אָן פֿיל איך עס אַלץ שטאַרקער און שטאַרקער.

הײַנט האָט זיך מיר עפּעס פֿאַרוואָלט הערן גילעלסעס רעקאָרדירונג פֿון וועבערס צווייטער סאָנאַטע. ווי געניאַל האָט ער זי געשפּילט, באַזונדערס דעם ערשטן טייל! אַוודאי, האָב איך תּמיד זייער ליב געהאַט די דאָזיקע רעקאָרדירונג, נאָר דאָס מאָל האָב איך עפּעס באַזונדערס שאַרף דערפֿילט די אַלע ניואַנסן פֿון אָט דער אינטערפּרעטאַציע. דער דריטער טייל, לויט מײַן מיינונג, וואָלט געקאָנט זײַן לײַכטער: ס'איז דאָך וועבער, ניט בראַמס אָדער ראַכמאַנינאָוו. נאָר אַל דאָס איבעריקע איז אַן עכטער שעדעווער!

גילעלס... אַ מין טיפֿקייט, אַ מין מאַסשטאַב און אינערלעכע קראַפֿט! און אויב מע הערט זײַנע סאַמע ערשטע, יוגנטלעכע רעקאָרדירונגען, מע פֿאַרגלײַכט זיי מיט דעם, וואָס ער האָט דערגרייכט שפּעטער, באַזונדערס אינעם לעצטן פּעריאָד פֿון זײַן לעבן, און מע באַנעמט, וואָס פֿאַר אַ ריזיקן דרך ער האָט דורכגעמאַכט אין זײַן שאַפֿערישקייט, – בלײַבט נאָר זיך טיף פֿאַרנייגן פֿאַר אַזאַ גאָון.

פֿון לאַנג שוין שטרײַט מען, ווער איז בעסער: גילעלס צי ריכטער. לויט מיר נאָך, איז עס זייער איינפֿאַך – מ'דאַרף פּשוט פֿאַרגלײַכן ריכטערס און גילעלסעס רעקאָרדירונגען פֿון פֿאַרשיידענע ווערק: צום בײַשפּיל, בעטהאָווענס „האַמער-קלאַוויר"-סאָנאַטע, שומאַנס „סימפֿאָנישע עטיודן", בראַמס' ערשטע סאָנאַטע, טשײַקאָווסקיס ערשטן קאָנצערט, פּראָקאָפֿיעווס אַכטע סאָנאַטע וכדומה. ריכטער האָט געשפּילט זייער גוט – נאָר גילעלסעס אינטערפּרעטאַציעס זײַנען דאָך אויף אַזוי פֿיל רײַכער, טיפֿער, טאַלאַנטפֿולער!

אין אָוונט בין איך ווידער געגאַנגען אויף אַ שפּאַציר און געזען דעם בנין, ווו גאָנטשאַראָוו האָט געוווינט און אָנגעשריבן אַ גרעסטן טייל פֿון זײַן ראָמאַן „אָבלאָמאָוו" (אַזוי איז אָנגעשריבן אויפֿן טאָוול מיט זײַן באַרעליעף). עס זײַנען פֿאַראַן עטלעכע ביכער, וואָס כ'האָב אַ מאָל אָנגעהויבן לייענען און ניט געקאָנט

זיי צעקײַען; איין בוך פֿון זיי איז געווען טאַקע „אַבלאַמאָוו“. שפּעטער האָב איך געלייענט ערגעץ־ווו, אַז פּראָקאָפּיעוו האָט אויך ניט געקאָנט לייענען „אַבלאַמאָוון“, ווײַל אַזאַ מענטשלעכבער טיפּ איז אים געווען ביז גאָר פֿרעמד. פֿון יענער צײַט אָן האָב איך מער גאָרנישט ניט געלייענט פֿון גאָנטשאַראָוון, דאָס איז בײַ מיר אַ בלויז.

אין אָוונט געלייענט זשאַבאָטינסקיס „די זקנימס מרידה“. אַ מין גלענצנדיקער אַרטיקל! אינטערעסאַנט, אַז אין יענער צײַט (אין 1927) זײַנען די קעגנערס פֿון פֿאַשיזם און קאָמוניזם געווען אויך קעגן קאַפּיטאַליזם (און זשאַבאָטינסקי האָט שוין דעמאָלט פֿאַרשטאַנען, אַז "tertium non datur"), נאָר איצט איז קלאָר ווי דער טאָג, אַז דווקא קאַפּיטאַליזם איז די איינציקע ריכטיקע סיסטעם.

רעווידירט די געדרוקטע אויסגאַבע פֿון מײַנע 4 פּיאַנע־פּיעסן און וויאָלאָנטשעל־סאָנאַטע. געפֿונען עטלעכע גרײַזן, אָנגעשריבן אין „העגלע“.[20]

ראָבין האָט צוגעשיקט אַן אַרטיקל, געדרוקטן אויף „בי־בי־סי ניוז“: ווײַזט זיך אַרויס, אַז די קאָמוניסטן האָבן אויסגעפּלאַסטערט דעם צענטער פֿון פּראָג מיט ברוק־שטיינער, געמאַכט פֿון ייִדישע מצבֿות! ווען זשע וועט דער מערבֿ סוף־כּל־סוף פֿאַרשטיין, אַז קאָמוניזם איז מיט גאָרנישט ניט בעסער פֿון נאַציזם?!

זי האָט אויך צוגעשיקט ביז גאָר אַן אינטערעסאַנטע „בי־בי־סי“־אודיציע וועגן דער מוזיק פֿון דזשאָן מילטאָנס פֿאָטער און איר וואָרשײַנלעכער ווירקונג אויף זײַן זונס דיכטונג. יאָ, די אייראָפּעיִשע קלאַסישע מוזיק האָט דערגרייכט אירע הייכן שפּעטער, ווי די ליטעראַטור. דעריבער, ווען איך הער, לאָמיר זאָגן, בערדן און אַנדערע, פֿאַרכאַפּט מיך ניט די מוזיק גופֿא, נאָר דער געדאַנק, אַז שעקספּיר האָט זי געהערט. עך, ווען מע וואָלט געקאָנט הערן די מוזיק, וואָס אונדזערע אָבֿות אין ביבלישע צײַטן האָבן געשפּילט „מיט גיטאַר און האַרף“, „מיט סטרונעס און פֿלייט“...

ס'וואָלט געווען גוט, אַז „דער פֿאַרלאָזטער גן־עדן“ (אָדער כאָטש איניקע פֿראַגמענטן דערפֿון) זאָל איבערגעזעצט ווערן אויף ייִדיש. כ'קאָן זיך פֿאָרשטעלן, אַז ער וואָלט געקלונגען שיין אויף ייִדיש, ס'איז דאָך די ביבלישע טעמאַטיק. אַזאַ אויפֿגאַבע איז אָבער ניט פֿאַר מײַנע כּוחות. און ווו נעמט מען אַ צווייטן בערל לאַפּין?![21]

פֿאַרן שלאָפֿן געלייענט אין בעט „אויפֿן שוועל“. אַ גוטער זשורנאַל, אַן אינטערעסאַנטער, אויף זייער אַ גוטן פּאַפּיר, כּמעט אָן דרוקפֿעלערן. אַ מחיה צו האַלטן אין די הענט אַ גוטע הײַנטיקע פּעריאָדישע אויסגאַבע אויף ייִדיש! אַ שאָד נאָר, וואָס איצט גייט ער אַרויס בלויז צוויי מאָל אַ יאָר.

אויגוסט 19

פּונקט מיט 28 יאָר צוריק, ווען איך האָב זיך אויפֿגעכאַפּט אין דער פֿרי, האָט די מאַמע מיר געזאָגט, אַז אין מאָסקווע איז פֿאָרגעקומען אַ פּוטש. פֿון לאַנג שוין האָט מען גערעדט וועגן אַזאַ מעגלעכקייט – און אָט איז עס טאַקע געשען. דורך טעלעוויזיע האָבן באַוווּסטע דיקטאָרן מיט שטיינערנע פּנימער פֿאָרגעלייענט

די ווענדונג פֿון „גע־קאַ־טשע־פּע"[22] צום פֿאָלק: „אין אַ שווערער, קריטישער שעה פֿאַר די גורלות פֿון דעם פֿאָטערלאַנד און אונדזערע פֿעלקער ווענדן מיר זיך צו אײַך! איבער אונדזער היימלאַנד הענגט אַ טויטגעפֿאַר [...] מאַכן אַ סוף דער הײַנטיקער אומרויִקער צײַט..."

מיר – די מאַמע, אַלאָטשקע, אַנע פּאַוולאָוונע און איך – זײַנען אין יענע טעג געווען אין „רוזאַ"[23] (דער טאַטע איז אַוועק קיין מאָסקווע מיט עטלעכע טעג פֿריִער). אינעם וועסטיביול פֿון דער גאָרקיך, דערזען אונדז, האָט ליודמילאַ ניקאָלײַעוונאַ[24] געזאָגט: „איצט וועט מען טאַקע אַלעמען פֿאַרנעמען אין דער אַרמיי!" שפּעטער, ווען קאָוואַלס[25] אַלמנה איז געקומען צו אונדז, האָט זי גענומען ריידן וועגן דעם, אַז אויב מע וועט מיך פּרוּוון פֿאַרהאַלטן לעם אונדזער הויז אין מאָסקווע, כּדי צונעמען מיך אין דער אַרמיי, זאָל איך זאָגן, אַז „איך בין אַ קרובֿ פֿון מאָלדאַוויע"(!). דערמאָן איך זיך איצט אין דעם און טראַכט: ווי אַזוי איז איר ניט אײַנגעפֿאַלן, אַז אין אַזאַ פֿאַל וועט מען פֿאָדערן, איך זאָל ווײַזן מײַן פּאַספּאָרט?! מיר האָבן תּיכּף באַשלאָסן, אַז אויב מע וועט אונדז פֿאָרט אַרויסלאָזן אין אַמעריקע, ווו בײַ מיר זײַנען געווען פֿאַרפּלאַנירט גאַסטראָלן אין אָקטאָבער, וועלן מיר דאָרט בלײַבן. בעת מיר האָבן שפּאַצירט איבער די פֿאַרנאַכטיקע אַלעעס, האָב איך אָנגעהויבן לערנען די מאַמע און אַנע פּאַוולאָוונען אַ ביסל ענגליש.

צווישן די פֿיר אָפּיציאַנטקעס אין „רוזאַ", וואָס האָבן אַלע געוווינט אינעם נאָענטן דאָרף, איז געווען איינע, ניט אַזאַ ווי די אַנדערע. געהייסן האָט זי נאַטאַשאַ. בשעת אונדזער אויפֿהאַלט דאָרטן מיט אַ יאָר צי צוויי פֿריִער, האָט זי איין מאָל פֿאַרפֿירט אַ שמועס מיט דער מאַמען, און עס האָט זיך אַרויסגעוויזן, אַז זי איז אַ געבילדעטע פֿרוי. זי האָט אַפֿילו געשאָנקען אונדז אַ בוך פֿון הײַנטצײַטיקע אַמע־ריקאַנער נאָוועלן. דאָס מאָל, בײַ דער וועטשערע, ווען נאַטאַשאַ איז צוגעקומען צו אונדזער טיש און דער שמועס האָט זיך פֿאַרדרייט אַרום דעם פּוטש, האָט זי געזאָגט עפּעס אַזוינס, וואָס ס'איז באַלד געוואָרן קלאָר, אַז זי האַלט אים אונטער. די מאַמע האָט מיר זייער שטיל אַ זאָג געטאָן: „דאָס מויל אויפֿן שלאָס!", און נאַ־טאַשאַ, זעענדיק אונדזערע פּנימער, האָט געזאָגט, שוין מיט אַ ווייכערער שטים: „איר דאַרפֿט אַוועקפֿאָרן פֿון דאַנען. איך מיין, בכלל..."

אַרויס פֿון דער גאָרקיך, האָבן מיר געטראָפֿן די מינקאָווס[26], און מאַרק האָט געזאָגט: „יאָ, מ'האָט זיך דערוואַרט אויף די רויטע...". גאַליע האָט דערציילט, וואָס פֿאַר אַ פֿאַסקודניאַטשקע איינע אַ באַקאַנטע אירע דאָ אין „רוזאַ" האָט זיך אַרויסגעוויזן, – זי האָט איר הײַנט געזאָגט: „גאַליע, איך באַגריס אײַך!". מאַרק האָט אָנגעהויבן דערציילן, אַז אפֿשר וועט זיך זיי אײַנגעבן אַוועקצופֿאָרן קיין דײַטשלאַנד, ווו ער וועט האָבן אַ מעגלעכקייט צו אַרבעטן דאָרטן, אין דער שטאָט טוטלינגען.

דערנאָך האָט מען טראַנסלירט דורך טעלעוויזיע די פּרעסע־קאָנפֿערענץ פֿון די פּוטשיסטן. איינע אַ יונגע פֿרוי האָט זיי אַ פֿרעג געטאָן, צי זיי האָבן

געהאַט געבעטן אַן עצה בײַם גענעראַל פּינאָטשעט. באָווין[27] האָט געפֿרעגט סטאַראָדובצעוון: „ווי אַזוי זײַט **איר** אַרײַנגעפֿאַלן אין אָט דער קאָמפּאַניע?" – און מע האָט זיך צעלאַכט.

מע האָט אויך געוויזן אין אַ נײַעס־פּראָגראַם אַ קורצע מיטטיילונג וועגן דעם, אַז מענטשן האָבן זיך צונויפֿגעזאַמלט בײַם „ווײַסן הויז"; איינער פֿון זיי האָט געזאָגט: „איך בין דאָ, ווײַל מײַן האַרץ האָט מיך געבראַכט אַהערצו!". בלויז שפּעטער, נאָכן דורכפֿאַל פֿונעם פּוטש, האָט מען געלערנט, אַז פּוגאָ[28] איז אויפֿגעבראַכט געוואָרן פֿאַר יענעם רעפּאָרטאַזש.

נאָך דעם זײַנען מיר מיט דער מאַמען געגאַנגען קלינגען דעם טאַטן און האָבן געטראָפֿן דאָרט מערקוריעוון[29]. „נו, ווי געפֿעלט אײַך דאָס אַלץ?" – האָט ער געפֿרעגט. די מאַמע האָט גאָרנישט ניט געענטפֿערט – מסתּמא, האָט זי זיך גע־שראָקן. „געמאַכט אַ פּוטש – און זיצן אַזוי: מיר זײַנען גוטע! קיין וואָרט ניט אמת!". דאַן האָט די מאַמע שטיל געזאָגט: „עס קאָן ניט זײַן קיין אמת." – „פּוגאָ איז ממש אַ האַרצעניו־נשמהניו!" – האָט מערקוריעוו ווײַטער גערעדט: „גלײַך ווי מיט אַ נימב איבערן קאָפּ!"

אַזוי איז פֿאַריבער דער דאָזיקער טאָג אין **1991**... הײַנט האָב איך אָנגעשריבן מײַנע פֿרײַנד אין רוסלאַנד, געפֿרעגט בײַ זיי, צי מע מערקט אָפּ דעם יאָרטאָג. אַ. האָט געענטפֿערט: „נו, בלויז אין פֿייסבוק, אויף וויפֿל איך ווייס... שוין זשע זײַנען די קרבנות געוווען אומזיסטיקע און די ווערט פֿונעם מענטשלעכן לעבן איז הײַנט אַזוי נישטיקן! איצט ריידן פֿיל מענטשן וועגן 'מאַכן אויסמענטש'. מענטשן פֿאַרטיפֿן זיך אין זיך אַלץ מער, נאָר די אַנטשפּאַנונג זאָגט וועגן דעם, אַז אַן אויפֿברויז איז גאַנץ וואַרשײַנלעך. אָבער ווען און ווו – ווייסט קיינער ניט."

קאַרינאַטשקע האָט זיך אומגעקערט פֿון פּראָג.

אויגוסט 20

דערמאָן איך זיך אין יענע שוין ווײַטע טעג און פֿאַרשטיי, אַז פֿאַרגעדענקט האָב איך ניט אַזוי די געשעענישן, נאָר מײַנע דעמאָלטיקע געפֿילן.

אויפֿן צווייטן טאָג פֿונעם פּוטש זײַנען צו אונדז געקומען די שוועסטער בענציאַנאָוו און געזאָגט: „ס'איז דאָך אַלץ ניט ערנסט! האָט איר געזען סטאַראָדובצעוון, ווי ער האָט געענטפֿערט? 'מע האָט מיך, נאַטירלעך, אײַנגעלאַדן, און איך בין, נאַטירלעך, מסכּים געווען'!".

פּינקטלעך האָבן מיר ניט געוווּסט, וואָס עס קומט אויף אַן אמתן פֿאַר. עס זײַנען אַרומגעגאַנגען כּל־מיני קלאַנגען. איך געדענק, אַז אין יענעם טאָג האָבן מיר – אַלאָטשקע, מאַשע קאָוואַל און איך – שפּאַצירט איבער אַן אַלעע און געשמועסט וועגן דעם ווידערשטאַנד, וואָס איז דעמאָלט פֿאָרגעקומען אין מאָסקווע, און וועגן דעם, ווי וויכטיק עס איז פֿאַר רוסלאַנד. כ'געדענק שוין אָבער ניט, וואָס האָבן מיר טאַקע יאָ דעמאָלט געוווּסט.

שפּעטער, אין אָוונט, האָט מען אין אַ נײַעס־פּראָגראַם דורך טעלעוויזיע מיט־געטיילט, צווישן אַנדערש, וועגן אַן אויסשטעלונג פֿון רעריכס הימאַלײַישע בילדער. דאָלינסקאַיאַ[30], וואָס איז דעמאָלט געווען בײַ אונדז, האָט געזאָגט: „נו יאָ, גראָד דאָס דאַרפֿן מיר איצט: רעריך מיט הימאַלײַען..."

הײַנט האָט ק. געענטפֿערט אויף מײַן נעכטיקן בריוו: „ניין, קיינער מערקט ניט אָפּ. אָבער מיר געדענקען." איך האָב איר אָנגעשריבן: „די אַנומלטיקע דעמאָנסטראַציעס האָבן צו גאָרנישט ניט געבראַכט, זשוקאָוון האָט מען אײַנגעזעצט. שוין זשע איז דאָס ניט קיין געלעגנהייט פֿאַר פּראָטעסטן, וואָס וואָלטן געקאָנט אַריבערוואַקסן אין אַ רעוואָליוציע?". זי האָט געענטפֿערט: „פֿאַרקערט, איצט וועלן די פּראָטעסטן, גיכער פֿון אַלץ, אויפֿהערן, ווײַל מענטשן האָבן זיך ווידער דערשראָקן. אײַנגעזעצט האָט מען ניט בלויז זשוקאָוון..."

די זעלבע פֿראַגע האָב איך נאָך נעכטן, פֿאַרן לייגן זיך שלאָפֿן, געשטעלט אַ. הײַנט האָט זי געענטפֿערט: „דער גרימצאָרן גייט אָן שטענדיק כוואַליעסווײַז: שטײַגט און פֿאַלט. נאָר אין אַלגעמיין איצט איז ער נאָענט צו דער זיד־טעמפּעראַטור. און ווי וועט זײַן ווײַטער איז אוממעגלעך צו פּראָגנאָזירן, ווי שטענדיק אין רוסלאַנד." „פֿאַר וואָס זשע גייען די פּראָטעסטן ווײַטער ניט אָן?" – האָב איך געפֿרעגט. אַ. האָט צוגעשיקט אַ לאַנגן ענטפֿער:

„פֿאַר מיר איז עס אויך אַ פֿראַגע: פֿאַר וואָס אין רוסלאַנד פֿאַרלײַדט מען שטענדיק?! די איינציקע דערקלערונג איז, אַז אין דער גרונטיקער מאַסע איז זייער אַ נידעריקער זעלבסטבאַוווסטזײַן און אָפֿט איז אַבסאָלוט ניטאָ קיין לאָגיק: די דערקלערונגען וועגן דעם, פֿון וואַנען קומען אַלע אומאָנגענעמלעכקייטן, איז אָפֿט אַבסורדיש: 'ס'איז אַלץ איבער די אַמעריקאַנער!' אומצופֿרידנקייט מיטן לעבן גייט איבער אין אומצופֿרידנקייט איינער מיטן אַנדערן. דאָס זײַנען סײַ אינערלעכע פֿאַמיליע־קאָנפֿליקטן, סײַ גנבֿה און סײַ שיכּרות. דער געדאַנק 'מע קאָן גאָרנישט ניט טאָן' – האָט זייער אַלטע וואָרצלען. ניט איין יאָרהונדערט! יענע 50־60 טויזנט, וואָס זײַנען אַרויס אויפֿן פּלאַץ, קאָנען ניט איבערמאַכן די אַלגעמיינע טענדענץ, וואָס האָט זיך אײַנגעשטעלט מיט לאַנגע יאָרן צוריק. די 'ניט־געשמיסענע' יוגנט וואַרפֿט זיך אונטער די פּאָליציייִשע שטעקן, אַ סך פֿאָרן אַוועק פֿון לאַנד. די אַלגעמיינע שטימונג פֿון אַנטוישונג, אומצופֿרידנקייט און ווילן אַ בעסער לעבן ברענגט צו דעם, אַז זייער לאַנגזאַם הייבט אָן אויפֿוואַקסן אויך דער איבעריקער, פֿינצטערער טייל פֿון דער באַפֿעלקערונג. דער טייל, וואָס האָט זיך ניט אַרײַנגעלאָזט אין שיכּרות און ניט דעגענערירט (אַנטשולדיק פֿאַר די גראָבע ווערטער, נאָר דאָס איז אמת). ס'איז ווי אַ יויר־ראָשטשינע: מע ווייסט ניט, ווען זי קאָן זיך אויפֿהייבן און אַ גיס טאָן איבערן ברעג. כ'האָב ניט קיין צווייפֿל, אַז עס וועט געשען; און דאַן וועלן אַלע פֿאַסקודניאַקעס זיך איבערוואַרפֿן, ווי ס'איז געווען שוין ניט איין מאָל, און זיך פֿאַרשטעלן פֿאַר ליבעראַלן. עס ווילט זיך ניט ווערן פֿאַרביטערט, נאָר מע דאַרף אַ גריכט, וואָס וועט דערלויבן צו געבן אַן אָפּשאַצונג פֿון זייער טעטיקייט אינעם

דאַזיקן פּעריאָד. אַ רויִק, רעכטלעך געשפּרעך וועגן יעדערן, וואָס איז געווען 'בעתן אויספּילן' און באַגאַנגען אַ פֿאַרברעכן. אַ באַשטעטיקונג מיט דאָקומענטן."

יאָ, אַ. איז, ווי געוויינטלעך, מער אָפּטימיסטיש, ווי ק. ס'וואָלט זיך, אַוודאי, געוואָלט זײַן אָפּטימיסטיש.

זובאָוו[31] האָט אָנגעשריבן אין פֿייסבוק וועגן דעם, אַז הײַנט האָט אַ גלח צום ערשטן מאָל זיך אָפּגעזאָגט דורכצופֿירן אַ פּאַניכידע אין אָנדענק פֿון די יונגען, אומגעקומענע מיט 28 יאָר צוריק: „דער פּאַטריאַרך האָט ניט געגעבן זײַן בענטשונג".

אויגוסט 21

הײַנט האָט מיך קאַרינאַטשקע געבראַכט צו פֿירן אין באַסיין און געלערנט מיך מאַכן פֿאַרשיידענע איבונגען. ס'האָט זיך אַרויסגעוויזן, אַז זי פֿלעגט זיך פֿאַרנעמען מיט וואַסער־אַעראָביק, בשעתן זײַן טראָגעדיק. הייסט עס, אַז ניט אַלץ ווייס איך נאָך וועגן מײַן פֿרוי!

און דעמאָלט, אין 1991, אויפֿן דריטן (און לעצטן) טאָג פֿונעם פּוטש, האָט מען שוין געוויזן אויף טעלעוויזיע די זיצונגען אינעם מאָסקווער „ווײַסן הויז". נאַטאַשאַ האָט אונדז געזאָגט: „נו, איך באַגריס אײַך: באַקאַטין און פּרימאַקאָוו האָבן שוין פֿאַראורטיילט דעם געַ־קאַ־טשע־פּע!". שפּעטער, אין די פֿאָלגנדיקע טעג, האָט מען אונדז דערציילט, אַז נאַטאַשאַ איז אַ מסורטע... ריזשקינס[32] פֿרוי האָט אונדז איבערגעגעבן די לעצטע ידיעות, אָנרופֿנדיק די פּוטשיסטן „זעקס פּאַסקודניאַקעס".

אין אָוונט האָט דער זעלבער באַרימטער טעלעוויזיע־דיקטאָר איבערגעגעבן גאָרבאַטשאָווס ווערטער, אַז יענער „קאָנטראָלירט די סיטואַציע פֿולשטענדיק", און אַז „ס'איז ווידער אויפֿגעשטעלט געוואָרן די פֿאַרבינדונג מיטן לאַנד, וואָס איז פֿריִער איבערגעריסן געוואָרן איבער די אַוואַנטורישע האַנדלונגען פֿון אַ גרופּע מלוכה־פּערזאָנען". מע האָט אויך געוויזן גענאַדי כאַזאַנאָוון[33], וואָס האָט נאָכגעמאַכט גאָרבאַטשאָוון: „טײַערע חבֿרים! איך וויל אײַך מיטטיילן, אַז איך פֿיל זיך אויסגעצייכנט, און אַז ריינע פּאָליטיק קאָן מען ניט מאַכן מיט שמוציקע, ציטערנדיקע הענט.". מ'האָט זיך געלייגט שלאָפֿן באַרויִקט.

אויגוסט 22

געלייגט זיך שלאָפֿן 11 אַזייגער, אײַנגעשלאָפֿן ניט תּיכּף, נאָר גיכער, ווי אין די פֿאַריקע נעכט, און דערנאָך געשלאָפֿן כּמעט ביז 10.30 אין דער פֿרי! סוף־כּל־סוף! זעט אויס, אַז די איבונגען אין וואַסער האָבן געהאָלפֿן. אַ שאָד נאָר, וואָס הײַנט דאַרף מען זיך אומקערן אַהיים.

מיט 28 יאָר צוריק האָט מען אין רוסלאַנד פּראָקלאַמירט די דאַטע „דער פֿרײַהייט־טאָג". אין מאָסקווע, אַנטקעגן דעם „ווײַסן הויז", איז פֿאָרגעקומען און טראַנסמיטירט געוואָרן דורך טעלעוויזיע דער מיטינג פֿון די זיגערס (דווקא אַזוי האָט מען אים אָפֿיציעל אָנגערופֿן). אַדאַמאָוויטש[34] האָט געזאָגט דעם ריזיקן המון: „איר

קאַנט אַ קוק טאָן איינער אויפֿן אַנדערן און דערזען, וואָס פֿאַר אַ ווונדערשיין פּנים האָט יעדערער פֿון אונדז!"

מ'האָט אויך טראַנסמיטירט גאָרבאַטשאָווס טרעפֿונג מיט יעלצינען און די מיטגלידער פֿונעם רוסלענדישן פּאַרלאַמענט. יעלצין האָט דעמאָלט, באַלד אויפֿן אָרט, פֿאָרגעשלאָגן צו פֿאַרווערן די קאָמוניסטישע פּאַרטיי, און דער פּאַרלאַמענט איז מסכּים געווען. גאָרבאַטשאָוו האָט געפּאָדערט עפּעס צו פֿאַרפּינקטלעכן און גערופֿן: „זײַט עבטע דעמאָקראַטן!" דערנאָך האָט ער, האַלטנדיק אין די הענט עטלעכע זײַטלעך פּאַפּיר, געזאָגט: „אָט האָט מען מיר געגעבן די סטענאָגראַם פֿון דער זיצונג פֿונעם מיניסטאָרן־קאַבינעט, נאָר איך האָב זי נאָך ניט געלייענט." – „איז לייענט זי פֿאָר!" – האָט יעלצין געענטפֿערט, און גאָרבאַטשאָוו האָט גענומען פֿאָרלייענען, ווי די מיניסטאָרן האָבן געהאַט רעאַגירט אויפֿן פּוטש. „איך מוז זיך טרעפֿן מיט דער אינטעליגענץ, די אינטעליגענץ וועט ניט פֿאַרשטיין דעם קאָמיטעט..." – האָט גאָרבאַטשאָוו פֿאָרגעלייענט די ווערטער פֿונעם קולטור־מיניסטער ניקאָלײַ גובענקאָ און צוגעגעבן: „נאָר דערנאָך האָט ער, זאָגט מען, אָנגעגעבן אין דעמיסיע."

אין יענעם אָוונט האָבן מיר (די יונגע) זיך פֿאַרזאַמלט בײַ די מייעראָוויטשעס[35]: ס'איז געווען מאַניעס געבוירן־טאָג. דעמאָלט האָט מען געוויזן אויף דער טעלעוויזיע גאָרבאַטשאָווס פּרעסע־קאָנפֿערענץ, ווו ער האָט נאָך אַלץ געהאַלטן אין איין טענהן, ווי פֿריִער: „געוויס בין איך פֿאַר סאָציאַליזם. סאָציאַליזם איז אי אין קריסטנטום, אי אין אַנדערע פּאָליטישע שטראָמונגען..." איך האָב אַ קוק געטאָן אויף מייעראָוויטשס פֿרוי און איבערגעחזרט: „אי אין קריסטנטום, אי אין אַנדערע פּאָליטישע שטראָמונגען...", – און זי האָט געענטפֿערט: „אַזאַ טיפּשות פּלאַפּלט ער!". בײַם טיש האָט מאַרינאַ גאָראָבאָווסקאַיאַ אַרויסגעזאָגט אַ השערה, אַז „מסתּמא האָט גאָרבאַטשאָוו זיי געזאָגט: 'מאַכט אַ פּוטש, נאָר אָן מיר. אויב ס'וועט זיך באַקומען – גוט, אויב ניט – דאַן וועט איר זײַן די שלעכטע'" איר מאַן סאַשאַ האָט צוגעשטימט און צוגעגעבן: „יאָ, מ'האָט געדאַרפֿט דאָרט, אויף זײַן דאַטשע, אויך שיסן אַ ביסעלע!". מיט אַ וואָך שפּעטער האָבן מיר זיך ווידער צונויפֿגעזאַמלט בײַ די מייעראָוויטשעס, און אַ פֿיר־יאָריק ייִנגעלע האָט דאָרט געשריִען: „צעשיסט די קאָמוניסטן!". אַוודאי, איז קיינער פֿון אונדז, ניט איך, ניט די אַנדערע, ניט געווען בלוטדורשטיק, נאָר ס'האָט זיך געדאַכט (און געהאָפֿט), קוקנדיק אויפֿן קינד, – אָט איז אַ נײַע, אַ פֿרײַער דור...

איך האָב דעמאָלט געטראַכט: נו, אויסגעצייכנט, דעמאָקראַטיע האָט געזיגט, איצט וועט שוין אַלץ זײַן גוט! די עלטערן מײַנע און אַנע פּאַוולאָוונע האָבן געהאַט אַ היפּוכדיקע מיינונג: „איצט איז דער פּוטש ניט געלונגען, נאָר אַ צווייט מאָל קאָן ער טאַקע געלינגען!" – און זיי האָבן מיך אײַנגערעדט, אַז מע דאַרף אַוועקפֿאָרן. ניט זיי, ניט איך האָבן ניט געטראָפֿן. קיין אַנדער קאָמוניסטישער פּוטש איז ניט געווען; פֿאַרקערט, אין גיכן איז די קאָמוניסטישע פּאַרטיי און דער ראַטן־פֿאַרבאַנד זיך צעפֿאַלן. די ווײַטערדיקע אַנטוויקלונג, ווי באַוווּסט, איז אַוועק אויף אַ קרומען וועג. שוין אין פֿעברואַר 1992, נאָך דעם, ווי מיר זײַנען אַרויסגעפֿאָרן פֿונעם לאַנד, איז

אויפֿן אַדרעס פֿון אונדזער מאָסקווער דירה געקומען פֿונעם מיליטערישן קאָמיטעט אַ רופֿצעטל אויף מײַן נאָמען מיט אַ שטעמפּל: „דער פּראָלאָנגאַציע־טערמין איז אַנולירט". צו וואָס האָט די נײַע דעמאָקראַטישע מאַכט מיך געדאַרפֿט האָבן אין דער אַרמײ?! מיט עטלעכע חדשים שפּעטער האָט דער טאַטע באַזוכט מאָסקווע און איז דערשיטערט געוואָרן פֿונעם נאַציאָנאַליזם: צווישן אַנדערש, האָט ער געזען אין מעטראָ אַן אויפֿשריפֿט „זשידעס, פֿאַרנעמט זיך מיט אײַערע זשידעלעך!" – און דערנעבן – אַ צייכענונג פֿון חזירישע שנוקן מיט גרויסע נעז...

וואָס זשע, אפֿשר באמת דאַרפֿן מיר פּשוט „פֿאַרנעמען זיך", פֿאַרשעלטן און פֿאַרגעסן רוסלאַנד? דער קלוגער זשאַבאָטינסקי פֿלעגט עס זאָגן נאָך מיט העכער 100 יאָר צוריק. פֿון מאָל צו מאָל דוכט זיך מיר אויך אַזוי. און דאָך באַקומט זיך ניט בײַ מיר אין גאַנצן אַרויסרײַסן רוסלאַנד פֿון מײַן האַרצן. באַזונדערס, ווען איך דערמאָן זיך אין יענע אויגוסט־טעג, ווען ס'האָט זיך געדוכט, אַז דאָס גוטס האָט באַזיגט, און אַז ניט אומזיסט איז איינער פֿון די דרײַ אומגעקומענע יונגען געווען אַ ייִד (כ'וועל קיין מאָל ניט פֿאַרגעסן די טעלעוויזיע־טראַנסלירונג פֿון זייער לוויה)...

יאָ, אַ סך טינוף איז פֿאַראַן אין רוסלאַנד, און ביז גאָר אַ שטינקענדיקער פֿאַרשוין פֿירט הײַנט אָן מיטן לאַנד; נאָר וויסאָצקי[36] מיט זײַן „באַלאַדע וועגן קאַמף" איז פֿאַרט אויך רוסלאַנד! און סאַבאַראָוו – אויך... און אַלע וווּנדערלעכע פֿילמען און לידער, אויף וועלכע איך בין אויפֿגעוואַקסן. שוין אָפּגערעדט פֿון שאָס־טאַקאָוויטשן, פּראָקאָפֿיעוון, ראַכמאַנינאָוון, סקריאַבינען, טשײַקאָווסקין, רימסקי־קאָרסאַקאָוון, מוסאָרגסקין, באָראָדינען, גלינקאַ – איך קאָן דאָך ניט לעבן אָן זייער מוזיק. און אויך מײַנע אַלטע פֿרײַנד, וואָס זײַנען געבליבן דאָרטן און טראַכטן אַזוי ווי איך. יאָ, זיי זײַנען אַ מינדערהייט (ניט וויכטיק ייִדן אָדער רוסן); אַזעלכע מענטשן זײַנען אין רוסלאַנד תּמיד געווען אַ מינדערהייט – און דאָך זײַנען זיי אויך אַ טייל פֿון רוסלאַנד. באַקומט זיך, אַז ניט געקוקט אויף אַל'ץ, אָפּזאָגן זיך אין גאַנצן פֿון רוסלאַנד וואָלט געמיינט פֿאַר מיר אָפּזאָגן זיך פֿון זיך אַליין.

וואָס זשע וועט זײַן מיט יענעם לאַנד „אין שיינקייט זײַנער אוראַלטער, פֿאַר־ווינטער"? אין מיט־20סטן יאָרהונדערט האָט זיך געדוכט, אַז אין דײַטשלאַנד און יאַפּאַן איז דעמאָקראַטיע אוממעגלעך, ווײַל זי איז פֿרעמד די יאַפּאַנער און די דײַטשן. די געשיכטע האָט דערוויזן, אַז ס'איז ניט אַזוי, – נאָר פֿאַר דעם האָט מען געדאַרפֿט אַראָפּוואַרפֿן אויף יאַפּאַן אַטאָמישע באָמבעס און אָקופּירן דײַטשלאַנד במשך פֿון אַ האַלבן יאָרהונדערט. אפֿשר איז אַזוינס נייטיק אויך אין רוסלאַנד, כּדי אײַנצופֿירן דאָרטן פֿרײַהייט און דעמאָקראַטיע? אויף דעם איז דער מערבֿ בפֿירוש ניט גרייט. צי וועט דאָס רוסלענדישע פֿאָלק אַליין פֿאַרשטיין אַ מאָל, וווּ דער אמת איז באַגראָבן? „און צי וועט אויפֿגיין, סוף־כּל־סוף, איבער דעם פֿאָטערלאַנד פֿון אויפֿגעקלערטער פֿרײַהייט דער ווונדערשיינער קאַיאָר"? [אַ ציטאַט פֿון פּושקינס אַ ליד – **רעד.**]

דערווײַל איז די דאָזיקע קשיא געבליבן הענגען איבערן גרויסן לאַנד ווי אַ גרויסער פֿרעגצייכן...

[1] פעסקאָוו, דמיטרי – פּרעסע־סעקרעטאַר בײַם רוסלענדישן פּרעזידענט וו. פּוטין
[2] 12 טער אויגוסט, 1952 – די דאַטע פֿון דערשיסן 13 מיטגלידער פֿונעם ייִדישן אַנטיפֿאַשיסטישן קאָמיטעט
[3] סמעכאָוו, בנימין (1940) – סאָוועטישער, רוסלענדישער אַקטיאָר און רעזשיסאָר
[4] „די צוועלף בענקלעך“ – באַקאַנט סאַטיריש פּראָזע־ווערק פֿון די סאָוועטישע שרײַבערס אילף און פּיעטראָוו
[5] לאַ באָל (La Baule) – אַ קוראָרט אין פֿראַנקרײַך
[6] אַנע פּאַוולאָוונע קאַנטאָר – קיסינס פּיאַנע־לערערין
[7] קאַרינאָטשקע (קאַרינע) – קיסינס פֿרוי
[8] ליבערמאַן, יעווגעני (1925־2003) – סאָוועטישער פּיאַניסט און פּעדאַגאָג, קאַרינעס טאַטע
[9] אַלאָטשקע – קיסינס עלטערע שוועסטער
[10] פֿעלשטינסקי, יורי – אַ באַרימטער היסטאָריקער
[11] וואַליע – קאַרינעס ערשטער מאַן.
[12] אַגאַראָניאַן, רובען – אַ פֿידלער, דער ערשטער פֿידלער פֿונעם באָראָדין־קוואַרטעט
[13] אַסטאַפֿיעוו, וויקטאָר (1924־2001) – סאָוועטישער שרײַבער
[14] איידעלמאַן, נתן (1930־1989) – ליטעראַטור־היסטאָריקער, שרײַבער
[15] 10 טער אויגוסט, 2019 – דער גרעסטער פּאָליטישער מיטינג אין מאָסקווע, אָרגאַניזירט דורך דער אָפּאָזיציע
[16] אָווידע־אינפֿאָ (ОВД-Инфо) – ניט־מלוכישע רעכטפֿאַרטיידנדיקע מעדיאַ־אָרגאַניזאַציע אין רוסלאַנד
[17] ליובימצעוו, פּאַוועל, (ליבערמאַן, 1957), – קאַרינעס האַלב־ברודער; באַקאַנטער אַקטיאָר און רעציטאַטאָר
[18] מאַיאַקאָווסקי, וולאַדימיר (1893־1930) – רוסישער סאָוועטישער פּאָעט
[19] קוזניעצאָוו, אַלעקסיי (1968) – רוסלענדישער היסטאָריקער
[20] „הענלע“ (G. Henle Verlag) – נאָטן־פֿאַרלאַג אין דײַטשלאַנד
[21] לאַפּין, בערל (1889־1952) – ייִדישער דיכטער און איבערזעצער, בתוכם פֿון שעקספּירס „סאָנעטן“
[22] „גע־קאַ־טשע־פּע“ (ГКЧП) – אַ כונטע פֿון הויך־געשטעלטע פּאַרטיי־פֿונקציאָנערן, וואָס האָט געמאַכט אַן איבערקערעניש אין מאָסקווע אין אויגוסט 19־21, 1991
[23] „רוזאַ“ – אַ שאַפֿעריש הויז אונטער מאָסקווע פֿאַר קאָמפּאָזיטאָרן
[24] לוקאָווניקאָוואַ, ליודמילאַ – אַנע פּאַוולאָוונעס אַן אַלטע חבֿרטע און די פֿרוי פֿונעם דירעקטאָר פֿון דעם מאָסקווער „קאָמפּאָזיטאָרן־הויז“
[25] קאָוואַל, מאַריאַן – סאָוועטישער קאָמפּאָזיטאָר
[26] מינקאָוו, מאַרק – סאָוועטישער און רוסלענדישער קאָמפּאָזיטאָר
[27] באָווין, אַלעקסאַנדער – סאָוועטישער זשורנאַליסט און פּאָליטאָלאָג, שפּעטער – רוסלאַנדס אַמבאַסאַדאָר אין ישׂראל

[28] פּוגאָ, ב. ק. – איינער פֿון די פּוטש־אָרגאַניזאַטאָרן

[29] מערקוריעוו, פּיאָטר – סאָוועטישער און רוסלענדישער אַקטיאָר, מוזיק־פֿאָרשער און מוזיק־זשורנאַליסט, אייניקל פֿונעם באַרימטן סאָוועטישן רעזשיסאָר וסעוואָלאָד מייערהאָלד

[30] דאָלינסקאַיאַ, יעלענאַ – סאָוועטישע און רוסלענדישע מוזיק־פֿאָרשערין

[31] זובאָוו, אַנדריי – באַוווּסטער רוסלענדישער היסטאָריקער, שאַרפֿער קריטיקער פֿון פּוטינס פּאָליטיק

[32] ריזשקין, יאָסיף – סאָוועטישער מוזיק־פֿאָרשער

[33] כאַזאַנאָוו, גענאַדי – באַרימטער אַקטיאָר

[34] אַדאַמאָוויטש, אַלעס – באַוווּסטער שרײַבער און געזעלשאַפֿטלעכער טוער

[35] מייעראָוויטש, מיכאַיִל – סאָוועטישער קאָמפּאָזיטאָר

[36] וויסאָצקי, וולאַדימיר (1938־1980) – סאָוועטישער אַקטיאָר, פּאָעט

אין אַ וואַלד אין מאַריאַנסקע לאַזנע

אין וואַלד אין מאַריאַנסקע לאַזנע, דאָרטיקע באַרג־מינים

אין מאַריאַנסקע לאַזנע, בײַם דענקמאָל דעם גענעראַל דזשאָרדזש פּעטאָן לכּבֿוד
דער באַפֿרײַונג פֿון דער שטאָט מצד דער אַמעריקאַנישער אַרמיי

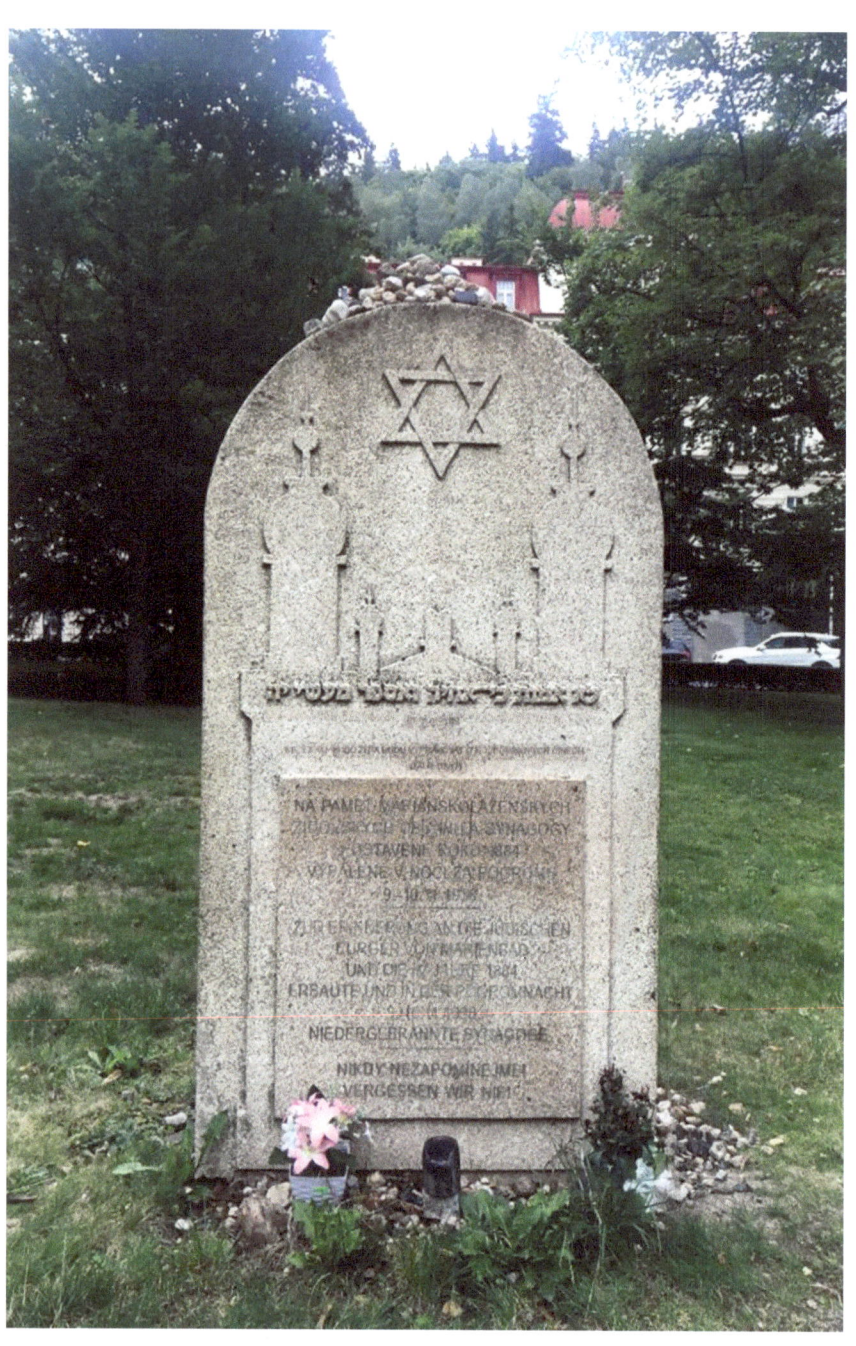

אַ דענקמאָל לזכר די מאַריענבאַדער ייִדן און דער סינאַגאָגע

אין מאַריאַנסקע לאַזנע, צוזאַמען מיט דעם אימפּעראַטאָר פֿראַנץ יאָזעף I און דעם קיניג עדוואַרד VII

צוזאַמען מיט געטע

אין מאַריאַנסקע לאַזנע, בײַם בנין, אין וועלכן ס'האָט געלעבט שאָפּען אין 1836

פֿאָלעמישע נאָטיצן

אָנשטאָט אַ הקדמה

צווישן אַלע מעגלעכקייטן, וואָס די אינטערנעץ האָט באַשאַפֿן, האָט זי דערלויבט זייער פֿיל מענטשן אויסצודריקן עפֿנטלעך זייערע מיינונגען. דעם מענטשן איז בכלל זייער טײַער זײַן אייגענע מיינונג, דעריבער האָט ער ליב זי אויסדריקן וואָס מער עפֿנטלעך. איצט, אַ דאַנק דער אינטערנעץ, קאָן עס טאָן יעדער איינער, אַפֿילו אַ נאַר.

איך בין אויך אַ מענטש און האָב מיינונגען וועגן פֿאַרשיידענע זאַכן. איך האַלט זיך ניט פֿאַר אַ גרויסן חכם, נאָר כ׳מיין, אַז קיין נאַר בין איך אויך ניט. אפֿשר וועלן אייניקע מיינונגען מײַנע זײַן אינטערעסאַנט אויך אַנדערע מענטשן. אויסדריקן וועל איך זיי אויף ייִדיש, ווײַל די דאָזיקע שפּראַך, מײַן באָבע־לשון, איז מיר אַ סך טײַערער ווי מײַנע מיינונגען.

1. מיט שמוציקע הענט טוט מען ניט קיין ריינע זאַך

אינעם ערשטן נומער פֿונעם זשורנאַל „די ייִדישע גאַס" (אָנגעהויבן דערשײַנען אין די פּאָסטסאָוועטישע צײַטן אָנשטאָט דער „לעגענדאַרער" אויסגאַבע „סאָוועטיש היימלאַנד") האָט מען פּובליקירט די מסירות אויף „סאָוועטיש היימלאַנד", געשיקט אין די מיט־1970ער יאָרן אינעם צענטראַל־קאָמיטעט פֿון דער קאָמוניסטישער פּאַרטיי פֿונעם סאָוועטן־פֿאַרבאַנד. די מסירות זײַנען געווען אונטערגעחתמעט מיטן נאָמען „מ. גליוואַקאָווסקי", און אין זיי האָט מען באַשולדיקט „סאָוועטיש היימלאַנד" אין „עבֿריתיזאַציע פֿון ייִדיש" און „אַפּאָלאָגעטיק פֿונעם פּאָעט־ציוניסט ח.־נ. ביאַליק".

אינעם אַרײַנפֿיר־וואָרט צו די מסירות ווערט דערציילט, אַז דער הויפּט־רעדאַקטאָר פֿון „סאָוועטיש היימלאַנד", אַהרן ווערגעליס האָט געפֿרעגט אינעם צענטראַל־קאָמיטעט, ווער איז דער מ. גליוואַקאָווסקי, ווײַל ער האָט וועגן אַזאַ מענטשן קיין מאָל ניט געהערט. מע האָט געענטפֿערט ווערגעליסן, אַז זיי האָבן

אויך גאָרנישט ניט געוווּסט וועגן מ. גליוואַקאָווסקין, נאָר יענער האָט געזאָגט, אַז קאָנסולטירט האָט אים געהאַט משה בעלענקי (1910־1996) – זייער אַ באַוווּסטער געלערנטער, איבערזעצער, שרײַבער, פּובליציסט – און אַ פּערזענלעכער שׂונא פֿון ווערגעליסן.

במשך פֿון אַ סך יאָר נאָכן לייענען וועגן דעם בין איך געווען ניט בכּוח צו פֿאַרשטיין: סטײַטש, אַזאַ מענטש ווי בעלענקי (שלמה מיכאָעלסעס אַ ליבלינג און אַ חבֿרה, אַ געוועזענער אַסיר פֿון „גולאַג") – ווי אַזוי האָט ער געקאָנט טאָן אַזאַ מיאוסע זאַך?! ס'איז קלאָר, אַז די באַשולדיקונגען אין יענע מסירות זײַנען ניט געווען בעלענקיס עכטע אָנשוויונגען; ער אַליין פֿלעגט ניצן זייער אַ סך העברעיִזמען אין זײַנע ווערק אויף ייִדיש (למשל, אין זײַנע הקדמות צו ש. האַלקינס, דער נסתּרס, נ. זאַבאַרעס ביכער, וואָס זײַנען אַרויסגעלאָזט געוואָרן אינעם סאָוועטן־פֿאַרבאַנד גראָד אין יענער צײַט, אין די 1970ער יאָרן). אַזוינס האָט זיך מיר פּשוט ניט געלייגט אויפֿן שׂכל – ביז איך האָב זיך ניט אָנגעשטויסן...

אין אַלעקסאַנדער סאָלזשעניצינס ראָמאַן „אין דעם קרײַז דעם ערשטן" האָט איינער פֿון די פּערסאָנאַזשן, דער אַסיר רוסקאַ דאָראָנין, מסכּים געווען צו ווערן אַ מסור, כּדי אויסצוניצן אַזאַ „אמת" צוליב דעם טובֿת־הכּלל. ער האָט וועגן דעם תּיכּף דערציילט זײַנע חבֿרים. זיי האָבן באַשלאָסן צו נעמען נקמה פֿון איינער אַ בייזער פּרוי, וואָס איז שלעכט באַגאַנגען זיך מיט די אַסירים און פֿלעגט אויף זיי צוטראָגן. רוסקאַ האָט אָנגעשריבן אויף איר אַ ליגנערישע מסירה, און מ'האָט זי אַראָפּגענומען פֿון דער אַרבעט.

ס'איז קלאָר, אַז משה בעלענקי האָט לחלוטין ניט געוואָלט מע זאָל פֿאַרמאַכן „סאָוועטיש היימלאַנד", און אויף אַזאַ זאַך וואָלט די מאַכט סײַ ווי ניט אײַנגעגאַנגען, באַזונדערס דעמאָלט, אין דער צײַט פֿון דעם אַזוי גערופֿענעם „דעטאַנט", ווײַל דאָס וואָלט פֿאַרטײַטש געוואָרן פֿונעם מערבֿ ווי אַן אַנטיסעמיטישע אַקציע. וואָס יאָ: מע וואָלט געקאָנט אַראָפּנעמען ווערגעליסן פֿון דער אַרבעט – און אויף דעם, זעט אויס, האָט טאַקע בעלענקי אויסגערעכנט. דערבײַ האָט ער אויך געהאָפֿט צו פֿאַרנעמען די שטעלע פֿונעם הויפּט־רעדאַקטאָר. בעלענקי האָט זיך ניט געשעמט אַזוי אויפֿצופֿירן, מחמת ווערגעליס אַליין פֿלעגט כּסדר שרײַבן און פֿאַרעפֿנטלעכן כּל־המינים פּראָפּאַגאַנדיסטישע שטותים. פֿאַר וואָס זשע ניט אויסנוצן „זײַן געווער" קעגן אים אַליין, אַבי פֿון אים פּטור צו ווערן (פּונקט אַזוי, ווי סאָלזשעניצינס רוסקאַ און זײַנע פֿרײַנד האָבן געטאָן מיט יענער פּאַסקודניאַטשקע)?!

פֿון דעסטוועגן, ווי באַוווּסט, טוט מען ניט קיין ריינע זאַך מיט שמוציקע הענט. שוין אָפּגערעדט, אַז ניט אַלע לייענערס פֿון „די ייִדישע גאַס" וואָלטן זיך אַרײַנגעטראַכט אין די פֿריִער דערמאָנטע פּרטים. דעריבער, הגם אין תּוך גענומען, איז בעלענקי געווען אַן אויסערגעוויינטלעכער און ווירדיקער מענטש, וואָס האָט איבערגעטראָגן אַ סך יסורים פֿון דער מאַכט, האָב איך מורא, אַז די דאָזיקע מעשׂה וועט שוין בלײַבן ווי אַ שאַנדפֿלעק אויף זײַן ביאָגראַפֿיע...

2. אינסטינקטן און שׂכל

אַנדריי סאַכאַראָוו[1] האָט אַ מאָל געזאָגט: „די היסטאָרישע דערפֿאַרונג פֿון אונדזער לאַנד האָט אונדז אָפּגעוווינט פֿון אַן איבעריקן לינקיזם". מעגלעך דערפֿאַר זײַנען טאַקע ס'רובֿ אימיגראַנטן פֿונעם געוועזענעם סאָוועטן־פֿאַרבאַנד אין ישׂראל, אַמעריקע אאַז"וו. – רעכטע.

אָן שום ספֿק זײַנען די ישׂראלים, וואָס שטאַמען פֿון דײַטשלאַנד, ווי אויך זייערע קינדער, מחמת דער זעלבער סיבה דווקא לינקע: נאָך נאַציזם, אויפֿן אינסטינקטיוון אופֿן שטויסן זיי אָפּ פֿון זיך אַפֿילו די מעסיק־רעכטע אידעאָלאָגיע.

קלוג איז דער, וואָס איז מסוגל זיך אויפֿצוהייבן איבער זײַנע אינסטינקטן און זען דאָס לעבן אַזאַ, ווי עס איז בכלל, און ניט נאָר אין פּאָליטיק.

3. אַבי ניט אַרויסטראָגן דאָס מיסט פֿון דער שטוב

במשך פֿון לאַנגע יאָרן פֿלעג איך האַלטן מאיר ווילנער[2] פֿאַר אַ פֿולקומען מנוול. מיט אַ צײַט צוריק, בשעתן לייענען זײַנע ווערטער וועגן דער „אָפּוועזנהייט פֿון דעמאָקראַטיע" אינעם געוועזענעם סאָוועטן־פֿאַרבאַנד, איז מײַן נאַטירלעכע רעאַקציע געווען: „איז ווי זשע האָסטו געהאַט די העזה אונטערהאַלטן זיי, אויב ד'האָסט געוווּסט, אַז דאָרט איז ניטאָ קיין דעמאָקראַטיע?!" שפּעטער איז צו מיר סוף־כּל־סוף דערגאַנגען, אַז ווילנער האָט פּשוט געהאַט גאָר אַן אַנדער ווערטן־סיסטעם: פֿאַר אים איז דאָס וויכטיקסטע געווען ניט אַזוי דעמאָקראַטיע, ווי סאָציאַליזם.

נאָך שפּעטער האָב איך געלערנט וועגן דעם, אַז אין די אָנהייב 1980ער, בשעתן באַזוכן מאָסקווע, האָבן ווילנער און אַהמעד סאַאַד[3] געהאַט געמאָלדן די סאָוועטישע פֿירערס וועגן דער פֿאַרדאָרבענער ווירקונג פֿונעם אַנטיסעמיטיזם אינעם סאָוועטן־פֿאַרבאַנד אויף דער טעטיקייט פֿון זייער פּאַרטיי. דאַן האָב איך פֿאַרשטאַנען, אַז ווילנער פֿלעגט זיך אויפֿפֿירן אין שײַכות צום סאָוועטן־פֿאַרבאַנד פּונקט אַזוי, ווי אלי וויזעל ז"ל בנוגע מדינת־ישׂראל.

וויזעל אַליין האָט מיר אַ מאָל געזאָגט: „אויב מיר געפֿעלט ניט עפּעס אין דער ישׂראלדיקער פּאָליטיק, נעם איך אַן אַוויאָן, פֿלי קיין ישׂראל, גיי צום פּרעמיער־מיניסטער און זאָג אים אַרויס מײַן מיינונג. נאָר אויב אַ קריטיק פֿון ישׂראל וועט דערשײַנען אין 'ניו־יאָרק טײַמס' אונטער מײַן נאָמען, קאָנט איר זיך פֿאָרשטעלן, ווי דערקוויקט וועלן ווערן די אַנטיסעמיטן: 'אַפֿילו אלי וויזעל זאָגט, אַז...' – איך וויל זיי ניט פֿאַרשאַפֿן דעם דאָזיקן פֿאַרגעניגן..."

אויב אַזוי, האָט מאיר ווילנער, מיט זײַנע אָנשווינגען און פּריאָריטעטן, בפֿירוש ניט געוואָלט פֿאַרשאַפֿן קיין פֿאַרגעניגן די אַנטיקאָמוניסטן.

4. חלומות און ווירקלעכקייט

מע זאָגט, אַז אונדזערע וויכטיקסטע ווונטשן ווערן תּמיד מקוים, נאָר ניט אַזוי, ווי מיר דערוואַרטן עס.

אין דער פֿאַרגאַנגענהייט, ווען מע פֿלעגט מיך פֿרעגן, צי איך וואָלט געוואָלט חתונה האָבן למען־השם מיט אַ ייִדישקע, פֿלעג איך ענטפֿערן: לאַוו־דווקא מיט אַ ייִדישקע, נאָר מיט אַזאַ פֿרוי, וואָס זאָל פֿאַרשטיין, פֿילן און ליב האָבן די ייִדישע אייגנאַרטיקייט.

אויף אַן ענלעכן אופֿן פֿלעג איך ענטפֿערן אויף דער פֿראַגע, צי ס'איז וויכטיק פֿאַר מיר, אַז מײַן קינפֿטיקע פֿרוי זאָל זײַן אַ מוזיקאַנט: ס'איז ניט קיין מוז־זאַך, אַבי זי זאָל פֿאַרשטיין, פֿילן און ליב האָבן מוזיק. אין לעצטן סך־הכּל איז די באַשערטע מײַנע אַ האַלב־ייִדישקע, וואָס איז ניט געוואָרן קיין פּראָפֿעסיאָנעלער מוזיקאַנט, נאָר שטאַמט פֿון זייער אַ מוזיקאַלישער משפּחה און האָט פֿאַרענדיקט אַ זיבן־יאָריקע מוזיק־שול.

איצט האָב איך אַ חלום, אַז מיר זאָלן האָבן (אַמווייניקסטן) צוויי קינדער, איינס פֿון זיי זאָל חתונה האָבן מיט אַ שוואַרצן/שוואַרצער, דאָס אַנדערע – מיט אַן אַזיאַט/קע, און אַלע אונדזערע אייניקלעך זאָלןריידן ייִדיש! שטעל איך זיך פֿאָר: אָט זיץ איך, אַן אַלטער זיידעניו, בײַם טיש אויבנאָן און קוועל אָן, אַז מײַנע טײַערע אייניקלעך – מולאַטן, פֿון איין זײַט, און מיט האַלב־קאָסע צעשטעלטע אויגן, פֿון דער צווייטער זײַט – זינגען מיט זייערע חנעוודיקע קולעכלעך: „און איך האָב דאָס קעסטעלע גוט באַטראַכט, און איך האָב עס אין אויוון אַרײַנגעקנאַקט, און ס'איז וואַרעם אין מײַן שטיבל, האָט ניט קיין פֿאַראיבל, טשירי־בירי־טשירי־בירי־באָם־באָם־באָם!".

אינטערעסאַנט, ווי אַזוי וועט דער דאָזיקער חלום מײַנער מקוים ווערן?

5. בײַם לייענען „קיניג ליר"

מיכאָעלס האָט אינטערפּרעטירט קיניג לירס אויפֿפֿירונג אַזוי: דער פֿאַקט, וואָס ער האָט באַשלאָסן צעלן פֿאַר חניפֿה, ווײַזט, אַז ווערטער פֿון ליבע האָבן בײַ אים קיין שום ווערט ניט געהאַט. ער פֿאַרשעלט און באַשטראָפֿט קאָרדעליע ניט ווײַל ער גלייבט, אַז זי האָט אים ליב ווייניקער ווי אירע שוועסטער, נאָר פֿאַר דעם, וואָס זי האָט זיך אָפּגעזאָגט צו שפּילן לויט זײַנע כּללים.

לייען איך איבער „קיניג ליר" און איבערצײַג זיך ווידער און אָבער: גערעכט, אײַ ווי גערעכט איז געווען מיכאָעלס! נאָך דעם, ווי קאָרדעליע דערקלערט דעם פֿראַנצייזישן קיניג, אַז „פֿאַרפֿלוכט, פֿאַרפֿרעמדט און אָפּגעשטויסן איז זי" דערפֿאַר, ווײַל זי „קאָן ניט אונטערגראָבן זיך מיט רייד און קאָן ניט בעטלען מיט די אויגן", – מעלדעט ליר: „בעסער וואָלסטו ניט געקומען אויף דער וועלט גאָר, איידער מיר אַזוי צו ווידערשפּעניקן". דערנאָך טרײַבט ער אַרויס פֿון לאַנד קענטן, וואָס האָט במשך פֿון לאַנגע יאָרן אים געהאַט געדינט מיט לײַב און לעבן, ווײַל יענער האָט „שטעלן זיך געוואַגט צעווישן אונדז און אונדזערע באַשלוסן". און שפּעטער, ווי נאָר האָנעריליע הייבט אָן אים „ווידערשפּעניקן", קלאָגן זיך אויף דער ווילדער אויפֿפֿירונג פֿון זײַן סוויטע און בעטן צו פֿאַרקלענערן איר צאָל, – באַשיט זי ליר מיט

גאָר מאָנסטעריעזע קללות: „איר מוטער־טראַכט זאָל קיין מאָל ניט באַפֿרוכפּערט ווערן, קיין מאָל ניט גרויסן מיט קיין לײַבלעך קינד" וכדומה.

אין דער רוסישער שפּראַך איז דאָ אַ בילדעריש וואָרט, וואָס האָט ניט קיין עקוויוואַלענטן ניט אין ייִדיש, ניט אין ענגליש, ניט אין פֿראַנצייזיש (אפֿשר ווײַל דווקא אין רוסלאַנד איז אַזאַ מענטשישער טיפּ תּמיד געווען זייער פֿאַרשפּרייט). דאָס וואָרט קלינגט אַזוי – „סאַמאָדור".

אינעם רוסיש־ייִדישן ווערטערבוך, פֿאַרעפֿנטלעכט אין 1984, ווערט דאָס וואָרט איבערגעזעצט ווי „(אַן אייגנוויליקער) דעספּאָט". יאָ, פּונקט אַזוי – ניט בלויז אַ דעספּאָט, נאָר אַזאַ דעספּאָט, וואָס לעבט לויטן פּרינציפּ: „אָט אַזוי האָט זיך פֿאַרוואָלט מײַן לינקער פּיאַטע, און אַזוי זאָל עס זײַן! און דער, וואָס האָט די העזה מיר דערווידערן, איז אַ מנוול און אַ דם־שונא, וואָס פֿאַרדינט די האַרבסטע שטראָף!".

גראָד אַזאַ קיניג ליר האָט באַשאַפֿן שעקספּיר, און טאַקע דערפֿאַר האָט ער אים אויף אַזאַ ביטערן אופֿן באַשטראָפֿט.

6. מיטפֿילן דעם „קליינעם מענטשן"

אַ סך מענטשן, וואָס זײַנען געבוירן געוואָרן און האָבן באַקומען בילדונג אין רוסלאַנד, האַלטן, אַז „דאָס מיטפֿילן דעם קליינעם מענטשן" איז איינע פֿון די וויכטיקסטע מעלות אין דער רוסישער ליטעראַטור.

איך פּערזענלעך האַלט, אַז אַזאַ קריטעריע איז אַבסורדיש. זי האָט בכלל קיין שום שײַכות ניט צו ליטעראַטור, אירע מעלות און חסרונות. פֿון דעסטוועגן, וואָלט איך געעצהט יענע שאַצערס פֿון וואָרטקונסט, ווען מען אָט דער „מיטגעפֿיל"־פֿאַקטאָר איז אַזוי טײַער, און וואָס טענהן, אַז צוליב דעם איז די רוסישע ליטעראַטור שיִער ניט די סאַמע בעסטע אויף דער וועלט, – זיי זאָלן דורכלייענען „באָנטשע שווײַג". דער דאָזיקער שעדעווער פֿון י.ל. פּרץ[4] איז איבערגעזעצט געוואָרן אויף רוסיש נאָך מיט העבער הונדערט יאָר צוריק. אין אַזאַ קאָנצענטרירטער פֿאָרעם און אין אַזאַ קאָסמישן מאַסשטאַב – דערגרייכנדיק אַזש ביז דעם אייבערשטן און דעם הימל־געריכט מיט אַלע פּרטים! – האָב איך אָט דאָס „מיטגעפֿיל צום קליינעם מענטשן" נישט געטראָפֿן ניט בײַ דאָסטאָיעווסקין, ניט בײַ לעוו טאָלסטויען, ניט בײַ קיינעם נאָך.

7. מחשבֿות וועגן גרויסע רוסישע שרײַבערס

מסתּמא יעדן אינטעליגענטישן מענטשן, וואָס איז געבוירן געוואָרן און אויפֿגעוואַקסן אין רוסלאַנד, קומט אויס פֿריִער צי שפּעטער ענטפֿערן (אויב ניט אַנדערע מענטשן, איז זיך אַליין) אויף דער פֿראַגע: וועמען האָט ער ליב מער, פֿיאָדאָר דאָסטאָיעווסקין אָדער לעוו טאָלסטויען?

כּדי צו פֿאַרשטיין דעם באַטײַט פֿון אָט די צוויי שרײַבערס, דאַרף מען האָבן אין זינען נאָך איין פֿאַקטאָר. די מעשׂה איז, אַז היות פֿון איין זײַט, זײַנען זיי ביידע

געווען זייער אידעאָלאָגיש אין זייער שאַפֿונג, און פֿון דער אַנדערער זײַט, איז זייער וועלט־אָנשויונג געווען פֿרעמד דער קאָמוניסטישער אידעאָלאָגיע (סײַ אין די סאָוועטישע שולן, סײַ אין די הקדמות צו זייערע ביכער, וועלכע זײַנען דערשינען אינעם ראַטן־פֿאַרבאַנד, איז דאָס תּמיד געווען פּרטימדיק דערקלערט), זײַנען זיי אָנערקענט געוואָרן נאָר בלויז ווי גרויסע שרײַפֿטשטעלערס, נאָר אויך ווי אַ מין מאָראַלישער אָריענטיר פֿאַר אַ סך מענטשן, וואָס זײַנען געווען קריטיש געשטימט בנוגע דעם קאָמוניסטישן רעזשים.

זייער פֿאַרזיכטיקע אָנצוהערענישן דערויף זײַנען פֿאַראַן אין דער גרעסערער דערציילונג פֿון דעם ווײַסרוסישן שרײַבער וואַסיל ביקאָװ[5] „דער אָבעליסק“, אָנגעשריבן אין די אָנהייב 1970ער יאָרן, ווו עס ווערט בפֿירוש געזאָגט, אַז קודם־כּל דאַרף מען פֿאַרשטיין די גרויסקייט פֿון די דאָזיקע גאונים און ניט ריידן וועגן זייערע חסרונות און פֿאַלשע מיינונגען („ווי אַזוי קאָן מען אָפּלעבן אָן טאָלסטויען? צי קאָן מען זײַן אַ געבילדעטער מענטש אָנעם לייענען טאָלסטויען? און בכלל, צי קאָן מען זײַן אַ מענטש?“).

איך געדענק, ווי אין 1989, אין סאַמע ברען פֿון דער „פּערעסטרויקע“, אויפֿן ערשטן צוזאַמענפֿאָר פֿון די פֿאָלקס־דעפּוטאַטן, האָט איינער פֿון זיי, דער באַוווסטער פֿילאָסאָף יורי קאַריאַקין[6], דערקלערט, אַז ווען דאָסטאָיעווסקי און טאָלסטוי וואָלטן אונדז איצט דערזען, וואָלטן מיר זיי ניט געפֿעלן געוואָרן (אַן אינטערעסאַנטע מעלדונג אויף אַ פּאָליטישער אונטערנעמונג!). צווישן אַ סך מענטשן איז פֿאַרשפּרייט געווען די מיינונג, אַז מע קאָן כּלומרשט ניט ווערן אַ מאָראַלישער מענטש אָנעם לייענען דאָסטאָיעווסקין.

איז ווען זשע פֿון זיי ביידן גיב איך אָפּ די בכורה, דאָסטאָיעווסקין צי טאָלסטויען? דעם אמת געזאָגט, איז מיר דאָ שווער צו ענטפֿערן. פֿון איין זײַט, זײַנען דאָסטאָיעווסקיס געשפּאַנטקייט און פּסיכאָלאָגיזם מיר זייער נאָענט. פֿון דער אַנדערער זײַט, שטויסן מיך אָפּ (און וואָס עלטער איך ווער, אַלץ מער) זײַנע גוזמאָות, אַפֿעקטאַציעס, היסטעריקעס. נו, ווער אינעם רעאַלן לעבן רעדט אַזוי, ווי, למשל, מאַרמעלאַדאָוו, אַפֿילו שיכּורערהייט? בשעתּו האָב איך טאַקע ניט אײַנגעביסן דעם ראָמאַן „אידיאָט“, מחמת כ'האָב ניט געקאָנט אויסהאַלטן די אַלע גוזמות דאָרטן. וואָס איז צו, איז איבעריק!

וואָס שייך טאָלסטויען, ווערט אין אייניקע ווערק זײַנע זײַן דערציילערישע מאַניר, לויט מײַן געשמאַק, צו געמאָסטן, עס פֿעלן אויס געשפּאַנטקייט און דינאַמישקייט. דעריבער זײַנען מײַנע באַליבטע ווערק פֿון טאָלסטויען ניט „מלחמה און שלום“ אָדער „אַנאַ קאַרענינאַ“, נאָר „ווידעראויפֿלעבונג“, „איוואַן איליטשס טויט“, „כאָלסטאָמער“, „נאָך דעם באַל“...

נאָך אַ סך טראַכטעניש בין איך געקומען צום אויספֿיר, אַז אויב מע וועט מיך פֿרעגן, וועמען איך האָב מער ליב, דאָסטאָיעווסקין צי טאָלסטויען, וועל איך ענטפֿערן – פּושקינען! ער איז געווען אַ גאָון־שבגאָון! אַ מין אוניווערסאַלקייט, אַ מין

פֿאַרשיידנאַרטיקייט – סײַ אַריסטאָקראַטיזם, סײַ פֿאָלקסטימלעכקייט, סײַ טיפֿקייט (אַפֿילו פֿילאָסאָפֿישע טיפֿקייט), סײַ לײַכטקייט! קיין איין סקוטשנע שורה איז אין זײַן גאַנצער ירושה ניטאָ; און הגם „געפֿילן ווילע פֿלעגט ער מיט זײַן לירע וועקן", – איז ער קיין איין מאָל ניט אַרײַנגעפֿאַלן אין מוסרן! ניט אומזיסט, אין אונטערשייד פֿון טאָלסטויען, וואָס אין זײַן פֿאַטאָלאָגישער זעלבסט־שעצונג האָט געהאַלטן שעקספּירן פֿאַר אַ נישטיקייט און, אַז נאָר ער, טאָלסטוי, איז דער איין־און־איינציקער אויף דער וועלט וואָס פֿאַרשטייט עס, – פֿלעגט פּושקין אָנרופֿן שעקספּירן „פֿאָטער אונדזערער" און שרײַבן: „לייענט שעקספּירן – דאָס איז מײַן כּסדרדיקער רעפֿרען."

אַפֿילו פּושקינס אַנטיסעמיטיזם (און ווער איז אין יענער צײַט געווען אין גאַנצן פֿרײַ פֿון דעם דאָזיקן פֿאָראורטייל, אַ חוץ, אפֿשר, לעסינגן?) קאָן איך אים מוחל זײַן, ווײַל זײַן אַנטיסעמיטיזם זעט מיר אויס גאָר אַנדערש ווי בײַ גאָגאָלן, טורגעניעוון, דאָסטאָיעווסקין. ערשטנס, אין אונטערשייד צו זיי, שילדערט פּושקין די ייִדן ניט תּמיד אין אַ נעגאַטיווער שײַן; און צווייטנס, אַפֿילו בײַם שאַפֿן זייער אַ נעגאַטיוו ייִדיש געשטאַלט (דעם וואָכערניק סאָלאָמאָן אין „דעם קאַרגן ריטער"), לאָזט זיך פּושקין ניט אַראָפּ ביז קאַריקאַטורישקייט, ביז אויסלאַכן דעם ייִדישן אַקצענט, דעם אופֿן פֿון ריידן וכדומה. ווי עס פּאַסט דעם אמתן גאָון, פֿאַרהיט ער זײַן ווירדע אַפֿילו אין זײַנע פֿאָראורטיילן.

„אויף זײַן פּנים האָט זיך געזען יענער דור־דורותדיקער וואָרטשענדיקער צער, וואָס האָט זיך אַזוי זויער אָפּגעשטעמפּלט אויף אַלע פּנימער פֿונעם ייִדישן שבֿט אָן אויסנאַם..." – אָט אַזוי, ניט אַנדערש! „אויף אַלע אָן אויסנאַם"! כ'געדענק, ווען איך, נאָך אַ דערוואַקסלינג, האָב צום ערשטן מאָל געלייענט דעם מײַסטערישן פּאַסאַזש אין דאָסטאָיעווסקיס „פֿאַרברעכן און שטראָף", האָב איך אַ טראַכט געטאָן: אויב עס וועט אַזוי געשען, אַז כ'וועל אַ מאָל זיך טרעפֿן מיט דאָסטאָיעווסקין אויף יענער וועלט, וועל איך זיך צעלאַכן דעם גזלן גלײַך אין פּנים אַרײַן, כ'וועל אים ווײַזן „דעם דור־דורותדיקן וואָרטשענדיקן צער"! וואָס שייך אָבער פּושקינען, בין איך באמת גליקלעך, וואָס רוסיש איז געוואָרן מײַן מוטער־שפּראַך, ווײַל איך קאָן לייענען פּושקינס פּאָעזיע אין אָריגינאַל.

פּושקינס באַרימט ליד „צו טשאַאַדאַיעוון"[7] – איז ווי אָנגעשריבן וועגן מײַן דור רוסלענדער, וואָס ווױנען אין רוסלאַנד. זיי האָבן געגלייבט אין דער אויפֿגע־קלערטער פֿרײַהייט פֿון די אָנהייב 1990ער יאָרן, אָבער זיך אַנטוישט אין דעם. פֿון דעסטוועגן, ווי ס'האָט געשריבן פּושקין: „עס ברענט נאָך אַ פֿאַרלאַנג אונטערן דרוק פֿון דער מאַכט דער פֿאַטאַלער", און, „ברענענדיק מיט פֿרײַהייט", קעמפֿן זיי איצט קעגן דער אייגנמאַכט!

און אָט איז נאָך אַ בײַשפּיל, וואָס איז אַ סך מער פּערזענלעך. אויף מײַן חתונה האָט מײַן פֿרויס שוועסטער אונדז געמאַכט אַ מתּנה: אַ ווידעאָ פֿון אונדזערע פֿאָטאָגראַפֿיעס פֿון קינדהייט אָן ביז הײַנט, וועלכע ווערן באַגלייט מיט גלינקאַס ראָמאַנס אויף פּושקינס ליד „כ'געדענק די ווונדערלעכע רגע". יעדעס מאָל בײַם

קוקן דאָס דאָזיקע ווידעאָ לויפֿט בײַ אונדז דורך אַ פֿראָסט איבערן לײַב: ס'איז דאָך אונדזער געשיכטע! ס'איז דווקא דאָס, וואָס איך וואָלט געקאָנט אָנשרײַבן מײַן פֿרוי, מײַן געליבטער (ווען איך וואָלט געהאַט אַזאַ טאַלאַנט, פֿאַרשטייט זיך)! פֿרעג איך אײַך, ווי אַזוי האָט אַ מענטש אין אָנהייב 19טן יאָרהונדערט געקאָנט אָנשרײַבן וועגן די, וואָס לעבן איצט, כּמעט צוויי הונדערט יאָר נאָך זײַן טויט?! ס'איז דאָ בלויז איין וואָרט – אַ גאָון!

יאָ, אַוודאי, אָנעם לייענען דאָסטאָיעווסקין און טאָלסטויען ווערט דאָס לעבן פֿון אַ מענטשן בלאַסער – און דאָך קאָן מען גאַנץ גוט אָפּלעבן אָן טאָלסטויען, און מע דאַרף לחלוטין ניט לייענען דאָסטאָיעווסקין (מיט אַלע זײַנע „זשידעס, זשידעלעך, זשידישקעס און זשידעניאַטעס"), כּדי צו ווערן אַ מאָראַלישער, אַפֿילו זייער אַ מאָראַלישער מענטש! און הגם מאָראַלישקייט און קונסט (בפֿרט ליטעראַטור) זײַנען לגמרי פֿאַרשיידענע זאַכן, זײַנען דאָסטאָיעווסקי און טאָלסטוי אויף קיין האָר ניט מער מאָראַלישע שרײַבערס, ווי הוגאָ, דיקענס און פֿיל אַנדערע.

מײַן גאַנץ באַוווסטזיניק לעבן האָב איך זייער גוט געוווּסט, אַז מאָרד איז דער גרעסטער חטא, – און כּדי צו פֿאַרשטיין עס, האָב איך ניט געדאַרפֿט לייענען „פֿאַרברעכן און שטראָף" (אין רוסלאַנד ווייסט מען ניט, – הגם טאָלסטוי האָט עס יאָ געוווּסט – אַז במשך פֿון יאָרטויזנטער איז עס געווען איינער פֿון די וויכטיקסטע יסודות פֿון דער ייִדישער מאָראַל). און בײַ מײַן גאַנצער ליבע צו טאָלסטויען און דרך־ארץ פֿאַר אים, איז מיר פּשוט דערווידער צו לייענען „די קרויצער־סאָנאַטע", – דעם דאָזיקן אָפּגרעפּץ פֿון צבֿיעות און אומגעלומפּערטן פּרווו בײַצוקומען די אייגענע קאָמפּלעקסן (מיר אַלע ווייסן דאָך, ווי אַזוי טאָלסטוי האָט זיך אויפֿגעפֿירט אין זײַן יוגנט).

ניט בלויז האָב איך קיין שום חרטה ניט אויף מײַן שטורעמדיקער יוגנט, נאָר כ'בין מקנא פּושקינען, וואָס איך האָב געהאַט דרײַ מאָל ווייניקער פֿרויען, ווי ער, – און אויב נאָך מײַן טויט וועל איך טרעפֿן גאָט, וועל איך אים זאָגן: „רבונו־של־עולם, אויב מזנה זײַן איז באמת אַ זינה, זײַ אַזוי גוט, באַשטראָף ניט די אַלע וווּנדער־שיינע פֿרויען, וואָס האָבן מיר געשענקט זייער ליבע! באַשטים מיר זייער חלק פֿונעם שטראָף. זאָל איך באַשטראָפֿט ווערן סײַ פֿאַר זיך, סײַ פֿאַר זיי, – נאָר שאַנעווע זיי – ווונדערלעכע און זיסע!".

צום גליק, איז די נאַטור פֿון קונסט אַזאַ, אַז דער אמת פֿון קונסט און לעבן רײַסט זיך תּמיד דורך אַפֿילו דורך דעם קינסטלערס צבֿועקישע כּוונות. כאָטש טאָלסטוי האָט געוואָלט פֿאַראורטיילן אַנאַ קאַרענינאַ, רופֿט זי בײַ יעדן נאָרמאַלן לייענער אַרויס נאָר סימפּאַטיע און מיטגעפֿיל. איך האָב ליב פּושקינען אויך דערפֿאַר, ווײַל סײַ אין זײַן לעבן, סײַ אין זײַן שאַפֿונג איז ער קיין מאָל אויף קיין האָר ניט געווען אַ גאָטס גנבֿ: דערמאָנט זיך כאָטש אין זײַן חנעוודיקער „גאַווריִליאַדע"![8]

וויפֿל ציטאַטן פֿון די צוויי אויבנדערמאָנטע בערדיקע מאָראַליסטן זײַנען אַרײַן אינעם אומגאַנג־געברויך? מיר דערמאָנט זיך בלויז איין אַזאַ ציטאַטע פֿון

„פֿאַרברעכן און שטראָף": „בין איך אַ ציטערנדיק באַשעפֿעניש צי איך האָב פֿאַרט רעכט?" און בײַ פּושקינען – צענדליקער! איך וויל ווײַטער ברענגען בלויז עטלעכע פּושקינס פּערל: „איך וויל לעבן, כּדי צו דענקען און צו לײַדן", „מיר אַלע האָבן זיך געלערנט אַ ביסעלע וואָס־ניט־איז און ווי־ניט־איז", „איך האָב אײַך ליב, נאָר כ'בין אַן אַנדערן באַשערט, און אים כ'וועל אייביק זײַן געטרײַ", „אויספּרווון האַרמאָניע דורך אַלגעברע", „נעם אויף גלײַכגילטיק לויב, רכילות, און ניט באַשטרײַט דעם נאַר" – ניט איבערצוציילן... און וואָסערע ציטאַטן זײַנען דאָס! – מיט פּושקינס אייגענע ווערטער גערעדט, „אַ מין טיפֿקייט, אַ מין דרייסטקייט און אַ מין האַרמאָנישקייט"!

יאָ, דאָס, וואָס פּושקין פֿלעגט שרײַבן וועגן אַנדערע, באַשרײַבט אַמבעסטן זײַן אייגענע שאַפֿונג: „פֿון ריינסטן חן אַ ריינסטער מוסטער", און נאָך: „אי געטלעכקייט, אי התלהבֿות, אי לעבן, אי טרערן, אי ליבע".

8. ווער וואָלט איך דעמאָלט געווען?

עמפּאַטיע איז באמת זייער אַ וויכטיקע זאַך; זי העלפֿט צו פֿאַרשטיין ניט בלויז אַנדערע מענטשן, נאָר אַ מאָל אַפֿילו זיך אַליין.

לייענען איך איבער אוריאל אַקאָסטעס אויטאָביאָגראַפֿיע: אַ מוראדיקער דאָקו־מענט, אַ שענדלעכע זײַט אין אונדזער געשיכטע. עס ברענט דאָס האַרץ פֿאַר כּעס און ביטול (ווי בײַ אַ סך מענטשן פֿאַר מיר) אויף זײַנע פֿאַרפֿאָלגערס און פּײַניקערס, אויף זייער אַכזריות און ניט־טאָלעראַנטקייט צו פֿרעמדע מיינונגען... און פּלוצעם כאַפּ איך זיך און ווער איבערראַשט פֿון דעם געדאַנק, אַז געטאָן האָבן זיי מיט אַקאָסטען דווקא דאָס זעלבע, וואָס איך אַליין וואָלט געוואָלט טאָן מיט יענע, וועמענס אָנשוויונגען זײַנען מיר פֿאַרהאַסט (למשל, האָמאָפֿאָבן, כּהנהיסטן וכדומה) – באַשטראָפֿן, אָנלערנען, רודפֿן, מאַכן מיט בלאָטע גלײַך! זאָלן זיי וויסן, מנוולים איניקע, ווי אַזוי צו זײַן רעאַקציאָנערן! זאָל בײַ זיי אָפּגעשלאָגן ווערן דער חשק!

יאָ, איצט פֿאַרשטיי איך די, וואָס זײַנען שוין אויף תּמיד געבליבן אין געשיכטע ווי פֿינצטערע פֿאַנאַטיקערס און אַכזורים; נאָר וואָס זשע וואָלט איך געהאַט געטאָן, ווען איך בין אויף זייער אָרט און גלייב אין דעם, אין וואָס זיי האָבן געגלייבט? ווער וואָלט איך דעמאָלט געווען געבליבן אין דער געשיכטע?

באמת גרויס איז געווען וואָלטער מיט זײַן אַני־מאמין: „איך האַס אײַערע אָנשוויונגען, אָבער איך בין גרייט צו שטאַרבן פֿאַר אײַער רעכט זיי אַרויסצוזאָגן".

9. אַלט ווי די וועלט

די נטיה פֿון אייניקע מענטשן צו מישפּטן וועגן זאַכן, וואָס זיי ווייסן ניט, איז באמת אומגלייבלעך.

קוק איך דורך מײַן אַלטע עלעקטראָנישע פּאָסט – און זע אַ קליינע קאָרעס־פּאָנדענץ פֿון צוריק מיט נײַן יאָר. איך האָב דעמאָלט צעשיקט מײַנע פֿרײַנד עפּעס אַ פּראָ־ישׂראלדיקן ווידעאָ; און אָט איינע אַ חבֿרטע האָט מיר איבערגעשיקט אַ

בריוו פֿון אירן אַ פֿרײַנד, וועמען איך האָב קיין מאָל אין די אויגן נישט געזען: „הייס דײַן פֿרײַנד יעווגעני שטודירן די ביבל, און נישט ווי אַ פֿאַרווײַלונג, נאָר אַנאַליזירנדיק יעדעס וואָרט. דאָס, וואָס די ייִדן האָבן געטאָן אין פּאַלעסטינע מיט 5000 יאָר צוריק, טוען זיי דאָרט ווידער איצט [...] יעווגעני געפֿינט זיך אונטער אַ השפּעה פֿון די, וואָס האָבן אינטערעסן אין ישׂראל..." – וכדומה.

דעמאָלט האָב איך נישט געוואָלט זיך פֿאַרפֿירן מיטן טיפּש (ס'האָט זיך אַרויסגעוויזן, אַז ער איז, אַוודאי, אַ ייִד) און כ'האָב פּשוט אָנגעשריבן מײַן חבֿרטע: „הייס דײַן פֿרײַנד שטודירן די ביבל: מיט 5000 יאָר צוריק האָבן די ייִדן נאָך נישט עקזיסטירט...". איצט אָבער לייען איך איבער דעם דאָזיקן פּערל – און טראַכט...

ס'גייט נישט אין דעם, וואָס מיר אַלע, אינטעליגענטנע מענטשן, געבוירן און אויפֿגעוואַקסן אינעם ראַטן־פֿאַרבאַנד (ווו די ביבל איז, צוערשט, געווען פֿאַרווערט און שפּעטער געוואָרן אַ יקר־המציאות), האָבן פּרטימדיק שטודירט דעם ספֿר־הספֿרים, און קיינעם פֿון אונדז וואָלט אין קיין ווילדן חלום נישט אײַנגעפֿאַלן צו האַלטן עס פֿאַר אַ פֿאַרווײַלונג. ס'גייט נישט אין דעם, אַז אויב מע גלייבט דער ביבל, מוז מען אויך גלייבן, אַז די ייִדן האָבן געטאָן דאָס, וואָס ס'ווערט באַשריבן אינעם ספֿר יהושע, לויט גאָטס באַפֿעל; און אויב מע גלייבט נישט אין דעם, איז נישט לאָגיש צו גלייבן די אַנדערע ביבלישע מעשׂיות, וואָס האָבן נישט קיין היסטאָרישע באַשטעטיקונג (ווי באַוווּסט, האָט מען עד־היום נישט געפֿונען קיין שום היסטאָרישע דערווײַזן פֿון די געשעענישן, באַשריבן אינעם ספֿר יהושע).

ס'גייט אַפֿילו נישט אין דעם, אַז די ייִדן טוען איצט לחלוטין נישט אויף אַזוינס, וואָס ס'ווערט דערציילט אין דער ביבל. סוף־כּל־סוף, גייט עס נישט אין דעם, אַז פֿאַר אונדז, וואָס האָבן געוווינט אינעם ראַטן־פֿאַרבאַנד, נאָר נישט געגלייבט אין דער מלוכה־פּראָפּאַגאַנדע בכלל און אין דער אַנטיציוניסטישער בפֿרט, – פֿאַר אונדז איז דאָך תּמיד געווען קלאָר, ווי צוויי מאָל צוויי – פֿיר, אַז די זאַך אַרום ישׂראל איז אַ ריכטיקע. די גרעסטע השפּעה אויף אונדז האָבן געהאַט דווקא אַזעלכע מענטשן, ווי אַנדריי סאַכאַראָוו און אַלעקסאַנדר סאָלזשעניצין – די אָנגעזעענסטע סאָוועטישע דיסידענטן און איבערצײַגטע אָנהענגערס פֿון מדינת־ישׂראל (לייענט, למשל, סאַכאַראָווס רעדע בײַם באַקומען די נאָבעל־פּרעמיע אָדער זײַנע „זכרונות"; סאָלזשעניצינס "ענטפֿער צו די דרײַ סטודענטן" און אַזוי ווײַטער). דער עיקר איז, אַז דאָס פֿאַרגלײַכן ישׂראלס פּאָליטיק מיט יהושע בן נונס מעשׂים איז אונדז אויך זייער לאַנג און ביז גאָר גוט באַקאַנט. כ'וועל ברענגען אַ פּאָר בײַשפּילן.

ווען איך בין געווען נאָך אַ קינד, האָב איך געלייענט אינעם קינדער־זשורנאַל „דער פּיאָנער" אַן אינטערוויו מיט יאַסיר אַראַפֿאַט. צווישן אַנדערע פֿראַגעס, האָט מען אים געשטעלט אַזאַ „שאלה" (נאָך אַזוי פֿיל יאָר ציטיר איך עס לויטן זכרון, נאָר דעם תּוך גיב איך איבער פּינקטלעך): „דער ישׂראלדיקער פּרעמיער־מיניסטער מנחם בעגין, פֿאַרענטפֿערנדיק זײַן עקספּאַנסיאָניסטישע פּאָליטיק אין פּאַלעסטינע, דערקלערט עס דערמיט, אַז דאָס זײַנען אור־אייגענע ייִדישע לאַנד־שטחים, און

פֿאַררופֿט זיך דערביַי אויף דער ביבל.״ אַראַפֿאַט האָט געענטפֿערט: „די זעלבע ביבל זאָגט, אַז די ייִדן האָבן דעראָבערט פֿאַלעסטינע און צוגענומען זי בײַ די כנענים, וואָס האָבן דאָרט געלעבט. בעגין שטעלט זיך ניט פֿאָר, ווי לעכערלעך ער זעט אויס מיט זײַן ביבל אין די אויגן פֿון ציוויליזירטע מענטשן.״

מיט עטלעכע יאָר שפּעטער האָט די צײַטונג „דער קאָמיוגישער אמת״ פֿאַרעפֿנטלעכט אַן אַרטיקל מיטן נאָמען „קאָקעטירנדיק מיט גאָטעניו״, וואָס האָט געמאַכט אַ גרויסן רושם. דער מחבר פֿונעם אַרטיקל, דער באַקאַנטער קעמפּערישער אַפּיקורס יוסף קריוועליאָוו (אַוודאי, אַ ייִד) האָט, ווי זײַן שטייגער איז תּמיד געווען, געמוסרט קעגן דער ביבלס בלוטדורשטיקייט און, ציטירנדיק די באַוווסטע פּאַסאַזשן פֿונעם ספֿר יהושוע, האָט ער געמאַכט דעם פֿאָלגנדיקן אויספֿיר: „פֿאַרן הײַנטצײַטיקן ישׂראלדיקן סאָלדאַט דינען די ביבלישע אָנווײַזונגען ווי אַ וויכטיקער מאַטעריאַל פֿאַר דער ׳אידעאָלאָגיש באַגרינדעטער׳ פֿאַרניכטונג פֿון די אַראַבער.״

בקיצור, פֿאַר אונדז, די געוויזענע קנעכט פֿונעם רויטן פרעהן, איז דער דערמאָנטער, מישטיינס געזאָגט, „אַרגומענט״ אַלט ווי די וועלט – און שטינקט, ווי טינוף.

10. פּאָליטיק און קונסט

אין „טבֿיה דער מילכיקער״, ווען חווה פּרוּווט צו דערקלערן איר טאַטן, וואָס פֿאַר אַ ווונדערלעכער מענטש כוועדקע איז, זאָגט זי, אַז ער איז „דער צווייטער גאָרקי״. אויף טבֿיהס פֿראַגע, ווער זשע איז געווען דער ערשטער גאָרקי, ענטפֿערט חווה אַזוי: „גאָרקי איז הײַנט שיִער ניט דער ערשטער מענטש אויף דער וועלט,״ – און ווײַזט דעם טאַטן גאָרקיס אַ פֿאָטאָגראַפֿיע.

הײַנט, מיט העכער הונדערט יאָר שפּעטער, זעט עס אויס קאָמיש. פֿון דעסטוועגן, אין יענער צײַט פֿלעגן אַ סך מענטשן, באַזונדערס די פּראָגרעסיווע רוסלענדישע יוגנט (די ייִדישע יוגנט בתוכם), טאַקע אַזוי זיך באַציִען צו מאַקסים גאָרקין. פֿאַר וואָס?

אינעם סוף 19טן, אָנהייב 20סטן יאָרהונדערט האָבן פֿיל מענטשן געמיינט, אַז די עקספּלואַטאַציע פֿונעם אַרבעטער־קלאַס איז דאָס גרעסטע שלעכטס אויף דער וועלט. און וואָס אמת איז אמת: דעמאָלט האָבן ס׳רובֿ אַרבעטער געלעבט אין דחקות, און מע פֿלעגט זיי זייער שטאַרק עקספּלואַטירן (אין רוסלאַנד נאָך מער, ווי אויפֿן מערבֿ). פֿון די אַלע דעמאָלטיקע שרײַבערס פֿלעגט דווקא גאָרקי שרײַבן, דער עיקר, וועגן די דאָזיקע פּראָבלעמען. נאָך מער: אין זײַנע ווערק פֿלעגט ער ניט בלויז באַשרײַבן די יסורים פֿון די אָרעמעלײַט, נאָר אויך רופֿן צום קאַמף קעגן די עקספּלואַטאַטאָרס, צו דער רעוואָלוציע.

פֿאַרכאַפּט מיט די זעלבע אידעען, פֿלעגן אַ סך מיטצײַטלער זײַנע אָננעמען, ווי עס טרעפֿט זיך גאַנץ אָפֿט, די סאָציאַלע אַקטועלקייט פֿון דער טעמאַטיק פֿאַר אַ ליטעראַרישן טאַלאַנט – און ווי אַ סך־הכּל, האָבן זיי געהאַלטן גאָרקין ניט בלויז

פֿאַרן גרעסטן שרײַבער, נאָר אַפֿילו פֿאַר שיִער ניט דעם ערשטן מענטש אויף דער וועלט. אָן שום ספֿק, האָט גאָרקי יאָ פֿאַרמאָגט אַ גרויסן ליטעראַרישן טאַלאַנט, נאָר אונדז איז לגמרי קלאָר, אַז ס'איז ניט צו פֿאַרגלײַכן אים מיט אַזעלכע באמת געניאַלע שרײַבערס פֿון זײַן צײַט, ווי, למשל, טשעכאָוו אָדער בונין. אָבער אַ סך בני־דור זײַנע פֿלעגן לייענען גאָרקין מיט אַנדערע אויגן.

לויט מײַן מיינונג, האָט דאָס זעלבע זיך איבערגעחזרט אין רוסלאַנד מיט עטלעכע יאָרצענדליקער שפּעטער, ווען ס'איז אויפֿגעקומען אַלעקסאַנדער סאָלזשעניצין. סטאַלינס „גולאַג" איז אין זײַן צײַט באמת געווען דאָס גרעסטע שלעכטס אויף דער וועלט (דער היטלעריזם איז, אַוודאי, געווען ניט ווייניקער אַבזוריותדיק, נאָר געדויערט האָט ער אַ סך ווייניקער צײַט), און פֿאַר דער פּראָגרעסיווער אינטעליגענץ אינעם ראַטן־פֿאַרבאַנד איז דאָס געווען די סאַמע אַקטועלע און אָנגעווייטיקטע טעמע.

סאָלזשעניצין פֿלעגט שרײַבן דווקא וועגן דעם „גולאַג", באַשרײַבנדיק זײַנע גרוילן מיט גרויסער קראַפֿט – און אַ סך לייענערס האָבן געהאַלטן, אַז ער איז אַ גאון. איצט אָבער, כאָטש די סטאַלינישע לאַגערן זײַנען פֿאַר אונדז נאָך אַ ניט־פֿאַרהיילטע ווונד, ווערט אַלץ קלאָרער, אַז בײַ זײַן גאַנצן טאַלאַנט, איז סאָלזשעניצין קיין גאון ניט געווען. הײַנט זעט אויס, אויב נאָך ניט קאָמיש, איז אַלנפֿאַלס שוין מאָדנע, אַז אַ מאָל פֿלעגט מען אים אויף אַן ערנסטן אופֿן רופֿן „דער צווייטער לעוו טאָלסטוי". געווען איז עס אָבער בלויז מיט עטלעכע יאָרצענדליקער צוריק...

11. עמאָציעס און שׂכל

דאָס, וועגן וואָס איך וועל איצט שרײַבן, איז זייער אַ קיצלדיקע פֿראַגע, וואָס קאָן אויפֿוועקן אַן אויפֿברויז פֿון עמאָציעס. דעריבער וועל איך זיך אויסדריקן ביז גאָר פֿאָרזיכטיק, אויסניצנדיק די פֿרעג־פֿאָרעם אָנשטאָט די באַהויפּטונג־פֿאָרעם.

אין פֿאַרשיידענע אייראָפּעיִשע מלוכות גילט און ווערט אָנגעווענדט דאָס געזעץ, לויט וועלכן פֿאַרן לייקענען דעם חורבן ווערט מען באַשטראָפֿט צו עטלעכע יאָר תּפֿיסה. אונדזער נאַטירלעכע עמאָציאָנעלע רעאַקציע אויף דעם איז: זייער גוט! ריכטיק! אַזוי זאָל עס טאַקע זײַן! ס'איז דאָך אַזאַ לעסטערונג צו לייקענען דעם חורבן – איז זאָל מען פֿאַר דעם אײַנזעצן אין תּפֿיסה!

נאָר אויב מ'איז ערלעך מיט זיך אַליין אין דער פֿולער מאָס, וועט בײַ אַ ציוויליזירטן מענטשן אומפֿאַרמײַדלעך זיך אַ ריר טאָן דאָס ווערעמל פֿון ספֿק: צי איז עס באמת ריכטיק און יושרדיק אײַנזעצן אין טורמע ניט פֿאַר מאָרד, ניט פֿאַר גנבֿה, ניט פֿאַר פֿאַרגוואַלטיקונג, אַפֿילו ניט פֿאַר אויפֿרופֿן צו באַגיין אַ פֿאַרברעכן, נאָר פּשוט פֿאַר אָפּלייקענען אַ היסטאָרישע געשעעניש (ווי באַליידנדיק די דאָזיקע לייקענונג זאָל ניט זײַן בנוגע דעם אָנדענק פֿון מיליאָנען מענטשן)?

און אויב מ'איז ווײַטזיכטיק, איז אוממעגלעך ניט שטעלן זיך די פֿראַגע: צי איז עס גוט פֿאַר אונדז ייִדן, אַז מ'ווערט אײַנגעזעצט פֿאַר לייקענען נאָר די דאָזיקע

געשעעניש, האָבנדיק אין זינען, אַז די אַנטיסעמיטן האַלטן אין איין פֿאַרשפּרייטן די בילבולים וועגן דער אַלוועלטלעכער ייִדישער פֿאַרשווערונג, אַז די ייִדן פֿירן כּלומרשט אָן מיט דער וועלט וכדומה?

יאָ, אין אייניקע לענדער ווערט מען באַשטראָפֿט אויף פֿאַר לייקענען דעם גענאָציד פֿון די אַרמענער - נאָר מיט וואָס פֿאַר אַ שטראָף? דער היסטאָריקער בערנאַרד ליויס איז אין זײַן צײַט באַשטראָפֿט געוואָרן פֿאַר דעם אין פֿראַנקרײַך מיט אַ געלט־שטראָף אויף דער סומע פֿון... 1 פֿראַנק.

במשך פֿון יאָרצענדליקער האָט זיך גערעדט, אַז דאָס דאָזיקע געזעץ ברענגט ניט קיין שום שאָדן. נאָכן קראַך פֿון קאָמוניזם איז אין טשעכיע אָנגענומען געוואָרן דאָס געזעץ, לויט וועלכן פֿאַר לייקענען די קאָמוניסטישע פֿאַרברעכנס ווערט מען פֿאַרמישפּט אויף עטלעכע יאָר טורמע. ווען כ'האָב געלערנט וועגן דעם, האָב איך געטראַכט: אויסגעצייכנט! דווקא אַזוי זאָל עס זײַן - סײַ פֿאַר אָפּלייקענען דעם חורבן דאַרף מען אײַנזעצן, סײַ פֿאַר לייקענען די פֿאַרברעכנס פֿון קאָמוניזם!

און אָט מיט עטלעכע יאָר צוריק האָבן די מאַסן־מעדיאַ מיטגעטיילט וועגן די פֿאַרפֿאָלגונגען פֿון אַ כינעזישן היסטאָריקער פֿאַר ניט פֿאָלגן דער רעגירונגס־אָנווײַזונגען אינעם באַלויכטן אייניקע געשעענישן בשעת דער צווייטער וועלט־מלחמה. פֿאַרשטייט זיך, איז מען געוואָרן אויפֿגעבראַכט: ס'איז סקאַנדאַליעז! ס'איז אַ געפֿאַר פֿאַר דער פֿרײַהייט פֿון וואָרט און וויסנשאַפֿט!

גאָר ניט לאַנג צוריק איז אין פּוילן אָנגענומען געוואָרן דאָס געזעץ, וואָס פֿאַרווערט אָנצורופֿן אוישוויץ און אַנדערע נאַציסטישע קאַצעטן אין פּוילן „פּוילישע קאָנצענטראַציע־לאַגערן". ווידער איז מען שטאַרק אויפֿגעבראַכט געוואָרן: פֿרײַהייט פֿון וואָרט! צוריקקער צו טאָטאַליטאַריזם! נאָר ס'איז דאָך געווען אַ פּרעצעדענט פֿאַר דעם אַלעם - און דער דאָזיקער פּרעצעדענט, ווי טרויעריק עס זאָל ניט זײַן, איז געווען דווקא דאָס „געזעץ פֿון חורבן־לייקענונג".

וואָס זשע וועט זײַן ווײַטער? און ווו איז דער יושר?

12. דער חזיר אונטערן דעמב

מיר אַלע, געבוירענע און אויפֿגעוואַקסענע אין רוסלאַנד, קענען פֿון קינדווײַז אָן איוואַן קרילאָווס[9] משל „דער חזיר אונטערן דעמב". אינעם דאָזיקן משל פֿרעסט זיך אָן אַ חזיר מיט אייכלען אונטער אַ דעמב; דערנאָך הייבט ער אָן אונטעררײַסן דעם דעמבס וואָרצלען, ניט פֿאַרשטייענדיק, אַז די אייכלען, וואָס ער האָט אַזוי ליב, וואַקסן טאַקע אויף דעם דאָזיקן בוים.

לייען איך אויף דער אינטערנעץ כּל־המינים אַנטיאַמעריקאַנישע „קאָמענ־טאַרן", אָנגעשריבן פֿון רוסן, און טראַכט: צי פֿאַרשטייען זיי ניט, אַז זיצנדיק בײַ די קאָמפּיוטערס (וואָס זײַנען דערפֿונדן געוואָרן אין אַמעריקע) און זידלענדיק אַמעריקע אויף דער אינטערנעץ (וואָס מ'האָט אויך דערפֿונדן אין די פֿאַראייניקטע שטאַטן), ווערן זיי געגליכן צו קרילאָווס חזיר אונטערן דעמב?

13. פֿאַר וואָס האָט מען געקעמפּט?

אינעם טאָג פֿון די לעצטע פּרעזידענט־וואַלן אין טשעכיע האָב איך געהאַט אַ קאָנצערט אין ווין. אויפֿן אַנדערן טאָג האָבן מיר – מײַן פֿרוי, מײַן פֿרויס שוועסטער און אונדזערע מאַמעס – זיך אומגעקערט קיין פּראָג מיט דער באַן. בשעת דער נסיעה האָבן מיר זיך דערוווּסט וועגן די רעזולטאַטן פֿון די וואַלן: געוווּנען האָט מילאָש זעמאַן. דווקא אים האָט אַן אוקראַיִניש מיידל, פּראָטעסטירנדיק קעגן זײַן פּאָליטיק, אָנגערופֿן „פּוטינס קורווע".

דער צוג האָט אונדז געטראָגן אין דער באַליבטער שטאָט, וואָס איז געוואָרן פֿאַר אונדז די צווייטע היים. צערודערטע פֿון דער ידיעה, האָבן מיר ניט אָנגעהויבן צו פֿאַרשטיין: וויאַזוי האָט אַזוינס געקאָנט געשען נאָך דעם אַלעמען, וואָס די טשעכן האָבן געהאַט איבערגעלעבט פֿונעם מאָסקווער קרעמל? מיר האָבן אַרומגערעדט, ווי אַזוי רוסלאַנד האָט געקאָנט ווירקן אויף די וואַלן, און וועלכע שיכטן פֿון דער באַפֿעלקערונג האָבן געקאָנט אונטערהאַלטן זעמאַנען... מיר האָבן געפֿרעגט איינער דעם אַנדערן און זיך אַליין: וואָס זשע מיינט דערויף דאָס פֿאָלק?

אין יענעם אָוונט האָבן מיר באַשטעלט דאָס עסן אַהיים. אַ ווונק געטאָן מיטן קאָפּ אויפֿן פֿאַרשווין וואָס האָט עס געבראַכט, האָב איך געזאָגט צו מײַן פֿרוי: „אָט איז אַ פֿאַרשטייער פֿונעם פֿאָלק – לאָמיר אים פֿרעגן, פֿאַר וועמען האָט ער געשטימט!". דעם מאַנס ענטפֿער איז געווען: „כ'האָב ניט געוווּסט, אַז עס זײַנען געווען וואַלן."

14. אַלע מענטשן זײַנען פֿאַרשיידן

ניט לאַנג צוריק האָב איך געלייענט אַן אַרטיקל פֿונעם באַרימטן רוסלענדישן ליטעראַטור־פֿאָרשער פֿון ייִדישן אָפּשטאַם בענידיקט סאַרנאָוו ע"ה. צווישן אַנדערע זאַכן, דערציילט דער מחבר וועגן דעם, ווי אין די מיט 1940ער יאָרן האָט איינער אַ חבֿר זײַנער געבעטן אים אונטערצוחתמענען אַ בריוו צו שלמה מיכאָעלסן. דער בריוו איז געווען אָנגעשריבן פֿון „אַ גרופּע יונגע ייִדן, וואָס ווילן שטודירן די געשיכטע און קולטור פֿון זייער פֿאָלק" און דערינבער בעטן זיי אַ דערלויבעניש צו באַניצן זיך מיט דער ביבליאָטעק פֿונעם „גאָסעט". סאַרנאָוו שרײַבט, אַז אין אונטערשייד פֿון זײַן חבֿר און דער גאַנצער „גרופּע יונגע ייִדן", האָט ער זיך לחלוטין ניט אינטערעסירט מיט די דאָזיקע זאַכן.

איבערגעלייענט עס, איז מײַן אומגעזאַמטע נאַטירלעכע רעאַקציע געווען: סטײַטש? היתּכן? ווי האָט אַ ייִד – און ניט פּשוט אַ ייִד פֿון אַ גאַנץ יאָר, נאָר אַן אינטעלעקטואַל – געקאָנט ניט אינטערעסירן זיך מיט דער ייִדישער געשיכטע און קולטור?! אַ טראַכט געטאָן, האָב איך אָבער פֿאַרשטאַנען, אַז אַלע מענטשן זײַנען פֿאַרשיידן. מע וואָלט געקאָנט זאָגן, למשל, אויך וועגן מיר: ווי קאָן מען ניט אינטערעסירן זיך מיט פֿיזיק און כעמיע, וואָס דערקלערן, ווי אַזוי ס'איז אײַנגעאָרדנט די וועלט, אין וועלכער מיר לעבן?! און דאָך...

אָן שום ספֿק, ווען אַלע מענטשן וואָלטן געווען אויף איין פּנים, וואָלט דאָס לעבן געווען זייער און זייער אַ סקוטשנע.

[1] סאַכאַראָוו, אַנדריי (1921-1989) – אָנגעזעענער סאָוועטישער געלערנטער, געזעלשאַפֿטלעכער טוער, קעמפֿער פֿאַר מענטשנרעכט, נאָבעל-געווינער פֿאַר שלום (1975)

[2] ווילנער, מאיר(1918-2003) – קאָמוניסטישער טוער אין ישׂראל, אַ לאַנגיאָריקער ראָש פֿון דער ישׂראלדיקער קאָמוניסטישער פּאַרטיי

[3] סאַאַד, אַהמעד – אַן אָנגעזעענער טוער פֿון דער ישׂראלדיקער קאָמוניסטישער פּאַרטיי, דער הויפּט-רעדאַקטאָר פֿון דער ישׂראלדיקער קאָמוניסטישער צײַטונג אויף אַראַביש „אַל איטיכאַד“.

[4] פּרץ, יצחק-לייבוש (1852-1915) – קלאַסיקער פֿון דער ייִדישער ליטעראַטור

[5] ביקאָוו, וואַסיל (1924-2003) – סאָוועטישער און ווײַסרוסישער שרײַבער און געזעלשאַפֿטלעכער טוער

[6] קאַריאַקין, יורי (1930-2011) – מחבר פֿון אַ סך אַרטיקלען וועגן פֿ. דאָסטאָיעווסקי

[7] טשאַאַדאַיעוו, פּיאָטר (1794-1856) – רוסישער פֿילאָסאָף און פּובליציסט. שאַרף קריטיקירט די רוסישע געזעלשאַפֿט. פּושקין איז געווען פֿון אים זייער באַאײַנדרוקט.

[8] „גאַווריִיליאַדע“ – פּאָעמע, וווּ פּושקין שילדערט אויף אַן עראָטישן אופֿן די עוואַנגעלישע סוזשעטן.

[9] קרילאָוו, איוואַן (1769-1844) – רוסישער משלים-שרײַבער, פּאָעט, פּובליציסט

אינהאַלט: